Global Capitalism with Expansion of Armaments and Poverty

軍拡と貧困の
グローバル
資本主義

中野洋一
Nakano Yoichi

法律文化社

はじめに

　この著作『軍拡と貧困のグローバル資本主義』を出版する契機となったことがいくつかある。

　最初の大きな契機は、2008年9月15日のアメリカ投資銀行リーマン・ブラザーズの破綻から一気に拡大した2008年世界金融危機の発生であった。それは「100年に一度」の世界経済危機とも呼ばれた。もう少し正確にいうのなら、1929年世界大恐慌以来の最大の経済危機であった。現代資本主義の中心国であるアメリカから始まった金融危機はヨーロッパにすぐに拡大し、さらに短時間で中国、ロシアなどの新興国や途上国にも拡大し、世界的規模で信用収縮が起き、戦後最大の経済危機へと発展した。時間が経過するにしたがって、今回の世界金融危機の規模の大きさと質の大きな変化に気づきはじめた。

　2008年世界金融危機の発生は、現代資本主義の現実の矛盾を世界中の人々の眼前で示した。それから1年以上も経過した現在（2010年5月）においてもその世界金融危機の影響がEU（欧州連合）のPIIGS（ポルトガル、アイルランド、イタリア、ギリシャ、スペイン）と呼ばれる経済において大きな問題となっており、最近のギリシャ財政危機とユーロの急激な下落となって注目されている。世界各国はこの金融危機の対応のためにこれまでにない大規模な財政出動を余儀なくされた。そのため、世界の金融機関の大破綻と世界金融システムの崩壊の危機は当面何とか乗り切ることができたが、その結果、世界各国政府の財政赤字はこれまでにない歴史的な規模にまで膨れ上がることになった。その意味で、現在のギリシャ財政危機はおそらくこれからの世界的本格的な財政危機の始まりを示唆しているとみることができるかもしれない。

　このような経済状況が眼前で展開する時代において、国際経済学の研究者の一人としてこの歴史的な経済危機を黙って静観する気持ちにはとうていなれなかった。

　1990年代以降、特に1991年のソ連「社会主義」の崩壊後、世界中が市場経済

に包摂され、グローバリゼーションと呼ばれる時代に入った。資本主義経済の基礎は市場経済であるが、世界中で貿易の自由化、資本の自由化、金融の自由化が推進され、それは大きな流れとなり、現代資本主義は変質して「カジノ資本主義」が形成された。それを推進したのは、1980年代以降、近代経済学の主流となった「新自由主義」(ネオ・リベラリズム) を基礎とする経済学の出現であった。それはいろいろな呼び名があるが、「小さな政府」の経済学であった。それまでのケインズ経済学 (「大きな政府」の経済学) が引きずり降ろされ、そしてイギリス、アメリカ、日本などの先進国に「新保守主義」の政治勢力とともに「新自由主義」経済学は近代経済学の主役として登場した。それは別名「市場原理主義」の経済学でもあった。

また、「カジノ資本主義」の大きな特徴の一つは、世界的規模でのマネーゲームの展開である。そのマネーゲームによって、先進国および新興国・途上国の世界各地において「バブル経済」の大好景気と金融危機が何度も繰り返された。2008年世界金融危機の直前には、そのマネーゲームは、小麦、トウモロコシ、米、大豆などの食糧市場においても、また石油、金、鉄、銅などの資源市場においても展開され、途上国の多くの人々が食糧危機と資源危機に陥った。先進国と新興国においても、エネルギー価格と食糧価格が高騰し、多くの人々の生活を苦しくした。その結果、マネーゲームを推進する一握りの人々に巨万の富が蓄積されたが、もう一方の世界の大多数の人々の生活は破壊され、世界規模で人々の貧困化が促進された。そして、世界各地で人々の貧富の格差がこれまでになく拡大し、いわゆる「格差社会」が形成された。

また、「新自由主義」が主流となる時代においては、グローバリゼーションが進展すると同時に、二つの世界規模の大軍拡が発生したことを決して見逃すことはできない。一つは、1980年代のアメリカのレーガン政権によるいわゆる「スター・ウォーズ計画」(SDI計画、戦略防衛構想計画) の推進の時期であり、もう一つは、2001年の9.11事件を契機にして開始されたアメリカのブッシュ政権による「対テロ戦争」と「ミサイル防衛計画」の推進の時期であった。

ここで1980年代以降の世界経済を振り返ると、この30年間は「新自由主義」が大きな流れとなった時代であった。しかし、2008年世界金融危機の発生は、

はじめに

一つの時代の終焉、すなわち「新自由主義」の時代の終焉を予感させる歴史的出来事であった。そこで、この間の「新自由主義」を総括し、現代資本主義の現状分析を通じて、今日のグローバル資本主義の特徴と現代世界経済の課題を明確にすることに大きな意義があると考えられた。それゆえ、著作としてまとめ出版する機会が与えられることを強く願っていた。

さて、この著作は、次の3部で構成される。

第Ⅰ部においては、ソ連「社会主義」崩壊後のグローバリゼーションの時代と呼ばれる1991年以降の世界経済の動向を分析しながら、2008年世界金融危機および「カジノ資本主義」が現代資本主義にとってどのような問題点とどのような意味を持っているのかを考察し、1980年代以降、30年間続いた「新自由主義」経済学の果たした役割と問題点および限界を明らかにした。今日のグローバル資本主義の特徴についても考察した。

第Ⅱ部においては、「新自由主義」が推進したグローバリゼーションによって、世界においては大きな経済格差が生じ、人々の貧富の格差が増大し、今日の「格差社会」がもたらされたが、世界全体（先進国および途上国）、日本、アメリカ、中国における人々の貧富の格差の現状を具体的に分析し、今日の世界の「格差社会」の現状を明らかにした。

第Ⅲ部においては、2001年以後、9.11テロ事件を契機に世界の軍拡が再び開始されたが、今日の世界の軍拡を分析し、その軍拡の実態を明らかにした。特に、この軍拡の主役はアメリカであり、また中国、ロシアもアメリカに対抗するように積極的に軍拡に参加している。それゆえ、現代資本主義の軍拡の実態を明らかにすると同時に、現代の平和の課題を示すことも極めて重要な意義の一つであった。

1997年に前著『軍拡と貧困の世界経済論』を刊行し、さらに2001年には『新版 軍拡と貧困の世界経済論』を出版したが、今回の著作『軍拡と貧困のグローバル資本主義』はその研究の続編である。

　　　2010年5月吉日　研究室にて

目 次

はじめに
図表の一覧
主要略語一覧

第Ⅰ部　グローバル資本主義と「新自由主義」

第1章　1991年以降の世界経済の動向──3
1　三つの世界同時不況　4
2　主要先進国の失業率の推移　7
3　主要先進国の消費者物価指数の推移　11
4　主要先進国の財政赤字の推移　14
5　世界の直接投資と貿易　17
6　世界の投資資金と金融資産　22
7　世界とアメリカの軍事費　26

第2章　2008年世界金融危機と「カジノ資本主義」──33
1　「カジノ資本主義」と「新自由主義」　33
2　2007年サブプライム問題と2008年世界金融危機の発生　35
3　2008年世界金融危機は「100年に一度」の世界経済危機か　37
4　資本主義の変質と「カジノ資本主義」　41
5　赤字大国アメリカと黒字大国日本の「マネー敗戦」　45
6　「ワシントン・コンセンサス」と発展途上国　52

7　小　括　60
第3章　グローバリゼーションをどのようにとらえるか―――――67
　　1　グローバリゼーションに関する諸説　67
　　2　今日のグローバル資本主義の特徴　74
　　3　小　括　80

第Ⅱ部　グローバル資本主義と世界の貧富の拡大

第1章　世界の拡大する貧富の格差―――――85
　　1　途上国の貧困状況　86
　　2　先進国の貧困状況　91
　　3　世界の億万長者とタックスヘイブン　97
　　4　タックスヘイブンの実際の利用事例　108
　　5　貧困削減の費用　114
　　6　小　括　119
第2章　日本・アメリカの拡大する貧富の格差―――――125
　　1　日本の「格差社会」　125
　　2　日本の富裕層と貧困層　132
　　3　アメリカの「格差社会」　138
　　4　アメリカの富裕層と貧困層　142
　　5　日本とアメリカの共通点　150
　　6　小　括　153
第3章　中国の拡大する貧富の格差―――――159
　　1　改革開放路線による経済発展　159
　　2　中国の「格差社会」　162
　　3　中国の富裕層＝「赤い富豪」　166

4　中国の貧困層　173
   5　「社会主義市場経済」の底辺労働者　174
   6　「和諧社会」実現のための課題　179
   7　小　括　183

第Ⅲ部　グローバル資本主義と世界の軍拡

第1章　冷戦後の世界の軍事費 ──193
   1　アメリカ国務省資料による世界の軍事費　194
   2　ポスト冷戦期における世界の軍事費　197
   3　為替レートと購買力平価による世界の軍事費の比較　202
   4　世界の軍事費と教育費・保健医療費の比較　204
   5　グローバリゼーションと軍拡　207
   6　小　括　210

第2章　9.11事件後の世界の軍拡 ──212
   1　1990年代における世界の軍事費　212
   2　SIPRI統計による世界の軍事費　214
   3　IISS統計による世界の軍事費　222
   4　アメリカの「隠された軍事費」　226
   5　中国の「隠された軍事費」　232
   6　世界の武器貿易　241
   7　小　括　245

第3章　現代の平和の課題 ──252
   1　テロ事件の背景にある途上国の貧困問題　252
   2　グローバリゼーション下で進行する世界経済の二極化　253
   3　軍事費という世界的浪費　256
   4　貧困撲滅のための追加資金　258

　　　　　　　　　　　　　　　　　　　目　次

　　5　テロ根絶と貧困問題の解決のための課題　260

おわりに
主要参考文献
謝　　辞
初出論文の一覧
英文コンテンツ
索　　引

図表の一覧

第Ⅰ部
第1章
表Ⅰ-1-1　主要先進国の実質GDP成長率（1991-2009年）
図Ⅰ-1-1　主要先進国の実質GDP成長率（1991-2009年）
表Ⅰ-1-2　2008年世界金融危機と世界経済成長率（2008-2009年）
表Ⅰ-1-3　主要先進国の失業率（1991-2009年）
図Ⅰ-1-2　主要先進国の失業率（1991-2009年）
表Ⅰ-1-4　主要先進国の短期金利（1991-2008年）
表Ⅰ-1-5　主要先進国の消費者物価指数（1991-2008年）
図Ⅰ-1-3　主要先進国の消費者物価指数（1991-2008年）
図Ⅰ-1-4　原油価格の変動（1991-2008年）
図Ⅰ-1-5　ロンドン金価格の変動（1973-2009年）
表Ⅰ-1-6　主要先進国の財政赤字（1991-2008年）
図Ⅰ-1-6　主要先進国の財政赤字（1991-2008年）
図Ⅰ-1-7　世界の海外直接投資（1980-2008年）
表Ⅰ-1-7　世界貿易の成長率（1991-2008年）
図Ⅰ-1-8　世界貿易の成長率（1991-2008年）
表Ⅰ-1-8　主要先進国の経常収支勘定（1991-2008年）
図Ⅰ-1-9　主要先進国の経常収支勘定（1991-2008年）
表Ⅰ-1-9　各国の輸出依存度の比較（2007年）
表Ⅰ-1-10　世界の投資資金と金融資産（1999-2007年）
表Ⅰ-1-11　アメリカ・ヨーロッパにおける仕組み債発行残高の推移（2000-2007年）
表Ⅰ-1-12　CDS想定元本の推移（2001-2008年）
表Ⅰ-1-13　世界の軍事費（2001-2008年）
表Ⅰ-1-14　アメリカの政府予算と軍事費（2000-2009年度）
表Ⅰ-1-15　アメリカの軍事費（2001-2010年度）

第2章
表Ⅰ-2-1　外国為替取引の主要市場の1営業日平均取引高
表Ⅰ-2-2　デリバティブ取引の主要市場の1営業日平均取引高
図Ⅰ-2-1　世界各国・地域の経常収支の推移

図表の一覧

第Ⅱ部
第1章
表Ⅱ-1-1　世界の貧困状況比較（2006年）
表Ⅱ-1-2　世界のエイズ感染者数と年間死亡者数（2007年）
表Ⅱ-1-3　1985年と2005年における先進国の貧困率とジニ係数
図Ⅱ-1-1　先進国の貧困率（2005年）
図Ⅱ-1-2　先進国のジニ係数（2005年）
表Ⅱ-1-4　フォーブスによる世界の億万長者のリスト（2009年）
表Ⅱ-1-5　OECDのタックスヘイブン・リスト（2009年）

第2章
表Ⅱ-2-1　日本の経済状況（2001-2007年）
表Ⅱ-2-2　日本企業（全産業）の損益および剰余金の配当状況
表Ⅱ-2-3　日本の上位40人の億万長者（2009年）
図Ⅱ-2-1　日本の富裕層の金融資産状況（2005年）
表Ⅱ-2-4　アメリカの総所得に対する最高所得者の占有率（キャピタル・ゲインは除く）
表Ⅱ-2-5　アメリカの5階層別実質家計所得の伸び
図Ⅱ-2-2　アメリカの5階層別実質家計所得の伸び（1947-1973年）
図Ⅱ-2-3　アメリカの5階層別実質家計所得の伸び（1974-2004年）
表Ⅱ-2-6　アメリカの億万長者（2008年）
図Ⅱ-2-4　富裕国の相対的貧困率（1990年代半ば）
表Ⅱ-2-7　児童の相対的貧困率の国際比較（1990年代半ば）
表Ⅱ-2-8　社会保障財政の対名目GDP比の国際比較（2005年）

第3章
表Ⅱ-3-1　世界の格差社会の比較
表Ⅱ-3-2　中国の各階級の所得の割合
表Ⅱ-3-3　2007年の中国の億万長者（胡潤富豪リスト）
表Ⅱ-3-4　中国のフォーブスによる億万長者（2008年）

第Ⅲ部
第1章
表Ⅲ-1-1　世界の軍事費（冷戦から冷戦後）
表Ⅲ-1-2　世界の軍事費の地域別構成率（冷戦から冷戦後）
表Ⅲ-1-3　主要国の軍事費の動向（冷戦から冷戦後）
図Ⅲ-1-1　世界の軍事費の動向（1994-2003年）

表Ⅲ-1-4	世界の軍事費、対外債務額、国数、人口（グループ別）	
表Ⅲ-1-5	世界の軍事費（地域別）	
表Ⅲ-1-6	世界の軍事費（2001年・2003年）	
表Ⅲ-1-7	上位15ヵ国の為替レートと購買力平価による軍事費の比較（2003年）	
表Ⅲ-1-8	軍事費の対GDP比の上位国（2002年）	
表Ⅲ-1-9	低・中所得国の対外債務残高（2004年）	

第2章

表Ⅲ-2-1	1990年代の世界の軍事費	
図Ⅲ-2-1	1990年代の世界の軍事費	
表Ⅲ-2-2	1990年代の世界の地域別軍事費	
表Ⅲ-2-3	世界の軍事費（1998-2007年）	
図Ⅲ-2-2	世界の軍事費（1998-2007年）	
表Ⅲ-2-4	世界の地域別軍事費（1997-2006年）	
表Ⅲ-2-5	世界の上位20ヵ国の軍事費（2001-2007年）	
図Ⅲ-2-3	世界とアメリカの軍事費（2001-2007年）	
図Ⅲ-2-4	第2位から第7位までの軍事費（2001-2007年）	
表Ⅲ-2-6	世界の上位15ヵ国の軍事費（2008年）	
表Ⅲ-2-7	世界の軍事費、地域別、国別（2001-2005年）	
表Ⅲ-2-8	アメリカの国防費と「対テロ戦争」費（2001-2009年）	
図Ⅲ-2-5	アメリカの国防費と「対テロ戦争」費（2001-2009年）	
表Ⅲ-2-9	アメリカのアフガニスタン戦争とイラク戦争の財政的コスト	
表Ⅲ-2-10	世界の兵器生産企業（2006年）	
表Ⅲ-2-11	中国の公表国防費、国防費名目成長率、消費者物価上昇率、国防費実質成長率（1988-2006年）	
表Ⅲ-2-12	世界の上位15ヵ国の為替レートと購買力平価による軍事費（2006年）	
表Ⅲ-2-13	世界の武器輸出上位12ヵ国（2001-2005年）	
表Ⅲ-2-14	世界の武器輸出（2001-2004年）	
表Ⅲ-2-15	世界の武器輸入上位25ヵ国（2001-2005年）	

主要略語一覧

ADB（Asian Development Bank）　アジア開発銀行
AFTA（ASEAN Free Trade Area）　ASEAN 自由貿易地域
APEC（Asia-Pacific Economic Cooperation）　アジア太平洋経済協力
ASEAN（Association of South-East Asian Nations）　東南アジア諸国連合
BHN（Basic Human Needs）　ベーシック・ヒューマン・ニーズ
BIS（Bank for International Settlements）国際決済銀行
CEO（Chief Executive Officer）最高経営責任者
CDO（Collateralized Debt Obligation）　債務担保証券
CDS（Credit Default Swap）　クレジット・デフォルト・スワップ
CIA（Central Intelligence Agency）　アメリカ中央情報局
DAC（Development Assistance Committee）　開発援助委員会
DSR（Debt Service Ratio）　デットサービス・レイシオ
EC（European Community）　欧州共同体
EMU（Economic and Monetary Union）　経済通貨同盟
EPA（Economic Partnership Agreement）　経済連携協定
ERM（Exchange Rate Mechanism）　為替相場メカニズム
EU（European Union）　欧州連合
FAO（Food and Agriculture Organization of the United Nations）　国連食糧農業機関
FRB（The Federal Reserve Board）（アメリカ）連邦準備制度理事会
G7（Conference of Ministers and Governors of the Group of Seven）　先進 7 カ国蔵相・中央銀行総裁会議
GATS（General Agreement on Trade in Services）　サービス貿易に関する一般協定
GATT（General Agreement on Tariffs and Trade）　関税と貿易に関する一般協定
GDP（Gross Domestic Product）　国内総生産
GNI（Gross National Income）　国民総所得
GNP（Gross National Product）　国民総生産
GSP（Generalized System of Preferences）　一般特恵関税制度
GWOT（Global War on Terrorism）　対テロ戦争
FTA（Free Trade Agreement）　自由貿易協定
FTAA（Free Trade Area of the Americas）　米州自由貿易地域
HIPCs（Heavily Indebted Poor Countries）　重債務最貧国

IBRD(International Bank for Reconstruction and Development) 国際復興開発銀行（通称、The World Bank 世界銀行）
IISS(International Institute for Strategic Studies) （イギリス）国際戦略研究所
IMF(International Monetary Fund) 国際通貨基金
IT(Information Technology) 情報技術
ITO(International Trade Organization) 国際貿易機構
JBIC(Japan Bank for International Cooperation) 国際協力銀行
JICA(Japan International Cooperation Agency) 国際協力事業団
LDC(Least Developed Countries) 後発開発途上国
MFN(Most Favored Nation treatment) 最恵国待遇
MDGs(Millennium Development Goals) ミレニアム開発目標
NAFTA(North American Free Trade Agreement) 北米自由貿易協定
NATO(North Atlantic Treaty Organization) 北大西洋条約機構
NIEO(New International Economic Order) 新国際経済秩序
NIEs(Newly Industrializing Economies) 新興工業経済地域
NGO(Non Governmental Organization) 非政府組織
NPO(Non Profit Organization) 非営利民間組織
NTB(Non Tariff Barrier) 非関税障壁
ODA(Official Development Assistance) 政府開発援助
OECD(Organization for Economic Cooperation and Development) 経済協力開発機構
OECF(The Overseas Economic Cooperation Fund of Japan) 海外経済協力基金
OPEC(Organization of Petroleum Exporting Countries) 石油輸出国機構
PPP(Purchasing Power Parity) 購買力平価
PRSP(Poverty Reduction Strategy Paper) 貧困削減戦略文書
SAL(Structural Adjustment Lending) 構造調整貸付
SAP(Structural Adjustment Program or Structural Adjustment Policies) 構造調整計画あるいは構造調整政策
SIPRI(Stockholms International Peace Research Institute) ストックホルム国際平和研究所
TB(Tariff Barrier) 関税障壁
UNAIDS(The Joint United Nations Programme on HIV/AIDS) 国際合同エイズ計画
UNCTAD(United Nations Conference on Trade and Development) 国連貿易開発会議

UNDP（United Nations Development Programme）　国連開発計画
UNEP（United Nations Environment Programme）　国連環境計画
UNICEF（United Nations Childern's Fund）　国連児童基金
UNHCR（Office of the United Nations High Commissioner for Refugees）　国連難民高等弁務官事務所
WHO（World Health Organization）　世界保健機構
WTO（World Trade Organization）　世界貿易機関

第Ⅰ部

グローバル資本主義と「新自由主義」

第1章

1991年以降の世界経済の動向

　ここでは、1991年以降の世界経済の動向を分析しながらその動向の特徴について検証する。

　第一に、主要先進国の実質GDP成長率を示しながら三つの世界同時不況（1991年、2001年、2008年の世界同時不況）について確認する。第二に、主要先進国の失業率と短期金利の動向を示しながら世界不況とバブルの好景気、特にアメリカ経済の二つのバブル（「ITバブル」と「住宅バブル」）について検証する。第三に、主要先進国の消費者物価指数、世界の原油価格、金価格、一次産品価格の変動を示しながら、その間の世界経済の動向について検証する。第四に、主要先進国の財政赤字の推移を示しながらそれぞれの先進国の特徴を検証する。第五に、世界の直接投資と貿易の成長率、主要先進国の経常収支勘定、世界の主要国の輸出依存度について検証しながら、この間の世界経済の動向について分析する。第六に、世界の投資資金と金融資産、特に「仕組み債」とCDS（クレジット・デフォルト・スワップ）の推移を示しながら、「債券の証券化」と「リスクの転嫁」の仕組みを基礎とするこの間の「カジノ資本主義」と呼ばれる世界経済の動向を検証する。第七に、2001年ニューヨーク・テロ事件後の世界の軍事費、特にアメリカのブッシュ政権とオバマ政権の軍事費を分析し、今日の世界経済における軍拡の実態を明らかにすると同時に、アメリカの財政赤字の要因についても分析する。

1 三つの世界同時不況

　ここでは、グローバリゼーションの時代と呼ばれる1991年以降の先進国経済の動向を中心に分析する。主な資料としてOECD（経済協力開発機構）のものを使って分析する。
　まず、最初に1991年以降の主要先進国の経済動向を実質GDP成長率からみる。次の表Ⅰ-1-1と図Ⅰ-1-1は、1991年から2009年までの日本、アメリカ、イギリス、フランス、ドイツ、OECD全体の実質GDP成長率の変化を示したものである。
　1991年以降の世界経済と先進国経済を大きくみると、三つの世界同時不況が確認できる。表Ⅰ-1-1よりOECD全体の実質GDP成長率をみると、谷が大きく3回確認できる。第1回目は、1991年と1993年の1.3％、第2回目は2001年の1.1％、第3回目は、2008年の0.8％と2009年のマイナス3.2％である。すなわち、第1回目は、1991年の世界同時不況と1993年の日本のバブル崩壊後の深刻な景気後退の継続とドイツの「東西統一」後の大きな景気後退である。第2回目は、1992年以降継続したアメリカ経済の「ITバブル」崩壊による2001年の世界同時不況の発生である。第3回目は、2008年9月のリーマン・ブラザーズの破綻を契機に発生した2008年世界金融危機であり、1929年世界恐慌以来の世界不況である。それは「100年に一度」の世界経済危機とも呼ばれた。
　第1回目をもう少しみると、1980年代後半の日本の「バブル経済」崩壊後の1991年の世界同時不況の発生であり、日本は1990年の株式市場での暴落を受けて実体経済への影響が開始され、1990年実質GDP成長率の5.2％から1991年は3.4％へと下降し、さらに1992年には1.0％、1993年には0.2％まで下落した。アメリカは、1991年には前年の1.9％からマイナス0.2％、イギリスも前年の0.8％からマイナス1.4％まで下落した。ドイツも、1989年の「ベルリンの壁」の崩壊後、東ドイツ経済が大きな重荷となり、1990年の5.7％から1993年にはマイナス1.1％まで下落した。フランスもその影響を受けて1990年の2.6％から1993年にはマイナス1.0％まで下落した。OECD全体では

第1章 1991年以降の世界経済の動向

表Ⅰ-1-1　主要先進国の実質GDP成長率（1991-2009年）

(単位：%)

(年)	91	92	93	94	95	96	97	98	99	00	01	02	03	04	05	06	07	08	09
日本	3.4	1.0	0.2	1.1	2.0	2.7	1.6	-2.0	-0.1	2.9	0.2	0.3	1.4	2.7	1.9	2.0	2.3	-0.7	-5.3
アメリカ	-0.2	3.3	2.7	4.0	2.5	3.7	4.5	4.2	4.4	3.7	0.8	1.6	2.5	3.6	2.9	2.8	2.0	1.1	-2.5
イギリス	-1.4	0.2	2.3	4.4	3.0	2.9	3.3	3.6	3.5	3.9	2.5	2.1	2.8	2.8	2.1	2.8	3.0	0.7	-4.8
フランス	1.0	1.3	-1.0	1.9	2.3	1.0	2.2	3.5	3.2	4.1	1.8	1.1	1.1	2.3	1.9	2.4	2.3	0.3	-2.3
ドイツ	5.1	1.8	-1.1	2.4	2.0	1.0	1.9	1.8	1.9	3.5	1.4	0.0	-0.2	0.7	0.9	3.2	2.6	1.0	-4.8
OECD全体	1.3	2.1	1.3	3.3	2.6	3.1	3.7	2.7	3.4	4.1	1.1	1.7	2.0	3.2	2.7	3.1	2.7	0.8	-3.2

注）2009年は、IMF, World Economic Outlook Update, January 2010よりの数字を使う。
出所）OECD, OECD Economic Outlook 各年版より作成。

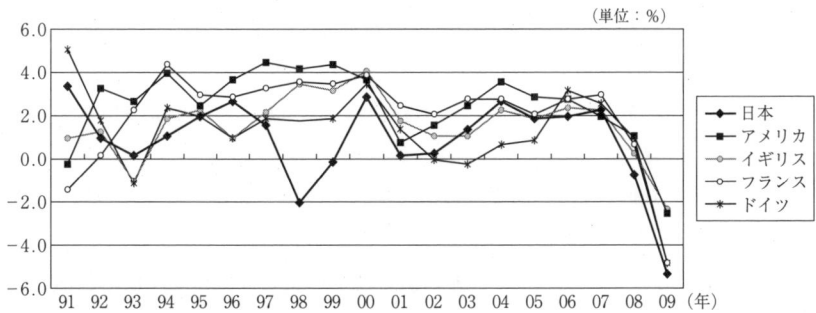

図Ⅰ-1-1　主要先進国の実質GDP成長率（1991-2009年）

注）2009年は、IMF, World Economic Outlook Update, January 2010よりの数字を使う。
出所）OECD, OECD Economic Outlook 各年版より作成。

1990年の3.1％から1991年と1993年の1.3％へと下落した。しかし、ここで注目されるのは、アメリカ経済の復活の速さとその後の長期の好景気の継続である。この1990年代のアメリカ経済は「IT革命」の成功を受けて、「ニュー・エコノミー」と呼ばれる好景気が続いた。世界経済におけるアメリカ経済の復活が明確となる。1980年代のアメリカ経済は、日本とドイツ経済の急成長と貿易黒字とは対照的に、巨額な貿易赤字と財政赤字という「双子の赤字」に苦しみ、世界経済において相対的低下傾向にあった。アメリカの1990年代における長期の好景気は、2001年の世界同時不況と同年のニューヨーク・テロ事件の発生まで続いた。それは日本経済の「失われた10年」と呼ばれるバブル崩壊後の長期不況とはまったく反対であった。

　第2回目の2001年の世界同時不況は、アメリカ経済の「ITバブル」崩壊に

よってもたらされた。同年9月11日には、ニューヨークで2棟の世界貿易センタービルが標的とされたテロ事件もあった。しかし、その後、アメリカ政府は大幅な金利引き下げ政策を実行し、アメリカ経済に「住宅バブル」の好景気を再びもたらした。その「住宅バブル」の好景気は、2007年夏のサブプライム問題が発生するまで世界中からアメリカに巨額の資金を呼び込み、さらに激しいマネーゲームが展開された。2000年代のアメリカ経済の「住宅バブル」の好景気はやがてヨーロッパ経済にも波及し、2003年からはイギリス、2004年からはフランスが好景気となり、2006年からはドイツも好景気を迎えた。また、日本もそのアメリカ経済の好景気の恩恵を受け、アメリカと中国への輸出の増大によって2003年からは久しぶりの好景気を迎えた。それによって1990年代の「失われた10年」と呼ばれた長期不況をやっと脱出するかにみえたが、2008年世界金融危機の発生によって、日本経済は2009年には主要先進国では最大の景気後退に再び陥った。

　第3回目の2008年世界金融危機は、2007年のサブプライム問題の発生とアメリカ経済の「住宅バブル」の崩壊が契機となりもたらされた。2008年9月の世界金融危機の発生によって、世界経済全体が一気に大規模な「信用収縮」(クレジット・クランチ)に陥り、深刻な「信用恐慌」へと突入した。特に、先進国経済への影響は非常に大きいものがあった。次の表Ⅰ-1-2は、IMFが2010年1月に発表した報告書より、2008年世界金融危機と世界経済成長率を示したものである。[1]

　表Ⅰ-1-2からわかるように、2008年の主要先進国はほぼゼロ成長に陥った。すなわち、アメリカが0.4％、フランスが0.3％、イギリスが0.5％、イタリアがマイナス1.0％、日本がマイナス1.2％であり、ドイツだけが1.2％であり、先進国全体も0.5％であった。翌年の2009年には、さらに経済危機が深まり、世界全体でも戦後初めてマイナスの数字が出現し、マイナス0.8％となった。同年のアメリカがマイナス2.5％、イギリスがマイナス4.8％、フランスがマイナス2.3％、イタリアがマイナス4.8％、ドイツもマイナス4.8％となった。日本はマイナス5.3％となり、主要先進国のなかでは最大の落ち込みとなった。先進国全体でもマイナス3.2％であった。さらに、2008年世界金融危機の発生

は、先進国のみならず、新興国と途上国にも大きな影響をもたらした。2008年の新興国・途上国全体の経済成長率は6.1％であったが、2009年には2.1％へと大幅に下落した。アジアNIEs（新興工業経済地域）も同様に2008年の1.7％から2009年のマイナス1.2％へと大きく下落した。2009年のロシアが世界的な石油価格の暴落も受けマイナス9.0％となり、ブラジルもマイナス0.4％、メキシコもマイナス6.8％であった。そのなかにあって、巨大市場を持つ中国とインドだけが、それぞれ、8.7％、5.6％のプラス成長を維持するにとどまった。それゆえ、このような数字を確認すると2008年世界金融危機が「100年に一度」の世界経済危機と呼ばれる理由があった。

表Ⅰ-1-2 2008年世界金融危機と世界経済成長率（2008-2009年）

（単位：％）

(年)	08	09
世界全体	3.0	-0.8
先進国	0.5	-3.2
アメリカ	0.4	-2.5
ユーロ圏	0.6	-3.9
ドイツ	1.2	-4.8
フランス	0.3	-2.3
イタリア	-1.0	-4.8
スペイン	0.9	-3.6
日本	-1.2	-5.3
イギリス	0.5	-4.8
カナダ	0.4	-2.6
アジアNIEs	1.7	-1.2
新興国・途上国	6.1	2.1
ロシア	5.6	-9.0
中国	9.6	8.7
インド	7.3	5.6
ブラジル	5.1	-0.4
メキシコ	1.3	-6.8

出所）IMF, World Economic Outlook Update, January2010 より作成。（http://www.imf.org/external/pubs/ft/survey/so/2010/NEW012610B.htm）

2　主要先進国の失業率の推移

　景気変動に対して失業率の指数がそれをもっとも敏感に影響を受けて変化する。すなわち、一般的には、好景気の時期には失業率が低下し、その反対に、不況の時期には失業率が上昇するという現象である。特に、ヨーロッパ経済と比較して、社会保障制度がより脆弱なアメリカと日本はその好例である。また、1980年代のサッチャー政権によって「新自由主義」の経済政策が強力に推進されて社会保障制度が以前と比較して弱くなったイギリスにおいても景気変動と失業率の変動においてはその相関関係が強く現れるようになった。次の表Ⅰ-

表 I-1-3　主要先進国の失業率 (1991-2009年)

(単位：％)

(年)	91	92	93	94	95	96	97	98	99	00	01	02	03	04	05	06	07	08	09
日本	2.1	2.2	2.5	2.9	3.1	3.4	3.4	4.1	4.7	4.7	5.0	5.4	5.3	4.7	4.4	4.1	3.9	4.0	5.4
アメリカ	6.8	7.5	6.9	6.1	5.6	5.4	4.9	4.5	4.2	4.0	4.8	5.8	6.0	5.5	5.1	4.6	4.6	5.8	9.3
イギリス	8.6	9.8	10.0	9.2	8.6	8.1	7.0	6.3	6.0	5.5	5.1	5.2	5.0	4.8	4.8	5.4	5.4	5.7	7.6
フランス	9.1	11.6	11.3	11.8	10.1	10.6	10.8	10.3	10.0	8.6	7.8	7.9	8.5	8.8	8.9	8.8	8.0	7.4	9.5
ドイツ	4.2	10.0	7.7	8.2	7.9	8.6	9.3	8.9	8.2	7.4	7.5	8.3	9.2	9.7	10.5	9.8	8.3	7.3	8.0

注) 2009年の数字は、IMF, World Economic Outlook Database, October 2009よりの推定値。
出所) OECD, OECD Economic Outlook 各年版より作成。

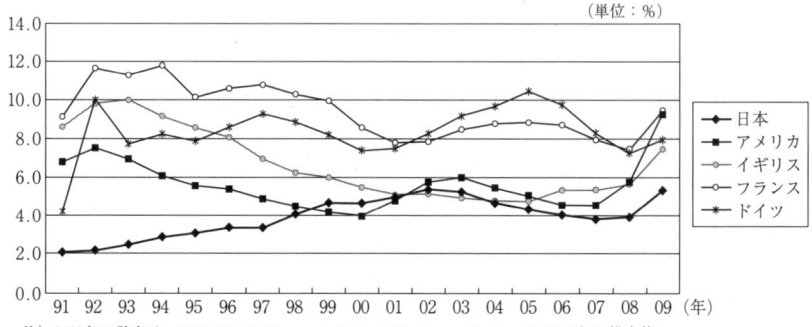

図 I-1-2　主要先進国の失業率 (1991-2009年)

注) 2009年の数字は、IMF, World Economic Outlook Database, October 2009よりの推定値。
出所) OECD, OECD Economic Outlook 各年版より作成。

1-3と図 I-1-2は、1991年から2009年までの主要先進国の失業率の推移を示したものである。

ヨーロッパのフランス・ドイツの失業率をみると、両国はこの間、ドイツの1991年の数字を別とすれば、7％の失業率を下回ることはなく、常に10％に近い高い失業率で推移していた。

それに対して、アメリカとイギリスは2001年の世界同時不況まで1990年代の長期の好景気によって着実に失業率が低下した。すなわち、アメリカは1992年の7.5％をピークとして2000年の4.0％へと、イギリスは1993年の10.0％をピークとして2001年の5.1％へと低下した。

一方、日本は、アメリカ・イギリスとは対照的に、1990年代の長期不況によって失業率が1991年の2.1％から徐々に上昇し、2001年の5.0％、2002年の

5.4％まで増大した。日本の失業率のピークは2002年の5.4％であった。同時に、1999年から2001年までの3年間において日本の失業率は戦後初めてアメリカの失業率を上回り、その逆転現象が生じた。

2001年の世界同時不況から2009年までの失業率の変化をみると、アメリカは2001年の世界同時不況後においてはかつてない低金利政策を実行し、再び「住宅バブル」の好景気を迎えた。その結果、アメリカの失業率は2003年の6.0％をピークにして、2006年と2007年の4.6％へと低下した。日本の失業率も、アメリカの「住宅バブル」の恩恵を受け、2002年の5.4％をピークとして2007年の3.9％へと低下した。

先進国経済のなかでも日本経済は長期不況の際だった状況にあった。この間の日本経済において、実質GDP成長率が2％を超えた年は、1995年、1996年、2000年、2004年、2006年、2007年のわずか6年間に過ぎなかった。

しかし、ここで注目すべきことは、日本の2003年から続いた好景気とアメリカの1990年代と2000年代に続いた二度の長期の好景気によって失業率が低下したにもかかわらず、日本でもアメリカでも一般労働者の賃金はほとんど上昇することはなかった。利益のある企業ほど「ダウンサイジング」と呼ばれる「人減らし」を実行し、契約社員、請負契約、嘱託契約などによって「正規雇用」を減らし、労働者・従業員の「非正規雇用」を推進して労働コストの削減を強力に実行した。そのため、最高経営者たちと一般労働者や「非正規雇用」の労働者との所得の格差が大きくなり、「中流社会」が崩壊し、貧困層が増加し、「格差社会」を形成することとなった[2]。

さて、次の表Ⅰ-1-4は、1991年から2008年までの主要先進国の短期金利の推移を示したものである。

この表Ⅰ-1-4より、アメリカの短期金利（3ヵ月マネー市場金利の年平均金利）の動向をみると、2000年の6.5％から2001年の3.7％、2002年の1.8％、2003年の1.2％、2004年の1.6％へと変化したことが確認できる。特に、2000年の「ITバブル」崩壊と2001年世界同時不況後の2002年から2004年までの3年間においては、アメリカは景気回復のために低金利政策を実行した。実際、アメリカのFF金利は、2000年12月の6.5％から、2002年12月の1.75％、2003

第Ⅰ部　グローバル資本主義と「新自由主義」

表Ⅰ-1-4　主要先進国の短期金利（1991-2008年）

(単位：％)

（年）	91	92	93	94	95	96	97	98	99
日本	7.4	4.5	3.0	2.2	1.2	0.6	0.6	0.7	0.2
アメリカ	5.9	3.8	3.2	4.7	6.0	5.4	5.7	5.5	5.4
イギリス	11.5	9.6	5.9	5.5	6.7	6.0	6.8	7.3	5.4
フランス	9.6	10.3	8.6	5.8	6.6	3.9	3.5	3.6	
ドイツ	9.2	9.5	7.3	5.4	4.5	3.3	3.3	3.5	
ユーロ圏									3.0

（年）	00	01	02	03	04	05	06	07	08
日本	0.2	0.1	0.1	0.0	0.0	0.0	0.2	0.7	0.7
アメリカ	6.5	3.7	1.8	1.2	1.6	3.5	5.2	5.3	3.2
イギリス	6.1	5.0	4.0	3.7	4.6	4.7	4.8	6.0	5.5
フランス									
ドイツ									
ユーロ圏	4.4	4.3	3.3	2.3	2.1	2.2	3.1	4.3	4.7

注）3ヶ月マネー市場金利の年平均金利。
出所）OECD, OECD Economic Outlook 各年版より作成。

年6月の1.0％まで引き下げられた。その結果、アメリカは再び「住宅バブル」の好景気を迎えた。また、日本も「バブル経済」崩壊によって金融機関の巨額な「不良債権問題」を抱えると同時に「失われた10年」と呼ばれた長期不況に陥ったために、1996年以降、10年以上も低金利政策を実行した。それゆえ、1996年以降はずっと1％未満の数字が並んでいる。特に、1999年2月から2000年8月まで、2001年3月から2006年7月までは「ゼロ金利政策」あるいは「量的緩和政策」と呼ばれる超低金利政策を実行した。それはまた金利が著しく低い日本で資金を調達し、より金利の高いアメリカなどでその資金を運用して利益を出すという「円キャリートレード」を活発化させた。日本は世界のマネーゲームとアメリカの「住宅バブル」への資金の一つの大きな供給源となった。

　ここで主要先進国の失業率について話を戻すと、2008年の世界金融危機の発生は同年の日本、アメリカ、イギリスの失業率を上昇させた。また、経済危機がさらに深まることによって翌年2009年の各国の失業率はすべて一気に上昇

した。日本が2008年の4.0％から5.4％へ、アメリカが5.8％から9.3％へ、イギリスが5.7％から7.6％へ、フランスが7.4％から9.5％へ、ドイツが7.3％から8.0％へとそれぞれ上昇した。それゆえ、2008年世界金融危機の影響の大きさが確認できる。

3 主要先進国の消費者物価指数の推移

　1991年以降の世界経済においては、1970年代の二つの石油危機後にそれぞれ起きたスタグフレーション（大きな景気後退、失業率の増加、インフレ率の急上昇という三つの経済現象の同時発生）にみられるような消費者物価指数の急激な上昇あるいはインフレ率の急上昇というような現象はほとんど発生することはなかった。次の表Ⅰ-1-5と図Ⅰ-1-3は、1991年から2008年までの主要先進国の消費者物価指数の変動を示したものである。

　この表Ⅰ-1-5と図Ⅰ-1-3に示されているように、1991年の世界同時不況後の1993年までを除き、全体的にみると、2007年のサブプライム問題が発生するまでのこの間においては消費者物価指数はほぼ安定して推移し、3％を超えることはほとんどなかった。アメリカだけが、2000年の3.4％、2005年の3.4％、2006年の3.2％を記録したに過ぎなかった。

　そのなかでも、この間の日本の消費者物価指数の変動をみると、他の先進国とはまったく異なる傾向を示している。1991年の世界同時不況後の1993年までを除くと、2007年のサブプライム問題が発生するまでの間は、1997年に1.7％をただ一度だけ記録したが、その他の時期は1％未満の数字が並んでいる。特に、マイナスを記録した年は、1994年、1999年、2000年、2001年、2002年、2005年の6年間、ゼロを記録した年は、1996年、2004年の2年間となっている。全体的にみれば、日本経済は1995年以降においては、途中の1997年と1998年の2年間を除くと、2007年までの間、10年以上も「デフレ経済」にあったことが確認できる。

　世界金融危機の2008年はすべての主要先進国において急激に消費者物価指数が上昇した。アメリカが3.8％、イギリスが3.6％、フランスが3.2％、ドイ

第Ⅰ部 グローバル資本主義と「新自由主義」

表Ⅰ-1-5 主要先進国の消費者物価指数（1991-2008年）

(単位:%)

(年)	91	92	93	94	95	96	97	98	99	00	01	02	03	04	05	06	07	08
日本	3.2	1.7	1.3	0.7	−0.1	0.0	1.7	0.7	−0.3	−0.5	−0.8	−0.9	−0.2	0.0	−0.6	0.2	0.1	1.4
アメリカ	4.2	3.0	3.0	2.6	2.8	2.9	2.3	1.5	2.2	3.4	2.8	1.6	2.3	2.7	3.4	3.2	2.9	3.8
イギリス	7.5	4.2	2.5	2.0	2.7	2.5	1.8	1.6	1.3	0.8	1.2	1.3	1.4	1.3	2.0	2.3	2.3	3.6
フランス	3.4	2.5	2.2	1.7	1.8	2.1	1.3	0.7	0.6	1.8	1.8	1.9	2.2	2.3	1.9	1.9	1.6	3.2
ドイツ	4.1	5.1	4.4	2.7	1.7	1.2	1.5	0.6	0.6	1.4	1.9	1.4	1.0	1.8	1.9	1.8	2.3	2.8

出所）OECD, OECD Economic Outlook 各年版より作成。

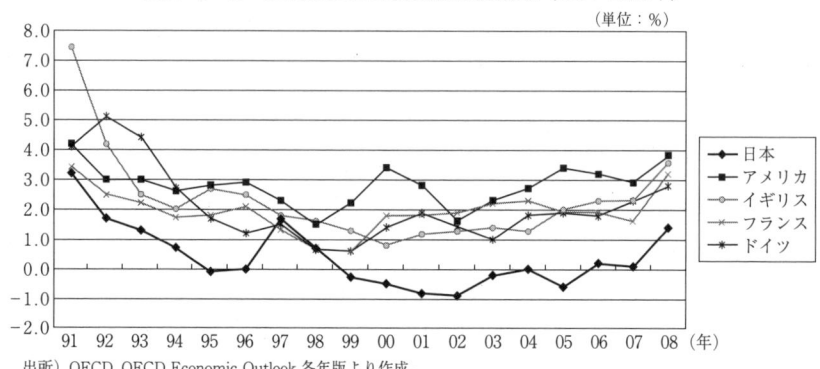

図Ⅰ-1-3 主要先進国の消費者物価指数（1991-2008年）

出所）OECD, OECD Economic Outlook 各年版より作成。

ツが2.8％であり、日本も例外ではなく、1.4％を記録した。その背景には、2007年のサブプライム問題が発生したことによって、世界の資金がドルから離れると同時に証券市場から、原油、金、銅などの資源市場、米、麦、トウモロコシ、大豆などの商品市場に急激に流れたのである。

次の図Ⅰ-1-4は、1991年から2008年までの原油1バレル当たりの原油価格（年平均価格）の変動を示したものである。また、次の図Ⅰ-1-5は、1973年から2009年までのロンドン金市場における金価格（年平均価格）の変動を示したものである。

このように、2007年のサブプライム問題の発生によって世界の資金が証券市場から資源市場と食糧市場へと大規模に流れたことから、世界市場において資源価格と食糧価格が急激に高騰した。図Ⅰ-1-4からわかるように、原油価格

第1章 1991年以降の世界経済の動向

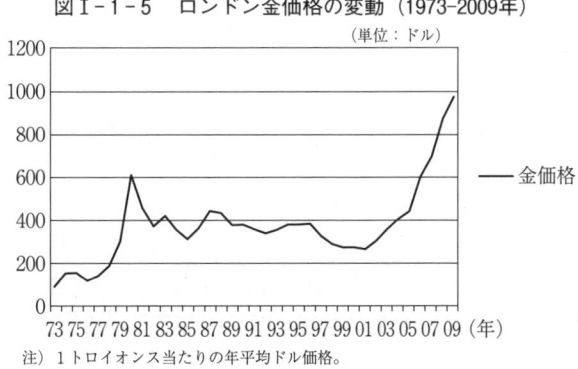

図Ⅰ-1-4 原油価格の変動（1991-2008年）
（単位：ドル）

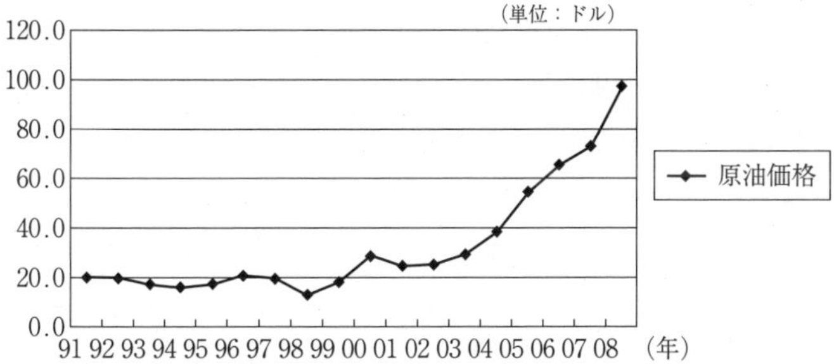

注）原油1バレル当たりの年平均価格。
出所）OECD, OECD Economic Outlook 各年版より作成。

図Ⅰ-1-5 ロンドン金価格の変動（1973-2009年）
（単位：ドル）

注）1トロイオンス当たりの年平均ドル価格。
出所）田中貴金属株式会社ホームページ、年次金価格推移表より作成。(http://gold.tanaka.co.jp/commodity/souba/y-gold.php)

（年平均価格）は1991年から2002年までの間は、1バレル当たり20ドル前後を変動していた。しかし、2001年のニューヨーク・テロ事件と2003年のアメリカの「対テロ戦争」の延長としてのイラク戦争の時期から、原油価格は急激に高騰した。1バレル当たりの原油の年平均価格をみると、2003年の28.8ドル、2004年の38.2ドル、2005年の54.4ドル、2006年の65.1ドル、2007年の72.5ドル、2008年の97.0ドルへと急激に上昇した。特に、2008年に入ってからは原油の市場価格は1バレル当たり100ドルを突破し、ついには2008年7月11日にニューヨーク商業取引所（NYMEX）においてWIT原油価格が147ド

ルの過去最高値をつけた。

　また、図Ⅰ-1-5のロンドン金価格（年平均価格）の変動をみると、1979年の第二次石油危機の翌年の1980年に一時高騰して、同年の1トロイオンス当たりの金価格が612.13ドルを記録したが、その後は下落し、1996年までは400ドル前後の水準で安定していた。1997年の331.12ドルから2001年の271.05ドルまで価格は下落したが、2001年のニューヨーク・テロ事件後の2002年からは急激に価格が上昇した。2002年の309.88ドルから2004年には再び400ドルを超え、2006年には600ドルを超え、2008年には872.17ドル、2009年には973.01ドルへと高騰した。ロンドン金市場においては、2008年には1トロイオンス当たりの金の市場価格が一時期1000ドルを突破し、その後少し下落したが、2009年には再び金価格が高騰し、1218ドルの過去最高値をつけた。

　さらに、世界市場における食糧、農産物、原油を除く鉱物資源などの一次産品価格の変動をみると、2005年を100とした場合、それらの世界市場価格は、2006年が116、2007年が147、2008年が184となっており、いかにそれらの価格が高騰したかを確認できる[3]。

　その結果、先進国においてはそれを反映して消費者物価指数が上昇した。また、途上国においては、資源危機と食糧危機が貧しい人々の経済生活を襲い、多くの途上国では食糧暴動が発生した。

4　主要先進国の財政赤字の推移

　1980年代の主要先進国において「新自由主義」経済学がケインズ経済学に代わって登場してきた背景には、1970年代の二つの石油危機と世界不況のなかで生じたスタグフレーションにこれまでのケインズ経済学（「大きな政府」の経済学）が十分に対処できなかったことがある。特に、主要先進国の財政赤字が大きな問題となり、そこで「小さな政府」の経済学である「新自由主義」経済学が主役となった。

　ここでは、もう一度、主要先進国の財政赤字について検証してみよう。次の表Ⅰ-1-6と図Ⅰ-1-6は、1991年から2008年までの主要先進国の財政赤字を

第1章 1991年以降の世界経済の動向

表 I-1-6 主要先進国の財政赤字（1991-2008年）

(単位：%)

（年）	91	92	93	94	95	96	97	98	99	00	01	02	03	04	05	06	07	08
日本	64.1	67.9	73.9	79.4	86.7	94.0	100.5	113.2	127.0	135.4	143.7	152.3	158.0	165.5	175.3	172.1	167.1	172.1
アメリカ	67.7	70.2	71.9	71.1	70.7	70.0	67.6	64.5	61.0	55.2	55.2	57.6	60.9	61.9	62.3	61.7	62.9	71.1
イギリス	32.8	39.0	48.7	46.8	51.6	51.2	52.0	52.5	47.4	45.1	40.4	40.8	41.2	43.5	46.1	46.0	46.9	57.0
フランス	39.5	43.9	51	60.2	62.1	65.7	68.2	70.3	66.8	65.6	64.3	67.3	71.4	73.9	75.7	70.9	69.9	76.1
ドイツ	37.7	40.9	46.2	46.5	55.7	58.8	60.3	62.2	61.5	60.4	59.7	62.3	65.3	68.7	71.1	69.4	65.5	69.0
イタリア	100.4	106.9	116.2	120.9	122.5	128.9	130.3	132.0	125.8	121.0	120.2	119.4	116.8	117.3	119.9	117.2	112.5	114.5
OECD全体	59.4	62.3	66.4	67.8	69.6	71.5	71.7	72.2	71.5	68.7	68.9	70.8	73.0	74.7	76.3	75.0	73.5	78.7

注）対GDP比率。
出所）OECD, *OECD Economic Outlook 85*, June 2009, Annex Table 32 より作成。

図 I-1-6 主要先進国の財政赤字（1991-2008年）

(単位：%)

注）対GDP比率。
出所）OECD, *OECD Economic Outlook 85*, June 2009, Annex Table 32 より作成。

対GDP比で示したものである。

　この表 I-1-6 と図 I-1-6 は、日本、アメリカ、イギリス、フランス、ドイツの5ヵ国とイタリアを加えた6ヵ国のその間の財政赤字を対GDP比で示している。そのなかにイタリアを加えた理由は、イタリアは先進国のなかでも特に財政赤字の大きな国であり、「イタリア病」と呼ばれていたからである。

　まず、OECD全体をみると、1991年の59.4％から2008年の78.7％へと約1.3倍増加していることが確認できる。

　次に、財政赤字を国別でもう少し詳しくみると、1991年においては、イタリアが他の国と比べると、100.4％と飛び抜けて大きかった。日本とアメリカは、64.1％、67.7％であり、共に60％台であった。イギリス、フランス、ドイツ

は、32.8％、39.5％、37.7％であり、その3ヵ国は30％台にあった。2008年においては、日本を除いて大きい順にみると、イタリアが114.5％、フランスが76.1％、アメリカが71.1％、ドイツが69.0％、イギリスが57.0％となっている。問題の日本は同年172.1％であり、第2位のイタリアを大きく引き離し、第1位となっている。

次に、国別のこの間の増加率をみると、アメリカは1991年の67.7％から2008年の71.1％へと1.05倍の増加、イギリスが32.8％から57.0％へと1.7倍、フランスが39.5％から76.1％へと1.9倍、ドイツが37.7％から69.0％へと1.8倍、イタリアが100.4％から114.5％へと1.1倍へとそれぞれ増加した。ところが、日本は1991年の64.1％から2008年の172.1％へと2.7倍の増加となり、主要先進国のなかでも飛び抜けていることが確認できる。1999年においては、日本が127.0％、イタリアが125.8％であり、ここで首位が交替した。

このように、前の消費者物価指数の変動においてみられたように、主要先進国のなかでの日本は際だった存在となっている。日本は「デフレ経済」と大きな財政赤字を抱える国となっている。

しかし、日本は、アルゼンチンのように途上国の債務国・赤字国ではないところに注意が必要である。また、同様に、アメリカのように先進国の債務国・赤字国でもないところに注意が必要である。

1991年から2008年までの主要先進国の国際収支のなかの経常収支勘定をみると、日本はその間はすべて黒字であり、反対にアメリカは、1991年を除くとすべて赤字であり、イギリスもその間はすべて赤字となっている[4]。

現在のところ日本は世界経済全体からみると債券国・黒字国である[5]。しかしながら、日本政府が保有する債券のなかでも、大量のアメリカ国債は「ドル暴落」という大きな不安要因を含んでいる。アメリカ財務省の2010年2月26日の発表によれば、2009年末時点でのアメリカ国債の国別保有残高は、日本が7657億ドルで第2位であり、中国が8948億ドルで第1位であった。

図I-1-7　世界の海外直接投資（1980-2008年）

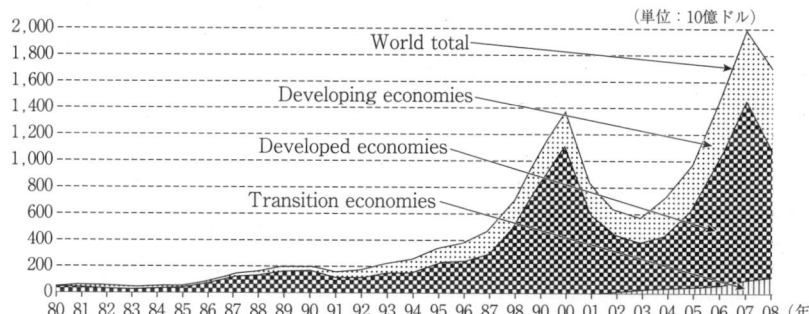

出所）UNCTAD, *World Investment Report 2009*, p. 4, Figure 1.1.

5　世界の直接投資と貿易

　1991年以降の世界の海外直接投資（FDI）の動向をフロー額でみると、2000年と2007年に大きなピークが過去2回あった。上の図I-1-7は、1980年から2008年までの世界の直接投資の動向を示したものである。

　この図I-1-7からわかるように、UNCTAD（国連貿易開発会議）の2009年版の報告書によれば、1990年前後の時期において海外直接投資は年間2000億ドル程度の水準であったが、2000年には第一のピークを迎え、年間約1兆4000億ドルの水準へと、約7倍まで増大した。その後、2001年の世界同時不況の影響を受けて、2002年には年間約6000億ドルの水準まで減少するが、2003年から再び増大し、2007年には第二のピークを迎え、年間約2兆ドルの過去最高の水準へと、1990年前後の水準の約10倍まで増大した。しかし、2008年世界金融危機の発生によって、2007年の1兆9790億ドルから、2008年の1兆6970億ドルへと、前年比で14％減少した。2009年には、9000億ドルから1兆2000億ドルの水準へとさらに大きく減少すると予想されている。[6]

　次に、1991年以降の世界貿易の動向をみよう。次の表I-1-7と図I-1-8は、1991年から2008年までの世界貿易の成長率を、世界全体とOECD加盟国の先進国および途上国の地域別について示したものである。

　まず、表I-1-7と図I-1-8から、世界貿易の成長率についてみると、大き

第 I 部　グローバル資本主義と「新自由主義」

表 I-1-7　世界貿易の成長率（1991-2008年）

(単位：％)

(年)	91	92	93	94	95	96	97	98	99
NAFTA	3.2	7.2	6.5	11.1	8.3	8.8	12.7	7.9	8.9
ヨーロッパ OECD 諸国	1.8	3.0	-0.2	8.5	8.3	5.4	10.3	8.3	6.0
アジア・太平洋 OECD 諸国	3.9	3.2	1.6	8.9	11.1	10.4	7.2	-4.1	7.3
（途上国）									
アジア	12.4	13.2	12.5	15.5	14.5	9.3	9.0	-1.4	5.2
ラテンアメリカ	11.0	14.3	16.1	9.9	11.6	5.9	13.6	7.2	-4.6
その他	-4.9	-4.5	7.2	2.8	5.7	5.2	8.1	0.9	0.5
世界貿易全体	2.9	4.7	4.6	9.5	9.2	7.0	10.2	4.9	5.7

(年)	00	01	02	03	04	05	06	07	08
NAFTA	11.4	-3.7	1.2	2.4	9.9	6.1	6.9	4.6	0.4
ヨーロッパ OECD 諸国	12.1	2.9	1.6	2.7	7.1	6.1	9.0	5.1	1.2
アジア・太平洋 OECD 諸国	12.5	-2.9	6.6	7.8	12.2	6.5	7.9	7.6	3.2
（途上国）									
アジア	18.5	-0.7	12.1	14.5	19.2	13.8	14.2	10.6	3.9
ラテンアメリカ	7.4	3.0	-4.0	4.6	14.1	12.8	9.4	11.1	6.3
その他	12.0	4.7	6.3	9.5	12.0	8.6	9.3	11.1	6.8
世界貿易全体	12.7	0.7	3.7	5.5	10.7	7.9	9.5	7.1	2.5

注) NAFTA は、アメリカ、カナダ、メキシコ。
　　アジア・太平洋 OECD 諸国は、オーストラリア、ニュージーランド、日本、韓国。
出所) OECD, OECD Economic Outlook 各年版より作成。

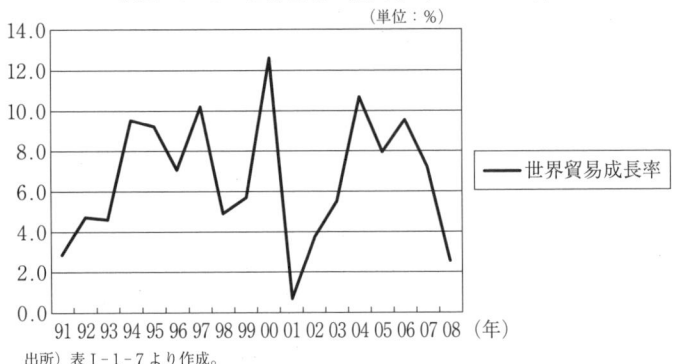

図 I-1-8　世界貿易の成長率（1991-2008年）

出所) 表 I-1-7 より作成。

な谷が3回あることが確認できる。第1回目は1998年と1999年であり、第2回目は2001年、第3回目は2008年である。第1回目の要因は、1997年のアジア通貨危機と1999年のブラジル金融危機の影響である。1998年においてはア

ジア・太平洋 OECD 諸国のマイナス 4.1％、アジアのマイナスマイナス 1.4％、1999 年においてはラテンアメリカのマイナス 4.6％を示している。第 2 回目は 2001 年の世界同時不況の発生が大きく影響した。第 3 回目は 2008 年世界金融危機の発生である。

しかしながら、1991 年以降は、アジア通貨危機・ブラジル金融危機と 2001 年世界同時不況を除くと、全体的には世界貿易が 8％を超える勢いで成長したことが確認できる。特に、中国を含むアジア地域の貿易の成長率は目立っており、アジア通貨危機の影響を受けた一時期を除けば、ほぼ 10％を超える成長率であったことがわかる。

また、1991 年以降のアジアの経済成長と貿易、特に、中国の経済成長と貿易の成長の大きさとは対照的に、世界貿易のなかでアメリカの赤字国としての存在の大きさが特徴的である。次の表Ⅰ-1-8と図Ⅰ-1-9は、1991 年から 2008 年までの主要先進国の国際収支、特に経常収支勘定を示したものである。

この表Ⅰ-1-8と図Ⅰ-1-9からわかるように、アメリカは 1991 年の 29 億ドルの黒字を除けば、それ以降はすべて赤字が続いた。特に、1997 年以降は右肩下がりにすべり落ちるように経常収支勘定の赤字を大きくした。しかし、その反面、世界経済全体からみると、アメリカの巨額の貿易赤字を基礎として、アメリカはそれを埋め合わせるために世界中の資金を寄せ集め、アメリカを中心とした世界の資金の大きな動きが展開されていた事実も確認しておく必要がある。特に、対米輸出から巨額な貿易黒字を生み出している日本、中国などのアジア地域や中東産油国などからアメリカ国債券市場に流入する大量の外国資金は注目される。

この点について、経済産業省『通商白書 2009』においては次のように指摘している。アメリカ国債券市場に流入する海外資金の動向をみると、アメリカ国債券市場に流入する海外資金はアジア通貨危機の 1998 年以降毎年増え続け、ピークの 2006 年には買越額が 1 兆ドルに達している。これは、同年のアメリカ国債券発行額全体 6.2 兆ドルの約 6 分の 1 に相当する。その内訳をみると、1998 年以降、それまでほとんど海外からの投資実績のなかった連邦政府抵当金庫（ジニーメイ）、連邦住宅抵当金庫（ファニーメイ）および連邦住宅貸付抵当公社

第Ⅰ部　グローバル資本主義と「新自由主義」

表Ⅰ-1-8　主要先進国の経常収支勘定（1991-2008年）

(単位：10億ドル)

(年)	91	92	93	94	95	96	97	98	99	00	01	02	03	04	05	06	07	08
日本	72.7	108.3	130.0	130.6	114.3	65.8	96.6	119.7	115.7	118.1	89.0	112.6	136.2	171.6	166.0	171.5	212.8	157.4
アメリカ	2.9	-50.1	-84.8	-121.6	-113.6	-124.8	-140.7	-215.1	-301.6	-417.4	-384.7	-461.3	-523.4	-625.0	-729.0	-788.1	-731.2	-673.3
イギリス	-18.9	-23.0	-18.7	-10.4	-14.3	-9.8	-1.6	-5.3	-35.4	-38.9	-30.4	-27.9	-30.0	-46.1	-58.9	-83.3	-80.5	-44.5
フランス	-12.1	-3.4	7.2	5.4	11.0	20.8	37.2	38.9	45.6	22.3	26.3	19.2	15.6	126.8	-13.7	-12.3	-27.6	-53.4
ドイツ	23.9	-22.0	-19.4	-30.5	-29.6	-13.8	-10.2	-17.1	-28.0	-33.9	0.3	41.1	47.9	-13.3	142.2	190.1	265.9	243.4
イタリア	-23.6	-29.0	7.5	12.7	24.9	39.5	33.4	22.7	8.0	-5.9	-0.8	-9.8	-19.7	-16.6	-30.0	-48.4	-51.7	-76.4

出所）OECD, *OECD Economic Outlook 85*, June 2009, Annex Table 50より作成。

図Ⅰ-1-9　主要先進国の経常収支勘定（1991-2008年）

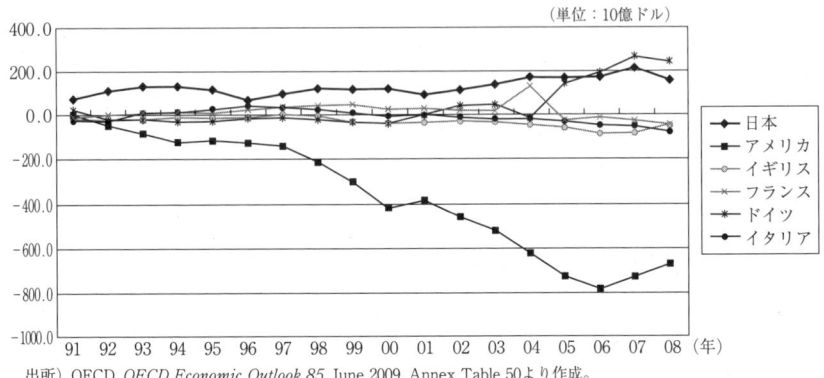

出所）OECD, *OECD Economic Outlook 85*, June 2009, Annex Table 50より作成。

（フレディマック）等が発行する機関債の買越額が急速に増加している。従来からのアメリカ国債および社債に加えて、近年ではこれら機関債が外国投資家による対米証券投資ポートフォリオの重要な構成要素の一つとして位置づけられてきたことがみてとれる。その結果、外国が保有するアメリカ国債券がアメリカ国債券発行残高全体に占める割合は年々上昇を続け、ピークの2007年にはアメリカ国債の48％、社債の25％および機関債の21％が外国によって保有されるまでになっている。さらに、外国保有分について債券の保有主体別の割合をみてみると、1990年代後半以降機関債に占める公的機関の割合が上昇していることがわかる。1990年代半ばには10％前後であった公的機関保有分は、2008年第4四半期には70％に達している。他方、アメリカ国債の公的機関保有割合は、1990年代以降、60％から70％の範囲でおおむね安定的に推移して

いる。経済発展を続けアジア諸国などの新興諸国・地域では外貨準備が急増し、高齢化が進む先進諸国では年金資金が急増するなかで、流動性が高く、安全な資金運用先として、アメリカ国債やアメリカ国機関債に大量の外貨準備や年金資金が流入したことをうかがわせる。[7]

また、表Ⅰ-1-8から主要先進国をもう少し詳しくみると、日本はその間はすべて黒字であり、反対に、アメリカとイギリスは赤字となっている。ドイツは、1991年から2000年までが赤字であるが、2001年以降はすべて黒字であり、フランスは、1993-2004年までが黒字で、1991-92年、2005-08年が赤字である。イタリアは、1993-99年が黒字で、1991-92年、2000-08年が赤字である。

表Ⅰ-1-9 各国の輸出依存度の比較（2007年）

(単位：％)

シンガポール	230.9
香港	207.4
マレーシア	110.2
ベトナム	76.8
ドイツ	46.7
韓国	46.4
中国	41.3
EU27	40.2
英国	25.8
インド	22.4
日本	17.6
ブラジル	13.8
米国	11.9

備考：ここでの輸出依存度は、2007年の「財・サービス輸出／名目GDP」。
資料：国連「National Accounts Main Aggregates Database」から作成。
出所）経済産業省『通商白書2009』第1-2-4-2図より作成。

上の表Ⅰ-1-9は、2007年における各国の輸出依存度の比較を示したものである。

この表Ⅰ-1-9から、2007年において主要先進国の輸出依存度を小さい順でみると、アメリカが11.9％、日本が17.6％、イギリスが25.8％、EU27ヵ国が40.2％、ドイツが46.7％である。アメリカと日本が依存度の小さいグループに入り、ドイツおよびEU27ヵ国が依存度の大きいグループに入り、イギリスがその中間にあることがわかる。ヨーロッパの場合は、EU内部での相互貿易が大きく、経済共同体としての実態を示した数字となっている。また、1997年のアジア通貨危機や2008年世界金融危機のように、一般的には、輸出依存度が大きい国ほど、世界の経済危機によって大きな影響を受けることが多い。シンガポール、香港、マレーシアはその依存度が100％を超える海外依存型の経済であり、ベトナム、韓国、中国もその依存度が高く、海外依存型の経済であることがわかる。しかし、幸いにも、中国とインドは国内人口と市場規模が非常

に大きいために、国内開発や国内投資において他の国と比較すると、まだ受け入れる大きな余裕がある国となっている。

6　世界の投資資金と金融資産

　1991年以降の世界経済は、「新自由主義」の流れが加速し、経済のグローバル化が著しく進展した。特に、世界的な「金融の自由化」が進み、巨大なマネーゲームが展開され、「カジノ資本主義」へと変質した。そのなかでも、コンピューターと「金融工学」の発展を基礎にして「債券の証券化」と「リスクの転嫁」の仕組みが開発され、デリバティブ（金融派生商品）の市場が急激に拡大した。それはレバレッジ（梃子の原理）を利用した巨額な貸付金（借金）による世界的規模のマネーゲームの展開であった。国際決済銀行のデータによれば、2008年6月のデリバティブ市場の残高は683兆ドルという規模にまで達した。それはまた「フェイク・マネー」（偽金）とも呼ばれた。この世界的なマネーゲームの展開の中心に、ゴールドマン・サックス社、モルガン・スタンレー社、メリルリンチ社、リーマン・ブラザーズ社、ベア・スターンズ社のアメリカ5大投資銀行があった。それはこのマネーゲームの展開の基礎であった「債権の証券化」と「リスクの転嫁」を特徴とするアメリカの典型的なビジネスモデルすなわち「投資銀行モデル」であった[8]。

　ジョセフ・スティグリッツは著書『フリーフォール』（2010年）において、2008年世界金融危機の発生は20世紀後半のアメリカに出現した特殊な形態の資本主義、「アメリカ型資本主義」（American-style capitalism）としばしば呼ばれるものの根本的な欠陥を暴き出したと指摘した[9]。また、スティグリッツは今回の世界金融危機の発生の仕組みを次のように説明している。

　世界一の富裕国アメリカは収入以上の支出を続けてきた。アメリカ経済と世界経済の強さはこのアメリカの過剰消費に依存していた。世界経済は右肩上がりの消費を必要としていたが、大多数のアメリカ人の収入が長期にわたって停滞するなかで、どのようにして過剰消費が継続できたのだろうか。アメリカ人は巧妙な方法を考え出した。収入が伸びないなら、借りた金で消費をすればい

いと。この案が実行されると、アメリカ人の平均貯蓄率はゼロまで低下した。富裕層のほとんどが巨額の預金を持っていることを考えれば、貧しい人たちの貯蓄率は大きなマイナスの数字を示す。要するに、アメリカの貧困層はどっぷりと借金漬けになってしまった。しかし、金の借り手と貸し手は、双方がこの状況に満足していた。なぜならば、借り手側は過剰消費を続けられるだけでなく、所得の停滞や減少という現実を直視しなくても済んだからであり、一方、貸し手側は右肩上がりの手数料収入のおかげで、史上最高益を出すことができたからである。低い金利と緩い規制は「住宅バブル」の火に油を注いだ。住宅価格が上がると、住宅所有者は含み益を換金することができる。この「住宅含み益の現金化」はある年では9750億ドル、すなわちアメリカのGDPの7％以上にも達した。住宅所有者は含み益で調達した金を老後の資金とするだけでなく、新車の頭金などにあてた。しかし、この借金の仕組みは、住宅価格が上がり続けること、少なくとも下落しないという危険な仮定に基づいていたのである。当時の経済は異常であった。GDPの3分の2から4分の3が住宅関連で占められていたからである。住宅建設、調度品の購入、住宅を担保にした借金での消費であった。このような状態が持続可能であるはずはなく、実際、持続しなかった。バブル崩壊はまず初めに、もっとも粗末な住宅ローン、低所得者向けのサブプライム・ローンを直撃し、すぐさま居住用不動産全体に波及した。そして、最後に、世界の信用市場が崩壊を始めた。[10]

　こうして、特に、2001年以降、世界の投資資金と金融資産が急拡大した。次の表Ⅰ-1-10は、1999年から2007年までの世界の投資資金と金融資産の動向を示したものである。

　この表Ⅰ-1-10から、「資産合計」（債券発行残高と株式時価総額の合計）をみると、2001年の世界同時不況の影響を受けて、その合計は2001年と2002年の約58兆ドルで谷となるが、その後は急増し、2007年の約111兆ドルの約2倍弱の規模となった。「年金、保険及び投資信託」も2002年の36兆ドルから2007年の74兆ドルへと約2倍の規模へと膨れ上がった。「債券発行残高」も2000年の31兆ドルから2007年の63兆ドルへと約2倍増加した。また、「個人金融資産」も2001年の17兆ドルから2007年の27兆ドルへと約1.6倍増加した。

第Ⅰ部　グローバル資本主義と「新自由主義」

表Ⅰ-1-10　世界の投資資金と金融資産（1999-2007年）

（単位：10億ドル）

（年）	99	00	01	02	03	04	05	06	07
年金、保険及び投資信託	40,100	37,700	38,200	36,000	45,100	49,000	53,800	65,200	74,300
外貨準備	1,875	2,046	2,174	2,403	2,971	3,686	4,386	4,977	6,246
個人金融資産	17,000	18,000	17,467	17,800	19,000	20,467	22,200	24,800	27,133
その他資金	324	653	728	679	880	1,133	1,681	2,200	2,744
債券発行残高	33,966	31,154	32,479	36,869	43,207	48,773	49,563	55,837	63,112
資産合計	67,907	61,505	58,436	58,453	72,249	82,919	86,756	99,925	110,929

備考：1．資産合計は、債券発行残高と株式時価総額の合計。
　　　2．外貨準備は金を除く。その他資金は、プライベートエクイティファンド及びヘッジファンドの合計。
　　　3．資産（債券、株式）は、米国、カナダ、英国、フランス、ドイツ、イタリア、オランダ、スイス、日本、豪州、シンガポール及び香港の合計。
　　　4．年金、保険及び投資信託、個人投資家資金、その他資金は、おもに先進諸国で構成され、新興諸国は含まない。
資料：International Financial Services, London; CBS Fund Management 2003〜2008．から作成。
出所）経済産業省『通商白書2009年』第1-1-1-3図より作成。

次の表Ⅰ-1-11は、2000年から2007年までのアメリカおよびヨーロッパにおける「仕組み債」と呼ばれる債券の発行残高の推移を示したものである。ここでの「仕組み債」とはデリバティブ（金融派生商品）などを利用した債券の総称である。それには実に様々なものがあり、不動産担保証券あるいは住宅ローン担保証券（MBSあるいはRMBS）、自動車ローン担保証券や個人クレジットカードローン担保証券などのような資産債券あるいは売掛金債権（ABS）、担保付債券支払証書（CDOs）などである。言い換えれば、それらが「債券の証券化」と「リスクの転嫁」の仕組みの典型例でもある。

この表Ⅰ-1-11によれば、それらの合計は、2000年には5530億ドルであったのが、2007年には2兆5950億ドルへと約4.6倍の規模へと急増した。

次の表Ⅰ-1-12は、2001年（前半期）から2008年（前半期）までのCDS（クレジット・デフォルト・スワップ）と呼ばれる想定元本（契約金額）の推移を示したものである。CDSとは、信用デリバティブの一種で、債券保有者がプレミアム（保証料）をAIGのような保険会社に対して支払うことによって、債務不履行（デフォルト）が起きたときに損害額を保証してもらう取引のことである。このCDSもまた「債券の証券化」と「リスクの転嫁」の仕組みの典型例である。

この表Ⅰ-1-12によれば、2001年（前半期）においてはCDSの想定元本はわずか6000億ドルであったが、それ以後は急増し、2008年（前半期）においては54兆6000億ドルまで、この間に約91倍の規模に激増した。2008年の世界GDPは約60兆ドルであることを考えると、その金額がいかに巨大な数字であることが確認できる。

表Ⅰ-1-11　アメリカ・ヨーロッパにおける仕組み債発行残高の推移（2000-2007年）

（単位：10億ドル）

	MBS	ABS	CDOs	計
2000年	184	215	154	553
2001年	332	288	156	776
2002年	492	280	202	974
2003年	712	319	273	1,304
2004年	999	329	374	1,702
2005年	1,375	400	605	2,380
2006年	1,450	344	1,095	2,889
2007年	1,016	335	1,244	2,595

資料：IMF「Global Financial Stability Report Apr.2008」から作成。
注）仕組み債（Structured Bond）とはデリバティブ（金融派生商品）などを利用した債券の総称。
　　MBS（住宅ローン担保証券または不動産担保証券RMBS）
　　ABS（資産債券および売掛金債権）
　　CDOs（担保付債務支払証書）
出所）経済産業省『通商白書2009』第1-1-1-15図より作成。

こうして、世界の「金融の自由化」が進展し、マネーゲームが世界的規模で展開される「カジノ資本主義」へと変質していった。そして、最後には、2008年世界金融危機が発生し、世界的な「信用収縮」に陥り、そのマネーゲームは、一時、中断した。そして、2009年の経済危機へと発展した。

IMF（国際通貨基金）は2007年のサブプライム問題の発生から始まる2008年世界金融危機における世界の金融機関の損失額を推定しているが、最初の段階の2007年10月時点では最大2400億ドルと発表していた。しかし、その後、その損失額はIMFの発表の度ごとに大きくなった。2008年4月には9450億ドル、同年9月には1兆3000億ドル、翌10月には1兆4050億ドル、2009年1月には2兆2000億ドルと発表した。そして、IMFの2009年4月の発表では、さらにその損失額が大きくなり、アメリカ・ヨーロッパ・日本のその合計額は4兆540億ドルへと達した。2008年のアメリカのGDPが14兆2000億ドル、日本のGDPが4兆9100億ドルであることを考えると、それがいかに大きな損失額であったことがわかる。その内訳は、アメリカの貸出債権（住宅ローンや消費者ローンなど）と証券（住宅ローン担保証券や消費者ローン担保証券など）の合計が2

表 I-1-12　CDS 想定元本の推移
（2001-2008年）

（単位：兆ドル）

年	期	金額
2001年	前半期	0.6
	後半期	0.9
2002年	前半期	1.6
	後半期	2.2
2003年	前半期	2.7
	後半期	3.8
2004年	前半期	5.4
	後半期	8.4
2005年	前半期	12.4
	後半期	17.1
2006年	前半期	26.0
	後半期	34.4
2007年	前半期	45.5
	後半期	62.2
2008年	前半期	54.6

資料：ISDA Market Survey から作成。
出所）経済産業省『通商白書2009年』第1-1-1-20図より作成。

兆7120億ドル、ヨーロッパのその合計が1兆1930億ドル、日本の合計が1490億ドルであった。[11]

7　世界とアメリカの軍事費

　1991年以降の世界の軍事費の動向をSIPRI（ストックホルム国際平和研究所）の資料でみると、1991年のソ連「社会主義」崩壊後の「冷戦後の世界」においては、世界の軍事費は1996年まで毎年前年比でマイナスが続き減少した。1997年から1999年までの3年間がほぼ横ばいで底となり、2000年と2001年が微増であったが、それは大きな変化ではなかった。[12]

　しかし、2001年のニューヨーク・テロ事件の翌年2002年からは前年比プラス6.3％と跳ね上がり、続いて2003年がプラス6.7％、2004年がプラス5.5％、2005年が3.9％、2006年が2.6％、2007年が3.5％、2008年が3.7％というように、世界の軍事費は急増した。2001年の世界の軍事費の8950億ドルと2008年の1兆2260億ドルを比較すると、約37％の増加となった。2003年には世界の軍事費が再び1兆ドルの大台を超えて、1980年代の冷戦期のような軍拡期を迎えた。[13]それは途上国をも巻き込んだ軍拡となった。2001年のアフガニスタン戦争、2003年のイラク戦争の周辺国であるサウジアラビア、イスラエル、インド、パキスタン、イランなどのこの間の軍事費の増加は、それらの戦争とアメリカの世界を巻き込んだ「対テロ戦争」の展開に深い関連があった。そして、中国とロシアもアメリカに対抗するようにして、その軍拡に積極的に参加した。[14]

　次の表 I-1-13は、2001年から2008年までの世界の軍事費と世界の上位12ヵ国の軍事費を示したものである。

　この表 I-1-13より、第1位のアメリカの軍事費についてみると、世界の軍

第1章　1991年以降の世界経済の動向

表Ⅰ-1-13　世界の軍事費（2001-2008年）

（単位：10億ドル）

（年）	01	02	03	04	05	06	07	08
アメリカ	334.9	387.2	440.8	480.4	503.3	511.1	524.5	548.5
中国	28.5	33.4	36.4	40.6	44.9	52.2	57.9	63.6
イギリス	49.4	52.4	55.3	55.1	55.1	55.0	55.7	57.3
フランス	50.0	51.0	52.6	54.0	52.9	53.1	53.4	52.5
日本	44.2	44.7	44.8	44.4	44.1	43.6	43.4	42.7
ロシア	21.2	23.6	25.1	26.1	28.5	31.2	34.8	38.2
ドイツ	40.4	40.6	40.0	38.8	38.0	37.1	37.2	37.2
サウジアラビア	21.4	18.8	18.9	21.0	25.3	28.9	33.3	33.1
イタリア	33.5	34.4	34.7	34.8	33.5	32.4	32.9	32.1
インド	18.3	18.2	18.6	21.6	22.8	23.0	23.5	24.7
韓国	17.1	17.6	18.2	19.0	20.5	21.2	22.1	23.7
ブラジル	14.8	14.9	12.0	12.3	13.3	12.7	14.7	15.4
世界全体	895.0	952.0	1015.0	1071.0	1113.0	1142.0	1182.0	1226.0

注）2005年固定ドル。
出所）SIPRI, *SIPRI Yearbook 2009*, Table 5A.3 より作成。

事費の絶対額ではアメリカが他国を大きく引き離している。世界の軍事費に対するアメリカの構成比は、2001年の37.4％から2008年の44.7％へと大きくなった。アメリカ一国で世界全体の約半分近くを占めている。次に、この間の軍事費の増加率が大きい国をみると、アメリカが63.8％増、中国が123.2％増、イギリスが16.0％増、ロシアが80.2％増、韓国が38.6％増、サウジアラビアが54.7％増、インドが35.0％増となっている。この間に世界の軍事費は約37％増加した。その結果、SIPRIの軍事統計では、2007年において初めて中国がイギリスを追い越して世界第2位となった。この間の増加率からわかるように、中国の数字は123.2％で飛び抜けて大きい。次にロシアの増加率80.2％、アメリカの63.8％が続いている。

このように、この間の世界の軍拡は2001年のテロ事件を契機に、アメリカが「対テロ戦争」を展開し、その流れのなかで同年のアフガニスタン戦争、2003年のイラク戦争が開始された。そして、今回の世界の軍拡がもたらされた。今日の軍拡はアメリカを先頭に、中国、ロシアも積極的にそれに参加している。

さて、アメリカの軍事費についてもう少し詳しくみよう。次の表Ⅰ-1-14は、

第Ⅰ部　グローバル資本主義と「新自由主義」

表Ⅰ-1-14　アメリカの政府予算と軍事費（2000-2009年度）

(単位：10億ドル)

(年度)	00	01	03	05	07	08	09
政府予算	1789.2	1863.2	2160.1	2472.2	2730.2	2931.2	3107.4
軍事費	294.4	304.8	404.8	495.3	552.6	607.3	675.1
歳入	2025.4	1991.4	1782.5	2153.9	2568.2	2521.2	2699.9
単年度の収支状況	236.2	128.2	-377.6	-318.3	-162.0	-410.0	-407.4
財政赤字の対 GDP 比(%)	58.0	57.4	62.5	64.6	65.6	67.5	69.3
軍事費の対政府予算比(%)	16.5	16.4	18.7	20.0	20.2	20.7	21.7

注）会計年度は10月1日から9月30日までの1年間、名目ドル表示。
　　2008年度と2009年度の数字は推定値。
出所）SIPRI, *SIPRI Yearbook 2009*, Table 5.5 より作成。

2009年版のSIPRI報告書からの資料で2000年から2009年までのアメリカの政府予算と軍事費について示したものである。

この表Ⅰ-1-14においてアメリカの政府予算と軍事費をみると、2000年度においてはアメリカ政府予算が1兆7892億ドル、軍事費が2944億ドル、政府予算に対する軍事費の比率が16.5％、単年度の収支が2362億ドルの黒字、財政赤字が対GDP比58.0％であった。しかし、2009年度においては政府予算が3兆1074億ドル、軍事費が6751億ドル、政府予算に対する軍事費の比率が21.7％、単年度の収支が4074億ドルの赤字、財政赤字が対GDP比69.3％となっている。2001年度においても単年度の収入はやはり1282億ドルの黒字であったが、この表では2002年度の数字がないが、2003年度以降は単年度の収支は大幅な赤字となっている。これらの数字からわかるように、アメリカの軍事費負担は非常に大きく、特に財政赤字の大きな要因となっていることが明らかである。

また、アメリカの代表的な近代経済学者の一人であるジョセフ・スティグリッツは、アメリカのアフガニスタン戦争とイラク戦争の二つの戦争関連費用を独自に算出した。その結果、アフガニスタン戦争とイラク戦争の二つの戦争を合わせると、2001年から2007年までに実際の作戦実行のために使われた戦費は6460億ドルであったが、その他に将来の作戦実施の経費、将来の退役軍人の費用、その他の軍事費・調整費、2017年までに限定した利息計算を含めすべて

第1章　1991年以降の世界経済の動向

を合計すると、二つの戦争のコストは、最良のケースで2兆3340億ドルであり、現実的控えめなケースで3兆4960億ドルとの推定値を算出した。[15]

このように、アメリカのブッシュ政権（2001年1月～2009年1月）においては、9.11事件を転機にして「対テロ戦争」という形で軍拡に突入した結果、その他の予算項目と比較しても、軍事費の増加が突出して大きくなり、それが今日のアメリカの財政赤字の最大の要因となった。[16]

それでは、2009年1月に新しく誕生したオバマ政権の軍事費はどのようになっているかを検証してみよう。次の表Ⅰ-1-15は、オバマ政権によって2009年5月に提出された予算要求のなかにある資料であり、2001年から2010年までの毎年の軍事費予算を示したものである。それは国防費（国防総省、陸海空三軍および海兵隊の合計）、ブッシュ政権下での「対テロ戦争」（GWOT）費用とオバマ政権下での「海外での予期される緊急事態のための作戦」（OCO）費用、その両者を含む軍事費総額をそれぞれ示したものである。

この表Ⅰ-1-15でわかるように、2001年度のアメリカの軍事費総額は3160億ドルであったが、2010年度の軍事費総額は6640億ドルとなっており、この間、軍事費総額は2.1倍の増加となっている。また、2001年のテロ事件から開始されるブッシュ政権の「対テロ戦争」費用とオバマ政権の「海外での予期される緊急事態のための作戦」費用の合計は、2010年度予算までを単純に計算すると、1兆100億ドルとなる。2010年度の予算要求がなされた2009年5月時点では、アフガニスタンやイラク戦争ではすでに8000億ドルもの軍事費が使われていた。2009年1月に新しく誕生したオバマ政権は、イラクからはアメリカ軍の撤退を予定しても、アフガニスタンにはさらに軍隊を増派して積極的に介入していく姿勢をみせている。そのため、アメリカの軍事費は、2008年度の軍事費総額が6670億ドル、2009年度が6620億ドル、2010年度が6640億ドルとなっている。この数字からわかるように、オバマ政権においても軍事費総額は2008年度の水準で横ばいとなっており、ほとんど減少していないことが確認できる。

実際、2010年2月1日、オバマ大統領は2011会計年度（2010年10月～2011年9月）の「予算教書の概要」を議会に対して提出した。その予算教書によれば、

表 I-1-15　アメリカの軍事費（2001-2010年度）

(単位：10億ドル)

(年度)	01	02	03	04	05	06	07	08	09	10
国防費	297	328	365	377	400	411	432	480	513	534
GWOT&OCO	13	17	72	91	76	116	166	187	142	130
軍事費総額	316	345	437	468	479	535	601	667	662	664

注) GWOTは対テロ戦争費用（ブッシュ政権）、OCOは海外での予期される緊急事態のための作戦費用（オバマ政権）。
出所) US Department of Defense, *DoD FY 2010 Budget Request Summary Justification*, May 2009, Figure1.1.より作成。

2010会計年度（2009年10月～2010年9月）の歳入は2兆1650億ドル、歳出は3兆7210億ドル、財政赤字は1兆5560億ドル（GDP比10.6％）となり、過去最高であった前会計年度の1兆4130億ドル（GDP比9.9％）の財政赤字を上回ること、2011会計年度の歳入は2兆5670億ドル、歳出は3兆8340億ドル、財政赤字は1兆2670億ドル（GDP比8.3％）となる見通しであることを明らかにした。そして、2011会計年度においては、さらなる経済回復に伴う税収増（特に個人所得税および法人税）により歳入が大幅な伸び（対前年度比18.6％増）によって財政収支が改善するが、依然として社会保障および医療に係る義務的経費が伸び続け、1兆2670億ドル、対GDP比で8.3％という引き続き高い水準となる見通しであることも明らかにした。さらに、2011会計年度予算においては「国防関係費」として8950億ドル、政府予算の23.3％が予定されている。また、アメリカ国債残高は2009年度末の7兆5450億ドル、対GDP比で53.0％、2010年度末の9兆2980億ドル、対GDP比で63.6％から、2020年には18兆5730億ドル、対GDP比で77.2％へと上昇する見通しとなることも示した。[17]

このように、アメリカのオバマ政権における巨額の財政赤字の拡大要因は、一つには2008年世界金融危機への対応のために巨額の財政出動を余儀なくされたこと、二つにはイラクとアフガニスタン問題への対応のために巨額の軍事支出を継続すること、三つには社会保障および医療に係る義務的経費が依然として伸び続けることが指摘できる。

1) IMF, World Economic Outlook Update, January 2010.

    http://www.imf.org/external/pubs/ft/survey/so/2010/NEW012610B.htm
2） 中野洋一「日本・アメリカの拡大する貧富の格差」『九州国際大学国際関係学論集』第5巻第1・2合併号、2010年。
3） OECD, *OECD Economic Outlook* 85, June 2009, Annex Table 19.
4） Ibid, Annex Table 50.
5） 財務省が2010年5月25日に発表した対外資産負債残高によると、日本の2009年末の対外純資産は266兆2230億円で、比べることが可能な1996年以降で最大となった。円安と景気持ち直しで、2008年末比18.1％増と大きく伸びた。国際通貨基金（IMF）などによると、1991年以来、19年連続で日本が世界一となった。第2位は中国（167兆7333億円）で、第3位はドイツ（118兆8596億円）。対外純資産は、政府や企業・個人が海外に持つ資産（対外資産）から、海外企業などが国内に持つ資産（対外負債）を差し引いて求める。日本の2009年末の対外資産は、同6.9％増の544兆8260億円で、2年ぶりに増えた。円安が進んだことで外貨建て資産の円換算額が膨らんだ。世界的な景気の持ち直しで外国株や債券への投資額も増えた。日本企業による海外法人の設立や企業買収など直接投資も、2008年末より6兆4700億円増えた。一方、対外負債は同1.7％減の288兆6030億円と、2年連続で減った。2009年の純資産増加額40兆7000億円のうち、16兆2000億円が取引要因、15兆8000億円が円安による為替要因とみられている。2009年末時点での為替レートは1ドル92.13円、1ユーロ132.76円と、それぞれ2008年末の90.28円、125.67円と比べ円安水準だった。対外資産の内訳は債権や株式など証券投資が261兆9890億円、子会社への出資など直接投資が68兆2100億円。対外負債の内訳は証券投資141兆8960億円、直接投資18兆4250億円など。（『朝日新聞』2010年5月25日付。）
6） UNCTAD, *World Investment Report 2009*, pp. 3-4.
7） 経済産業省『通商白書2009』6-7頁。
8） 中野洋一「2008年世界金融危機とカジノ資本主義」『九州国際大学国際関係学論集』第4巻第1・2合併号、2009年。
9） Joseph E. Stiglitz, *Freefall*, W. W. Norton, 2010, preface, p. 11. ジョセフ・E・スティグリッツ（楡井浩一・峯村利哉訳）『フリーフォール』徳間書店、2010年、19頁。
10） Ibid, pp. 2-3. 同上書、26-27頁。
11） IMF, *Global Financial Stability Report*, April 2009, Table 1.3.
12） SIPRI, *SIPRI Yearbook 2000*, Table 5.1, *SIPRI Yearbook 2007*, Table 8.1.
13） SIPRI, *SIPRI Yearbook 2009*, Table 5.1.
14） 中野洋一「9・11事件後の世界の軍拡」『アジアアフリカ研究』第47巻第4号、2007年。同著「今日の軍拡とアメリカの軍事費」『九州経済学会年報』第47集、2009年。
15） Joseph E. Stiglitz & Linda J. Bilmes, *The Tree Trillion Dollar War*, Penguin Books Ltd., 2008, p. 56. ジョセフ・E・スティグリッツ、リンダ・ビルムズ（楡井浩一訳）『世界を不幸にするアメリカの戦争経済』徳間書店、2008年、82-83頁。

16) 河音琢郎・藤木剛康編著『G. W. ブッシュ政権の経済政策』ミネルヴァ書房、2008 年、56-57 頁。
17) 外務省ホームページ、アメリカ 2011 会計年度予算教書（概要）。
　　http://www.mofa.go.jp/mofaj/area/usa/keizai/eco_tusho/us_2011.html

第2章 2008年世界金融危機と「カジノ資本主義」

1 「カジノ資本主義」と「新自由主義」

　2008年9月15日のリーマン・ブラザーズの破綻を契機にして、世界金融危機は一気に拡大した。それはアメリカから始まり、ただちにヨーロッパへと広がり、新興国、途上国、そして日本にも拡大した。その金融危機によって世界経済は冷え込み、2009年の先進国経済はマイナス成長と予測されている。

　かつて、スーザン・ストレンジが1980年代以後の資本主義の変質を「カジノ資本主義」と指摘した。また、1990年代に入ると、1991年のソ連「社会主義」崩壊後、現代資本主義は「グローバル資本主義」(ジョージ・ソロス、ロバート・ギルピン)、「グローバル経済」(レスター・サロー)などと呼ばれるようになり、資本主義の一つの新しい時代、いわゆるグローバリゼーションの時代と人々は認識するようになってきた。

　しかし、「カジノ資本主義」も「グローバル資本主義」も1980年代以降の「新自由主義」(ネオ・リベラリズム)を基礎とする大きな流れのなかで存在する。その流れのなかで、「小さな政府」の実現を政治スローガンにしたイギリスのサッチャー政権、アメリカのレーガン政権、日本の中曽根政権が相次いで誕生し、それらの政権は「新自由主義」経済学を基礎にした経済政策を次々に実行した。それは「貿易の自由化」、「資本の自由化」、「金融の自由化」の実現であった。こうして1980年代以降の「新自由主義」の流れのなかで「カジノ資本主義」は

ますます拡大していった。

　ここで、その「新自由主義」についてのいくつかの代表的な批判や見解をみると、スーザン・ジョージは著書『アメリカはキリスト原理主義・新保守主義にいかに乗っ取られたのか？』(2008年)のなかで、1980年のアメリカ大統領選挙でのロナルド・レーガンの勝利によって新自由主義・新保守主義的時代が到来し、それ以後もわれわれはこの時代にとどまることになると述べている。そして、新自由主義の「教義」(ドクトリン)として、いくつかの特徴を次のように指摘する。すなわち、市場による解決は国家による規制や介入よりも常に優先すること、私企業は効率性・品質・入手しやすさ・価格といった点で公的部門よりも良好なパフォーマンスを示すこと、自由貿易は一部の者には一時的損失をもたらすかもしれないが、結局はどこの国においてもすべての住民に保護貿易主義以上の利益をもたらすこと、自由市場が存在しないなら真の自由な社会は存在しえなく、資本主義と民主主義は相互補完的であること、大きな国防予算と強力な軍事力は国家の安全を保証すること、アメリカ合衆国は、その歴史、理念、高度な民主主義制度の点で秀でており、その経済的・政治的・軍事的力を用いて、他国の内政に介入し、自由市場と民主主義を推進すべきであることなどである。また、新自由主義のイギリス版である「サッチャー主義」の教義についても同様なものとして見ている。

　また、アメリカの代表的な近代経済学者の一人であるポール・クルーグマンもアメリカの新自由主義に対して批判的な分析を行っている。彼の著書『格差はつくられた』(2007年、原本タイトルは The Conscience of a Liberal)のなかで、クルーグマンは、アメリカ社会において「ニューディール政策の逆戻り」をさせた新自由主義を「保守派ムーブメント」と呼び、やはりロナルド・レーガン大統領の勝利によってそれが周辺的な存在からアメリカ政治の中心的な役割を演じるようなり、それに続く父・息子のブッシュ政権の新自由主義の経済政策(たとえば、累進課税の廃止による高額所得者への大幅減税と大企業への法人税の大幅減税など)の実施によって増大する不平等と格差、福祉社会からの揺り戻しなどが生じ、戦後のアメリカの「中流社会」が急速に消滅しつつあると指摘している。

　さらに、ジョージ・ソロスもこの二人と同じ見解を持っている。ソロスによ

れば、超バブルを支える支配的な誤解は、市場メカニズムに対する行き過ぎた信頼の念、いわば市場信仰である。レーガン大統領が「市場の魔法」などと呼んでいたもので、市場原理と呼んでいるものである。市場原理が世界的に最有力の宗教的教理（ドグマ）となったのは、レーガンがアメリカ大統領に、サッチャーがイギリス首相に、それぞれ就任した1980年代前後のことであった。もっとも、19世紀の自由放任主義経済思想（レッセフェール）という、はるか昔の先例も存在した。[4]

この「カジノ資本主義」の大きな特徴の一つは世界的なマネーゲームの展開である。そのマネーゲームの展開のなかで、数多くの「バブル」と金融危機が繰り返された。

しかし、2008年の世界金融危機は、これまでの新興国あるいは途上国の金融危機、すなわち、1997年のアジア金融危機、1998年のロシア金融危機、1999年のブラジル金融危機、2001年のアルゼンチン金融危機とはまったく異なり、その震源地は現代資本主義の中心国、世界最大の経済大国アメリカであった。したがって、その金融危機の規模の大きさと質の変化について注意深く考察する必要がある。今回の世界金融危機の発生によって、現代資本主義のあらゆる矛盾が目にみえる形で現れている。その意味では、「カジノ資本主義」と「新自由主義」の帰結が2008年世界金融危機であったと指摘できる。

2　2007年サブプライム問題と2008年世界金融危機の発生

まずは、2007年サブプライム問題から2008年金融危機の発生の期間について大まかな経緯をまとめてみよう。

2000年終わりにアメリカで「ITバブル」が崩壊した。欧米と日本においてIT関連の株が暴落し、当時のFRB（アメリカ連邦準備制度理事会）議長グリーンスパンはだたちに二つの方策をとった。一つにはFF金利（フェデラル・ファンド・レート）を6％以上あったところから1％まで引き下げ、二つには減税策を強く主張し、ブッシュ政権に働きかけて実行させた。その結果、財政赤字はGDP比で3.6％にもなったが、再び景気は回復した。2002年に入ると好景気

が続き、長い住宅バブルが始まった。そこで2004年6月からはFF金利が段階的に引き上げられて、2006年6月には5.25％まで引き上げられたが、その頃まで好景気と住宅バブルは続いた。[5]

しかし、2006年後半以降、アメリカにおいてサブプライム・ローン（低所得者向け住宅ローン）の延滞率が急速に高まり、2007年夏、サブプライム問題が発生した。

2007年夏の7月9日、洞爺湖サミットが開催され、7月11日、原油価格が1バレル＝147ドルの史上最高額を記録したが、サミットでは差し迫る世界経済危機の問題はほとんど議論されなかった。

2007年7月31日、アメリカ大手証券会社のベア・スターンズ傘下のファンドが破綻し、8月9日、フランスの大手金融機関BNPパリバがその傘下のファンド凍結を発表した。

8月16、17日、その「パリバ・ショック」を受け、世界同時株安が発生したが、10月9日、アメリカのダウ平均株価は史上最高の14,164ドルを記録した。

2008年3月16日、JPモルガン・チェースがベア・スターンズ社の救済買収を決定した。

そして、大きな歴史的な日が訪れた。2008年9月、アメリカで金融危機が発生し、その後、世界的に金融危機が一気に拡大した。

2008年9月15日、アメリカの大手証券会社のリーマン・ブラザーズが連邦破産法第11条の適用を申請して破綻した。負債増額は6130億ドル（約61兆円）で史上最大の倒産金額である。その後の影響の大きさから、それは「リーマン・ショック」と呼ばれている。同社は、ドイツからのユダヤ系移民の兄弟によって1850年に創立され、総資産6910億ドル、総資本224億ドル（2007年11月30日現在）、売上高590億ドル（2007年度）のアメリカ第4位の証券会社であった。[6]

9月16日、バンク・オブ・アメリカが大手証券会社第3位のメリルリンチの買収を発表し、9月17日、アメリカ政府が世界最大の保険会社AIGへの850億ドルの融資を決定し、事実上の国有化とした。

2008年10月、アメリカ政府は議会において「金融安定化法」をやっとのことで成立させた。それによれば、公的資金の枠は7000億ドルであり、JPモルガ

ン・チェース、シティグループ、バンク・オブ・アメリカに250億ドル、ゴールドマン・サックス、モルガン・スタンレーに100億ドルなどの公的資金の支援を決定した。

ここでアメリカ５大証券会社（投資銀行）は消滅した。第１位のゴールドマン・サックス社は銀行持ち株会社へ移行し、単独で生き残りをはかった。第２位のモルガン・スタンレー社も銀行持ち株会社へ移行し、外資支援を受けて生き残りをはかった。外資支援として三菱UFJフィナンシャル・グループが9000億円を出資した。第３位のメリルリンチ社はバンク・オブ・アメリカに買収された。第４位のリーマン・ブラザーズ社は破綻して完全に消滅した。野村ホールディングはそのアジア太平洋、欧州・中東部門を買収した。第５位のベア・スターンズ社はJPモルガン・チェースに買収された。

この５大証券会社の消滅の結果、世界的なマネーゲームの展開の基礎であった「債権の証券化」と「リスクの転嫁」を特徴とするアメリカの典型的なビジネスモデル、「投資銀行モデル」はその終焉を迎えた。[7]

2008年11月14、15日、アメリカのワシントンでは、G8ではなく、新興国と呼ばれる中国、ブラジル、インドを含むG20による緊急首脳会議「金融サミット」が開催され、参加国は金融市場に対する規制の強化、また1930年代の通貨切り下げ競争と関税の引き上げ競争を選択した「歴史的失敗」を繰り返さないために自由貿易の支持と保護主義の反対で合意をした。[8]

その結果、前者の各国の金融市場に対する強化についての合意の意味することは、1980年代以降、約30年間にわたって世界経済においては市場原理を徹底する「新自由主義」（ネオ・リベラリズム）のもとで「金融の自由化」が進められてきたが、2008年世界金融危機の発生により、その「新自由主義」の流れは大きな転換点を迎えつつあることを示している。

3　2008年世界金融危機は「100年に一度」の世界経済危機か

2008年世界金融危機について、アラン・グリーンスパン前FRB（アメリカ連邦準備制度理事会）議長は、「100年に一度の津波」、「100年に一度起こるかどう

かの深刻な金融危機」と発言している。

　世界的な投資家ジョージ・ソロスや経済学者フェルドシュタインも「今回の（サブプライム）危機は戦後最大の金融危機（あるいは戦後最大の経済不況）となる」と発言し、またノーベル経済学賞のジョセフ・スティグリッツも今回の金融危機は 1930 年代の「大恐慌以来の最悪の不況の一つになるであろう」と述べている。

　今回の世界金融危機の実態をいくつかの事例で検証してみよう。

　まず、最初に世界の株価の変動についてサブプライム問題が発生した 2007 年夏以降からの日本とアメリカの株価の推移をみると、2008 年 11 月 25 日の日経平均株価は 8323 円であったが、それは 2007 年 7 月最終週の 16,978 円を 100 とすると、49.0 となる。一方、アメリカの 2008 年 11 月 25 日のダウ平均株価は 8479 ドルであったが、それは 2007 年 7 月最終週の 13,182 ドルを 100 とすると、64.3 となる。

　同様に、2008 年 11 月初めと 2007 年 7 月初めとを比較してその他の主要国の株価指数の推移をみると、イギリス、ドイツ、インドにおいてはアメリカと同様に平均株価は 30％以上、フランスにおいては 40％以上、中国においては日本と同様に 50％以上、アイルランドにおいては 60％以上も下落した。

　IMF（国際通貨基金）は、今回の一連のサブプライム問題関連での世界の金融機関の損失額について推計しており、最初の段階、2007 年 10 月の時点では最大 2400 億ドルと発表していた。しかし、その後の世界金融危機の拡大により、その損失額は 2008 年 4 月には最大 9450 億ドル（約 96 兆円）、同年 9 月には 1 兆 3000 億ドル（約 137 兆 8000 億円）、翌 10 月には今後数年間で 1 兆 4050 億ドル（約 143 兆円）と発表している。さらに、2009 年 1 月 28 日の発表によれば、その推定額は 2 兆 2000 億ドル（約 200 兆円）となり、08 年 10 月時点の予測より 6 割近くも急増した。さらにその後、IMF は、2009 年 4 月 21 日には、その推計損失額が拡大するとまた発表し、全体の損失額は、4 兆 540 億ドル（約 400 兆円）であり、うちアメリカが 2 兆 7120 億ドル（約 270 兆円）、日本が 1490 億ドル（約 15 兆円）、欧州が 1 兆 2000 億ドル（約 120 兆円）であるとしている。すなわち、その 4 兆ドルという損失額は、世界第 2 位の経済大国である最近の日本の GDP（国

内総生産）とほぼ同額の水準である。また、アメリカの2兆7000億ドルという損失額は、アメリカのGDP、13兆8413億ドル（2007年）と比較すると、およそ5分の1の規模となる。

　このような金融機関の巨額損失は「貸し渋り」を招き、やがてそれは経済全体の「金詰まり」となり、大規模なクレジット・クランチ（信用収縮）を発生させ、2008年世界金融危機をもたらした。その信用収縮の規模は、一説には3兆ドルという試算もある。[11]

　また、この間のサブプライム問題の深刻化に伴って、世界の金融資産は2007年10月の187兆2000億ドルから2008年10月の166兆8000億ドルへと、20兆ドル強の減少となった。[12]

　今回の世界金融危機を深刻にした要因の一つは、「金融の自由化」を基礎にして進行した「債務の証券化」と「リスクの転嫁」の仕組みであった。特に、「デリバティブ」と呼ばれる「金融派生（取引）商品」の市場の存在は重要である。

　国際決済銀行（BIS）のデータによれば、2008年6月のデリバティブ（「金融派生（取引）商品」）全体の残高は、683兆ドル（日本円では6京円以上）という経済統計においてはほとんどみることがなかった天文学的な数字が登場する。その683兆ドルという数字は、2008年の世界のGDP60兆ドルの10倍以上の数字である。

　また、「クレジット・デフォルト・スワップ」（CDS）（信用デリバティブの一種で、債権保有者がプレミアム（保証料）をAIGのような保険会社に対して支払うことによって、債務不履行（デフォルト）が起きたときに損害額を保証してもらう取引のこと）の同じ2008年6月の残高は、「想定元本（契約金額）ベース」で57兆ドルとなっている。この57兆ドルという数字は最近の世界のGDP60兆ドルとほぼ同額の数字である。[13]

　仮に、上記のCDS残高の1割が不良債権となったとすれば、それだけでも約6兆ドルとなり、それは最近の日本のGDP 4兆ドルを上回る数字であり、アメリカのGDPの半分弱ほどの数字となる。想像するだけで頭がくらくらしてくるような数字である。

　さて、2008年12月の内閣府政策統括官室『世界経済の潮流　世界金融危機

と今後の世界経済』の報告書によれば、2008年世界金融危機の特徴を次の三つであると指摘している。[14]

第一に、今回の金融危機がグローバルな危機という点である。金融機関のグローバルな活動により、各国の国際金融市場の相互関連はますます強まっており、アメリカ発の金融市場の混乱は、アメリカにとどまらず、まずはヨーロッパに、そしてアジアを始めとする新興国へと波及している。

第二に、危機の進行や波及のスピードが速いことである。今回の危機の過程においては、9月15日のリーマン・ブラザーズの破綻以降、市場を通じて、危機が瞬く間に伝播し、各国で経営危機に陥る金融機関が次々と現れるとともに、各国の短期金融市場は機能停止状態に陥った。こうした市場を通じての危機の波及の速さが、これまでの金融危機との大きな違いである。

第三に、証券化により危機のプロセスが複雑なものとなっているということである。今回の危機では、住宅ローン担保証券（RMBS）やさらにそれらを証券化した債務担保証券（CDO）、さらには企業や金融機関のデフォルト・リスクを売買するデリバティブ商品であるクレジット・デフォルト・スワップ（CDS）等の商品を様々な金融機関が広く保有し、誰がどの程度のリスクを抱えているかがわかりにくくなっており、それが金融機関間の相互不信を通じて、危機を深刻なものにしている。この点は、1980年代のアメリカのS&L危機や日本のバブル崩壊後の経験において、不良債権が不動産にほぼ限定され、また関係者も明確であったのとは大きく異なる点である。

今回の世界金融危機は世界の実体経済にも深刻な悪影響をもたらし、世界の生産と貿易は急速に縮小し、戦後最大の世界不況に突入しつつある。それは各国の今後の対応次第では1929年世界恐慌以来のまさに「100年に一度」の世界経済危機となる可能性を否定できない。

実際、2009年1月28日のIMF（国際通貨基金）発表の予測によれば、2009年においては世界経済全体の成長率はわずか0.5％であり、それは第二次石油危機後の世界不況の1982年の0.9％よりも低い戦後最悪の数字である。アメリカ、EU（欧州連合）、日本などの先進国経済はマイナス2％の成長となり、また世界経済を牽引していた新興国・途上国も前年の6.6％の半分近くの3.3％と

なり、金融危機の長期化で先進国を中心に世界同時不況が深刻化している。

また、国際労働機関（ILO）が同日の2009年1月28日に発表した労働市場に関する報告書では、アメリカ発の今回の金融危機に伴う世界的な景気後退で、最悪の場合、2009年の世界の失業者が最大2億3000万人に達する恐れがあるとの推計を示した。2008年の失業者も推定1億9000万人で、4000万人の増加となる。同報告書は、金融危機の深刻化により、数百万人の雇用が失われ、さらに金融危機対策などの効果が表れるには時間がかかることから、現在の危機的な状況は2009年にはさらに悪化するとの予測を示した。最悪シナリオの場合、先進国の失業率は08年の6.4％から7.9％へ上昇し、失業者数は4000万人へと800万人も増加し、途上国地域のうち東アジアでは、失業者数が4600万人へと1400万人も増加する。

4　資本主義の変質と「カジノ資本主義」

イギリスの経済学者のスーザン・ストレンジは『カジノ資本主義』（1986年）のなかで1973年の主要国通貨の変動相場制度への移行を「転換点」としてその後の「金融の自由化」によってもたらされた資本主義の変質を「カジノ資本主義」と特徴づけた。

「西側世界の金融システムは急速にカジノ以外の何物でもなくなりつつある。毎日ゲームが繰り広げられ、想像できないほどの多額のお金がつぎ込まれている。夜になると、ゲームは地球の反対側に移動する。（中略）カジノと同じように、今日の金融界の中枢ではゲームの選択ができる。ルーレット、ブラックジャックやポーカーの代わりに、ディーリング（売買）──外国為替やその他の変種、政府証券、債券、株式の売買──が行われている。」

その「カジノ資本主義」の実態を、以下、具体的数字で確認すると、たとえば『通商白書平成10年度版（1998年）』によれば、1985年以降、海外投資（直接投資および証券投資）の成長率は世界の名目GDP成長率やモノおよびサービス貿易の成長率と比較して著しく増大した。特に、1990年代に入ると、海外投資のなかでも証券投資とその増大が目立った。1980年を1とすると、1990年代

半ばにおいては、世界の名目 GDP 成長率が約 2.5 倍、モノおよびサービス貿易の成長率が約 3 倍、直接投資が約 5.5 倍、証券投資が約 11 倍となった。直接投資や証券投資の資本移動は、モノおよびサービス貿易といった実物の取引に比べ、大きく拡大した。[18]

また、1985 年の「プラザ合意」後の 1986 年から 1996 年までの 10 年で、債券発行は 3 倍となり、株式発行は 10 倍以上、外国為替取引も 4 倍増の 1 日 1 兆ドルに達した。[19]

さらに、グローバリゼーションの時代と呼ばれる 1990 年代以降の世界の金融経済（すなわち金融資産）と実物経済（すなわち世界の名目 GDP）との比較をみると、特に 1995 年からのクリントン政権下の「強いドル」政策の展開により、金融経済のグローバル化が急速に進展し、世界の金融資産は急増した。

世界の金融資産（株式時価総額＋債券発行残高＋預金（マネーサプライ）の合計）は、1990 年 12 月の 40 兆 6000 億ドル、1995 年 12 月の 63 兆 9000 億ドルだったものが、ピークの 2007 年 12 月には 187 兆 2000 億ドルにまで達した。その後、サブプライム問題の深刻化により株価が世界的に下落に転じたために、それは 20 兆ドル強の資産価値の減少となり、2008 年 10 月には 165 兆 8000 億ドルとなった。これに対して、実物経済すなわち世界の名目 GDP は、1990 年の 22 兆 9000 億ドル、1995 年の 29 兆 5000 億ドル、2007 年の 54 兆 3000 億ドル、2008 年の 60 兆 1000 億ドルであり、前者（世界の金融資産）との比率は、それぞれ 1990 年の 1.77 倍、1995 年の 2.17 倍、2007 年の 3.45 倍、2008 年の 2.78 倍となっている。このように、金融経済のグローバル化の進展によって金融経済の成長が実物経済の成長をはるかに超えている。[20]

水野和夫（三菱 UFJ 証券参与・チーフエコノミスト）によれば、この 1995 年以降のアメリカの「強いドル政策」の仕組みを「マネー集中一括管理システム」で成り立つ「米国株式会社」と呼び、それは世界のマネーをアメリカにいったん集中させ、その後再び世界に分配するシステムであったと指摘した。（これについては、後のところでまた扱う。）

1990 年代後半においては外国為替取引額は 1 日およそ 1 兆 5000 億ドルであり、それは 1986 年から 8 倍の伸びを示した。これに対して、1997 年の世界全

体の輸出額（財・サービス）は年間6兆6000億ドルであり、1日180億ドルに過ぎなかった。また、デリバティブ（金融派生（取引）商品）やそれに関連する証券などの金融資産は360兆ドルであった。その数字と比較すると実体経済の世界貿易額や世界のGDPよりはるかに大きかった。[21]

また、日本銀行の調査報告によれば、次の表Ⅰ-2-1と表Ⅰ-2-2で示したように、最近の世界の外国為替市場で取引額は1日で1兆8800億ドル、店頭デリバティブ市場の取引額は1兆2200億ドル、合計3兆1000億ドルに達し、年間合計取引額では775兆ドルである。円換算すると、8京3390兆円になる。（2004年4月の日本銀行調査。この時の為替レートは1ドル107.6円である。）[22]

さらに、この表Ⅰ-2-2によれば、2004年のデリバティブ取引は、第1位のイギリス、31.3％、第2位のアメリカ、19.2％、第3位のフランス、15.4％、第4位のドイツ、5.2％、第5位のイタリア、4.9％というように、上位5ヵ国がアメリカとEU諸国で占められており、その5ヵ国で全体の68.9％も占めている。EUのその4ヵ国だけで、全体の49.7％、ほぼ半分を占めている。日本は、2004年には第6位であり、390億ドル、2.6％であった。それゆえ、2008年世界金融危機が発生地のアメリカにおいてのみならずEU諸国においても非常に深刻なものとなったことの理由がそれから理解することができる。

一方、2004年の年間世界貿易（輸出額と輸入額の合計）取引額は18兆4700億ドルである。[23]すなわち、上記の2004年の775兆という金融取引は実物経済（貿易取引）の実に42倍の規模に膨れ上がっている。

また、国際決済銀行（BIS）のレポートによれば、2007年には、世界的な信用危機により、損失に対するヘッジ手段（リスク回避）としてデリバティブ取引が拡大し、少なくとも過去10年で最大の伸びを示した。債券、通貨、商品、株式、金利に基づくデリバティブの市場規模は596兆ドルと、前年比で44％増加した。債券や融資に関連する損失からの投資家を保護する「クレジット・デフォルト・スワップ」（CDS）の市場規模は2倍以上に拡大し、想定元本（契約金額）ベースで58兆ドルに達した。[24]

さらに、前にみた2008年12月の内閣府の報告書においても、世界の金融資本市場は、2000年代に入りその規模が急速に拡大していると指摘している。世

表Ⅰ-2-1　外国為替取引の主要市場の1営業日平均取引高

(単位：10億ドル)

		(年)	98		01			04	
第1位	英国		637	32.5%	英国	504	31.2%	英国	753 31.3%
第2位	米国		351	17.9%	米国	254	15.7%	米国	461 19.2%
第3位	シンガポール		139	7.1%	日本	147	9.1%	日本	199 8.3%
第4位	日本		136	6.9%	シンガポール	101	6.2%	シンガポール	125 5.2%
第5位	ドイツ		94	4.8%	ドイツ	88	5.5%	ドイツ	118 4.9%
	グローバルベース		1490			1200			1880

出所）日本銀行「外国為替およびデリバティブに関する中央銀行サーベイ（2004年4月中　取引高調査）」について：日本分集計結果」2004年9月29日より作成。

表Ⅰ-2-2　デリバティブ取引の主要市場の1営業日平均取引高

(単位：10億ドル)

		(年)	98		01			04	
第1位	英国		171	36.0%	英国	275	36.0%	英国	643 31.3%
第2位	米国		90	18.9%	米国	135	17.7%	米国	355 19.2%
第3位	フランス		46	9.7%	ドイツ	97	12.7%	フランス	154 8.3%
第4位	日本		42	8.8%	フランス	67	8.8%	ドイツ	46 5.2%
第5位	ドイツ		34	7.2%	オランダ	25	3.3%	イタリア	41 4.9%
	グローバルベース		375			575			1220

出所）日本銀行「外国為替およびデリバティブに関する中央銀行サーベイ（2004年4月中　取引高調査）」について：日本分集計結果」2004年9月29日より作成。

界全体で民間および政府により発行された債券の残高をみると、2000年以降増加ペースが拡大しており、2007年末で約80兆ドルと、2002年末時点の43兆ドルから5年の間に2倍近く膨らんでいる。また、同様に、株式市場における時価総額をみると、2000年代初めは「ITバブル」崩壊の影響により縮小したものの、その後は再び急速に増大しており、2007年末には約63兆ドルと、2002年末の約23兆ドルから3倍近くに膨らんでいる。この間の世界の名目GDPは1.65倍に、とりわけOECD加盟国の名目GDPについては1.29倍にしかなっていないことから、金融部門が国際的な資金フローの拡大に支えられて、世界の金融資本市場が実体経済の伸びを大幅に上回る拡大を続けていたことがわかる。

　同報告書は続けて、2000年代以降のこのような世界の金融市場の急激な拡大の背景には長期間にわたり世界的に低金利が持続したことを指摘している。

2000年代初めは「ITバブル」崩壊後の景気減速を受けて各国は政策金利を大幅に引き下げ、歴史的な低金利状態が持続した。たとえば、アメリカは、FFレートを2001年12月から2004年11月まで約3年近くにわたり1％台という低金利で推移し、また欧州中央銀行（ECB）においても、2003年6月に2％まで政策金利が引き下げられた後、2005年12月まで2年半近くにわたりその水準で金利が維持された。[25]

一方、日本の政策金利は、1997年から前人未到の「超低金利」時代に突入した。日本の10年国債利回りは97年9月中旬に2.0％を下回って、その後、現在に至るまでそれが継続している。2.0％以下の期間は2008年11月の段階で11年3ヵ月となった。[26]

後で詳しくみるが、日本は世界最大の債権国であり、貯蓄率の高い国である。この日本の長期間の超低金利とゼロ金利政策が「円キャリートレード」となって世界のカネ余りを加速させた。すなわち、日本において超低金利で資金を調達し、外貨に換えて運用する。その日本マネーが大きな流れとなって世界の金融市場に流れ込み、カネ余り現象を加速させる仕組みであった。

こうした2000年代以降の世界的な低金利の持続と産油国からの潤沢な資金フローとあいまって、世界的なカネ余りいわゆる「過剰流動性」をもたらし、それが金融資本市場に流れ、世界の金融資産を急激に膨らませ、「カジノ資本主義」を拡大した。

このように、最近の「カジノ資本主義」はさらに「金融工学」を駆使してさまざまなデリバティブ商品を開発し、金融資産を天文学的な数字まで膨らませた。特に、「レバレッジ」（梃子の原理）と呼ばれる取引方法を使って膨らませたマネーは「フェイク・マネー」（偽金）ともいわれている。

5　赤字大国アメリカと黒字大国日本の「マネー敗戦」

世界金融危機の真の原因はアメリカの過剰消費と経常収支赤字である。

2008年（平成20年）12月の内閣府報告書『世界経済の潮流』によれば、今回の世界金融危機におけるマクロ経済的な背景としては、2000年代に入ってから

のグローバル・インバランス（経常収支の不均衡）の拡大、特にアメリカの経常収支赤字と家計の過剰消費が指摘されている。2000年代に入ってからの主要国・地域の経常収支の推移をみると、アメリカにおいては、経常収支赤字の幅が、2006年ごろまで拡大する一方で、これに対応する形で、中国やNIEs等の新興国や中東等の産油国を中心に、経常収支の黒字が拡大している。また、経常収支の黒字拡大は、広く新興国や産油国に分散されている一方で、経常収支の赤字拡大はアメリカ一国に集中してきている。2000年代のアメリカの経常収支赤字拡大の原因は、アメリカの家計部門における貯蓄率低下、言い換えれば、家計の過剰消費であった。この2000年代のグローバル・インバランスの拡大は、アメリカの家計消費を、次の図Ⅰ-2-1「世界各国・地域の経常収支の推移」に示すように、中国、中東産油国、日本等からの資金でファイナンスするという構図であった。[27]

　そのようなアメリカの家計部門の過剰消費の資産と負債状況をみると、全体の所得の上位1％の家計の資産や財務内容はとても安全である。次の上位9％も安全である。その次の上位40％は若干のリスクに直面している。だが、下位50％以下の家計は大きなリスクにさらされている。上位1％の保有資産は合わせて18兆6000億ドル、資産に対する負債の比率は4.2％である。次の上位9％は23兆1000億ドルを保有し、負債比率は9.3％である。その次の上位40％は同じく23兆1000億ドル保有するが、負債比率は28.8％に高まる。下位50％となると、保有資産は4兆3000億ドルに過ぎなく、負債比率は実に82.1％となっている。[28]

　また、ジャック・アタリは、サブプライム問題が発生した2007年の世界経済における「破裂寸前のグローバル化した債務」として指摘し、特にアメリカ経済の危機的な債務状況を次のように説明している。2007年末には銀行カードによるアメリカ人の債務残高は、10年前の2倍に相当する9000億ドルまで膨れ上がった。アメリカ人世帯の債務は、1979年のGDPの46％から2007年の12月にはGDPの98％にまで増加した。アメリカの対外債務はGDPの70％に相当する7兆ドル以上にまで膨らんだ。2007年にはアメリカのサービス収入の赤字だけで2002年の2倍に相当する1650億ドルになった。2007年のア

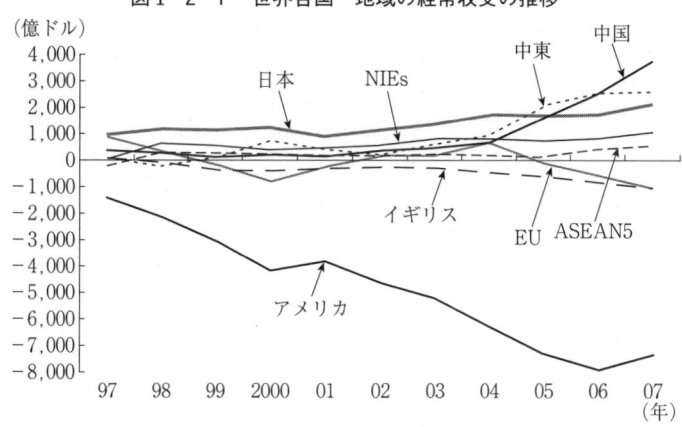

図Ⅰ-2-1　世界各国・地域の経常収支の推移

(備考) 1. IMF World Economic Outlook Database より作成。
2. ASEAN5は、インドネシア、マレーシア、フィリピン、タイ、ベトナム。
出所）内閣府政策統括官室『世界経済の潮流2008年Ⅱ』2008年12月、第1-2-1図。

メリカ人の債務の合計（すべての経済主体を含む）は、1929年時を大幅に上回り、GDP の 350％に達した[29]。

　このように、現代のアメリカ経済は、外国からの巨額な「借金」によって、自国で賄える以上の消費を行ってきた「不思議の国」であった。前の図Ⅰ-2-1が示すように、このアメリカの「借金」の提供国は、中東産油国からヨーロッパ経由のオイル・マネー、中国、香港、ASEAN 諸国などからのアジア・マネー、日本マネーの三つのマネーであり、それらが世界最大の赤字国であるアメリカ経済を支えていた。

　この日本マネーについてもう少し詳しく歴史的に具体的な状況をまとめてみよう。

　1980年代までは日本とドイツ（当時は西ドイツ）はともに戦後のアメリカのドル体制を支える「体制支持金融」として非常に重要な役割を果たしていた。アメリカ国債の保有率は、1981年から1986年の平均をとると、アジアが46.2％、ヨーロッパが40.5％であり、1986年のその保有率を国別でみると、第1位が日本で22.2％、第2位が西ドイツで12.1％であった[30]。

　1990年代に入ると、ドイツは統一され、西ヨーロッパ、特にフランスとの関

係を深め、ドイツとフランスが中心となり1993年にはマーストリヒト条約を結び、EU（欧州連合）を結成した。そして1999年には単一通貨ユーロを創設した。

しかし、ドイツとは対照的に、日本は、1985年「プラザ合意」後の「ドル暴落」（1ドル＝240円水準から120円水準へと円高となる）によって保有するアメリカ国債の大幅な価値下落という大事件を経験したにもかかわらず、1990年代以降も、アメリカのドル体制を支える主要国として存在し、貿易黒字を基礎にしてひたすらドル国債を買い続け、アメリカ経済を支え続けた。

また、1990年代に入ると、日本経済はバブル崩壊と1991年世界同時不況が重なり、「平成大不況」あるいは「失われた10年」と呼ばれる長期不況に陥った。この日本とは対照的に、1990年代のアメリカは「IT革命」と「ニューエコノミー」によって長期の好景気となった。すなわち、世界最大の債権国（日本）が経済危機に陥り、その債権国に膨大な債務を負う世界最大の債務国（アメリカ）が長期にわたる好景気を経験した。

『マネー敗戦』（1998年）を著した吉川元忠（元日本興業銀行エコノミスト）は、このような世界のマネーの流れの仕組みをアメリカの「帝国循環」であると次のように指摘した。

1995年からアメリカをめぐるマネーの動きは一段とスケールアップし、95年の総流入額（約4250億ドル）は、前年比1400億ドルもの増加で、この増加分だけで1年間のアメリカの経常赤字をまかなうほどであった。特に目につくのは、第2、第3四半期の外国公的資金による大幅な流入増加で、ここでの主役は日本銀行であった。苛烈な円高攻勢に中央銀行が大幅な買い介入で対抗し、取得したドルが米国国債などに回った結果、アメリカの株価上昇を招き寄せた。96年に入ると、対米資金流入（5480億ドル）は前年よりさらに1000億ドル増加した。さらに、97年、アメリカへの資金流入はいっそう加速し、平行してアメリカの対外資金放出も増加した。資金流入は6900億ドル、前年を1400億ドルも上回るペースであった。すでに主役は公的部門ではなく、財務省証券や株式などに対する民間証券投資に移った。国内の低金利に泣くジャパン・マネーがその中心にいたであろう。世界最大の経常収支赤字を続けている国が、異常な

低金利という日本側の「自滅」にも助けられて、赤字をはるかに上回る規模の外国資金を引き寄せ、結局はこれを原資として巨額の対外投資を行う。アメリカは再び「帝国」として世界マネー移動の中心軸を形成することになった。形の上では、日本発のドル高として80年代前半に顕著にみられた「帝国循環」の再来である。この新「帝国循環」ともいうべき体制を支える基本的な条件、日米の長期金利差は96年から97年にかけて5％（米国7％、日本2％）にまで拡大した。[31] 1997年末時点での日本が保有する対外純資産額（対外資産残高マイナス対外債務残高）は、8900億ドル（124兆6000億円）、対GDPのほぼ2割に相当した。それに対して、アメリカの対外純債務額は同年末で1兆3200億ドルであり、これは奇しくも対GDPのほぼ2割に相当した。[32]

さらにまた、日本によるアメリカへのこのような資金環流は2001年以後も引き続き行われた。特に、2001年第3四半期から2004年の第1四半期においては、日本マネーの貢献は重要であり、非常に大きかった。日本は3200億ドル（42兆円）に及ぶドル買いをした。それは当時のアメリカの経常収支赤字の42％をファイナンスし、いわば日本は「アメリカ株式会社」への公的資金注入役を果たしたのである。[33] アメリカの対外純債務は2005年末で2兆5462億ドルに上り、対GDP比は20.4％であった。世界の経常収支赤字合計に占めるアメリカの割合は1996年の36.0％から2005年の58.1％へと拡大した。[34]

さて、一方、黒字国日本の状況をみると、2005年末の日本の対外純資産は180兆円、対GDP比は36.0％で世界一であり、他国を圧倒している。第2位がスイスの48兆円、第3位が香港の44兆円である。同年の日本の対外資産は506兆円、対外負債は325兆円で、この差が対外純資産である。しかし、最大の問題は、日本が保有する対外資産が債券に偏っていることである。日本の対外資産506兆円のうち、株式は48兆円、9.5％に過ぎず、外国債券が201兆円、39.8％に達している。これに外貨準備（米ドル債が大半）を加えると300兆円にもなり、外国債券が対外資産に占める割合は59.4％である。これに対して、日本の対外負債は株式に偏重しており、それは40.8％を占める。[35] また、日本は恒常的に貿易黒字を生み出しているために円高圧力がかかりやすい。現在の対外資産・負債のドル建て比率が変わらないとすれば、10％の円高で10.3％だけ対

第Ⅰ部　グローバル資本主義と「新自由主義」

外純資産が目減りする。それは金額にして18兆7000億円である[36]。

　次に、これまでみたように、アメリカは大きな経常収支赤字に加えて、巨額の財政赤字国でもある。

　2008年10月に公表された2008年度（07年10月から08年9月）の財政収支は、4364億ドルの赤字、対GDP比3.1％となり、単年度の赤字としては過去最大となった。2007年度と比較して、2736億ドルの大幅な赤字幅の増加、前年比168％増であった。こうした背景には、景気の悪化に伴う税収の減少や「対テロ戦争」の増大に加え、2月に成立した個人所得税を還付する戻し減税等を内容とした今回の金融危機に対応した緊急経済対策法（総額1680億ドル）等が影響している[37]。

　今後の財政見通しについて、2009年1月6日、次期大統領オバマは、2009年度については1兆ドル近くに財政赤字が膨らみ、今後数年間は1兆ドル規模の赤字が続くと明らかにした。今回の金融危機の対応のため金融機関への公的資金などの投入によって2008年10月、11月の当初の2ヶ月だけで赤字は4015億ドルに膨らんだ[38]。

　さらに、2009年1月7日、アメリカ議会予算局（CBO）は、2009会計年度（08年10月から09年9月）の財政見通しを発表し、景気後退に伴う税収減や金融危機対策などで財政赤字は1兆1860億ドル（約110兆円）に達するとの予想を明らかにした。2008年度の財政赤字は、4550億ドル、GDP比3.2％で過去最大であったが、2009年度の財政赤字はその2倍以上に悪化し、再び過去最大の記録を更新するとの予測が出された。それはGDPの8.3％に相当する数字であり、戦後最悪の水準となり、アメリカ国債などドル資産の信認が低下し、基軸通貨であるドル売り要因となるものである[39]。

　このように、水野和夫の指摘によれば、1995年以降のアメリカの「強いドル政策」の仕組みである「マネー集中一括管理システム」とは、対外債務（「借金」）の増大なしにはアメリカ経済の成長はないという仕組みであり、対外債務の増大は所得収支の赤字としてそのツケが回り、そして最後にはそのツケは「ドル暴落」という形で外国に回すことができるという基軸通貨国の「特権」を基礎とした仕組みなのである。アメリカはドル安や外国株式の高騰ではアメリカの

純債務が増えない構造となっている。実際、2001年末からドル安が進み、外国の株価が上昇したので、アメリカの対外純債務は増えることがなかった。[40]

また、三國陽夫（元経済同友会副代表幹事）は、その著書『黒字亡国』（2005年）のなかで、現在の日本とアメリカの関係はかつての宗主国イギリスと植民地インドの関係とある意味で同じであり、日本はアメリカの「通貨植民地」であると次のように指摘した。

植民地の生産物を宗主国の通貨で取得することは何を意味するのか。植民地から宗主国に富を互恵的かつ合法的に移転する。しかも植民地の人々に気づかれないように富を吸い上げるメカニズムがあったことが分かった。すなわち、労働による生産物をほとんど無価値の紙切れと交換するという商取引である。植民地の輸出産業は栄えるが、そこからはずれた国内経済は富の移転により疲弊していく。そのメカニズムをもう少し説明すると、経済的には、宗主国は植民地から富を移転し、自国の紙幣を支払っていた。その結果、宗主国は自国で生産する経済力以上に消費することが可能になる。植民地は自国の消費を抑えて、宗主国に余剰生産分を引き渡す。ただし、宗主国は無償で生産物を植民地から取り上げたわけではなく、あくまでも商取引を通じてであり、植民地に対して宗主国は自国通貨で輸入代金を支払っていた。植民地は受け取った輸入代金を宗主国の通貨で運用し、金利も受け取っていた。両国のこのような経済取引は、どこでも行われている極めて正常な商取引であって、どこの植民地も宗主国の支配化にあるものの、特に不利な取引をしているという見方はできないだろう。宗主国をアメリカ、植民地を日本に置き換えてみると、現在のアメリカと日本の関係に当てはまる。アメリカは日本から経済的な富をドルで支払って移転しているのであって、富を一方的に吸い上げているのではない。[41]

さらに、三國は次のように説明を続ける。輸入拡大によっていくら日本が黒字を蓄積しても、それはアメリカ国内にあるアメリカの銀行にドルで預け入れ、アメリカ国内に貸し出される。日本からの預金は、アメリカにしてみれば資金調達である。貸出などに自由に使うことができる。日本は稼いだ黒字にふさわしい恩恵に与えられないどころか、輸出関連産業を除いて国内消費は慢性的な停滞にあえいでいる。停滞の原因であるデフレはなかなか出口がみえない。一

方、日本の黒字がドルとして流入したアメリカはどうなのか。ドルはアメリカの銀行から金融市場を経由して広く行き渡り、アメリカ経済の拡大のために投下されている。日本の黒字は結局、アメリカが垂れ流す赤字の埋め合わせをし、しかもアメリカの景気底上げに貢献しているのである。このためアメリカ国内の消費はとどまるところを知らず、日本からの輸入も衰えを知らない。この悪循環を断ち切れないまま今に至っている。当時のインドがイギリスの「通貨植民地」だったなら、現在の日本はアメリカの「通貨植民地」ということになるだろう。植民地インドがポンドに支配されて黒字に見合った富を宗主国イギリスに吸い上げられていたと同様に、植民地日本はドルに支配されてやはり黒字に見合った富を宗主国アメリカに吸い上げられているといっても過言ではない。基軸通貨ドルの傘下に甘んじている日本の立場は、インドのそれと変わらない。中国をはじめとしてアジア諸国も同様である。輸出で稼いだ黒字を日本がドルでアメリカに預け、日本の利益ではなく、アメリカの利益に貢献している限り、円高圧力もデフレ圧力も弱まることなく、政府・日銀がいくら財政支出や金融緩和というデフレ解消策を講じても、一向に持続性ある効果は現れないのである。[42]

それゆえ、三國陽夫は、アメリカは日本から買い物をすると払ったはずの財布の中身のドルがただちに戻ってくるので、いくらでも買い物ができるいわば「魔法の財布」を持つことになったと皮肉を込めて痛烈に批判している。[43]

6 「ワシントン・コンセンサス」と発展途上国

「カジノ資本主義」の大きな特徴の一つは世界規模でのマネーゲームの展開である。それは先進国のみならず、1980年代以降の途上国経済をも巻き込んだ。その結果、途上国では何度も債務危機と金融危機が繰り返された。21世紀に入ってからは2008年世界金融危機の直前まで、そのマネーゲームは、新たに資源市場と食糧市場においても展開されるようになった。その結果、今度は食糧危機・燃料危機となって「カジノ資本主義」のもとで途上国の多くの人々の経済と生活に大きな犠牲を強いたのである。

第2章　2008年世界金融危機と「カジノ資本主義」

　現在の国際通貨制度は、1999年にヨーロッパにユーロという単一通貨が誕生したとはいえ、全体からみると依然としてドルを基軸通貨とする通貨体制が続いている。そのようななかで、「新自由主義」が主流となる1980年代以後の国際金融システムにおいて、立場の弱い発展途上国に多くの矛盾のしわ寄せがあった。それは1980年代以後の「金融の自由化」の進展とともに「カジノ資本主義」となり、途上国をも巻き込みながら世界のマネーゲームが展開されて、途上国においては何度も債務危機と金融危機が繰り返され、途上国経済が最大の犠牲を強いられてきた。その債務危機と金融危機の度ごとに途上国経済は破綻し、多くの貧困者と失業者をつくり出してきた。

　たとえば、その主要ないくつかの危機を挙げると、1982年のメキシコ債務・金融危機から始まり、NAFTA（北アメリカ自由貿易協定）が成立した直後の1994-95年の再度のメキシコ金融危機、1997年夏のタイ通貨のバーツの暴落から始まる、韓国、インドネシア、マレーシアなどを巻き込んだアジア金融危機、1998年のロシア金融危機、1999年のブラジル金融危機、2001年のアルゼンチン金融危機などであった[44]。

　その債務・金融危機後に途上国に必ず堂々と登場するのがIMF（国際通貨基金）であった。その債務・金融危機から脱するために用意されるのが「新自由主義」経済学に基づく「小さな政府」と「民営化」を内容とする市場万能主義の処方箋である「構造調整計画」あるいは「構造調整政策」（SAP）であった[45]。

　国際舞台では「新自由主義」の経済政策は多くの名前のもとに実行されており、それは適応される場所と誰が適用するかによって変わる。それは貧しい途上国では「構造調整」または「ワシントン・コンセンサス」として知られており、アメリカ政府とりわけ財務省と完璧に足並みをそろえている世界銀行やIMFのような国際機関によって実行されている。今日これらの機関は、南と東の隅々に至るまで少なくとも100ヵ国をこの経済的ショック療法にさらしてきた[46]。

　その「構造調整政策」の実行によって、途上国の多く労働者と貧しい人々はまた大きな犠牲を強いられてきた。1980年代以降のグローバリゼーションと「カジノ資本主義」における途上国経済はその債務・金融危機の繰り返しであ

53

った。

　1980年代以降のグローバリゼーションを推進した始まりは、「新自由主義」経済学を基礎とする「小さな政府」の実現を政治スローガンにした80年代の先進国の三つの政権の成立であった。すなわち、イギリスのサッチャー政権（1979-90年）、アメリカのレーガン政権（1981-89年）、日本の中曽根政権（1982-87年）であった。特に、アメリカのレーガン政権の「新自由主義」政策の実行は世界に大きな影響を与えた。

　ジョージ・ソロスは、1980年代の途上国債務危機、特に1982年のメキシコ債務危機について次のように分析をしている。1982年のメキシコ債務危機が起こり、重症の債務国に対する融資は、事実上ストップした。債務国の症状は銀行が考えていた以上に重症だった。総融資額は銀行の自己資本をはるかに上回っていた。したがって、債務国が債務不履行に陥るのを放置していたら、世界の銀行システムは崩壊していただろう。それゆえ、各国中央銀行は従来の権限を超越して一致団結して債務国の救済にあった。1982年の債務危機は、債務国の救済が国際的規模で行われた最初のケースであった。82年のメキシコ債務危機の際には、IMFが中心な役割を果たし、先進国の中央銀行、国際機関（IMF、BIS）、先進国の民間銀行などが団結して「救済策パッケージ」（The Rescue Packages）を用意し、これら先進国と国際機関などの国際協力によって世界的な金融破綻を回避することに驚くべき成功を収めた。それは、先進国の中央銀行が貸出期間を延長し、IMFなどの世界機関が現金を注入する一方、債務国側は経常収支を改善するためにIMFが提供する緊縮政策を受け入れるというものであった。だが、ほとんどの場合、債務国が利払いで遅れないように、各銀行が追加的に現金を途上国に融資しなくてはならなかった。ソロスはこの救済策を「集団的貸付システム」（The Collective System of Lending）と名づけた。（ソロスは1987年の著作『ソロスの錬金術』のなかでは「協調融資体制」とも呼んでいる。）しかし、この先進国のシステムの成功の一方で債務国である途上国は大きな割を食った。返済条件を多少緩和してもらったが、その分、将来の返済金額は増えていったからである。その結果、82年のメキシコ債務危機を契機に世界的な資金の逆流が始まった。それまでは先進国から途上国へと流れていた資金が、今

度は逆流して、途上国から先進国へと流れ始めた。重債務国への純資本移転額は1982年の500億1000万ドルから、翌1983年には逆方向へ130億8000ドルになり、しかもそのほとんどがドル建てだった。重債務国からの資金移転は「帝国循環」の重要な支えの一つであった。こうして、82年のメキシコ債務危機を契機にしてラテンアメリカの多くの国々が「失われた10年」を経験することになった。[47]

実際、1982年のメキシコ債務危機を契機に始まる途上国から先進国への資金の逆流は、1983年から1989年までの間の合計は2459億ドルであった。さらに、1984年から1989年までの期間においては、途上国への先進国からのODA（政府開発援助）の合計は2312億ドルであったのに対して、同じ期間の途上国から先進国への債務返済額の合計は7202億ドル、純移転額の合計は1858億ドルであった。加えて、その間の途上国の武器輸入額の合計は2209億ドルであり、冷戦期であったその時期においては先進国のODAは途上国の武器輸入で事実上ほぼ全額相殺された。その結果、1980年代においては途上国の債務問題の深刻化と冷戦下の武器輸入の急増および内戦・戦争の頻発によってアジアを除く多くの途上国においては人々の貧困化が著しく深まり、「失われた10年」と呼ばれた。[48]

また、ソロスはこの当時アメリカのレーガン政権のもとで成立した「帝国循環」について次のように説明する。レーガン政権の高金利政策によって、他国からの投資を呼ぶための「強いドル」、景気回復による「強い経済」、ソ連「社会主義」に対抗するための軍拡による「大きな財政赤字」、外国からの輸入の増加による「大きな貿易赤字」が相互に補強し合って低インフレの高成長をもたらすという、正のフィードバックが動き出した。ソロスはこの正のフィードバックを「レーガンの帝国循環」（Reagan's Imperial Circle）と表現した（ソロスは1987年の著作『ソロスの錬金術』のなかで最初に「レーガンの帝国循環」を指摘した）。それは世界中から財と資金をアメリカに呼び込むことで強大な軍事力を維持するという仕組みであった。こうして、「強いドル」、「強い経済」、「大きな財政赤字」、「大きな貿易赤字」のこれらがお互いに強化し合い、アメリカのインフレなき成長を実現し、この「帝国循環」は、世界経済の中枢部というべきアメリ

カには好循環となり、周辺部にあたる途上国には悪循環となった。実際、弱小国のなかにはこの悪循環から脱出することができず、国内経済と債務返済の両方が悪化して破綻する国もあった。アフリカの大部分とペルーやドミニカ共和国などの中南米諸国がこのグループに入る。また、これが、アメリカの経常収支赤字の始まりであり、「困った時の在庫の引受先」としてのアメリカの登場である。国際経済における「エンジン」というアメリカの役割は、その後、紆余曲折を経ているが、基本的には今日に至るまで同じままである[49]。

また、毛利良一も著書『グローバリゼーションとIMF・世界銀行』(2001年)のなかで国際マネーフローにおけるアメリカの「新帝国循環」について、次のように指摘している。

1990年代に、国際マネーフローの「新帝国循環」が形成された。アメリカの経常収支は、湾岸戦争で同盟国から資金を拠出させた1991年はほぼ均衡したものの、翌年から再び赤字となり、94年以降は毎年1500億ドル以上、GDP比1.5％以上の赤字を継続している。これを埋めて余りあるのが資本の流入である。95年にウォール街出身のルービン財務長官は「ドル高はアメリカの国益」を強調し、グリーンスパン連邦銀行議長との息の合った政策で米国対外経済政策の軸足を通商から金融にシフトし、資本流入の増大を後押しした。アメリカはドル高を背景に日本のみならず、マレーシアやインド、中国などアジア諸国を米国債投資や株式市場に呼び込み、ニューヨーク株式市場のダウ平均株価を1994年の3790ドル（年平均）から、97年の7400ドル、99年4月の1万ドルにまで押し上げることに成功した。右肩上がりの資産価格高騰に沸き立つアメリカの銀行や投資ファンドはその収益の一部を、アジア、中南米、ロシア・東欧などエマージング・マーケット（新興市場）に環流し、国際マネーフローの「新帝国循環」を形成したのである。経常収支赤字を上回って外資が流入したアメリカは外国に投資する余力を与えられた[50]。

前にみた水野和夫の1995年以降のアメリカの「強いドル政策」の仕組みである「マネー集中一括管理システム」は、この毛利良一の見解とほぼ共通した主張である。

さて、1980年代以降の途上国経済に大きな影響力を持ったのは「ワシントン・

コンセンサス」と呼ばれるものである。それは直接的には、1989年11月にワシントンで開催された国際経済研究所（IIE）主催のラテンアメリカ会議の基調報告において、ジョン・ウィリアムスンが提起し、総括報告で整理し直したものであった[51]。

　グローバリゼーションに対して問題提起を展開しているジョセフ・スティグリッツによれば、今日のグローバリゼーションを支配している三つの主要機関、IMF（国際通貨基金）、世界銀行、WTO（世界貿易機関）に目を向けることが重要であると指摘している[52]。スティグリッツはその「ワシントン・コンセンサス」について批判的に議論している。彼自身、世界銀行のチーフ・エコノミストとしての経歴の持ち主であった。彼によれば、「ワシントン・コンセンサス」とは「世界政府のない世界統括」システムであるとも指摘している[53]。

　さらに、スティグリッツによれば、「市場は万能ではなく、政府の適切な介入が必要である」としていたIMFのケインズ主義的な方向は、1980年代にやみくもに叫ばれた自由市場主義にとってかわられた。その背後にあったのが、経済の開発と安定にそれまでとは根本的に異なるアプローチをとろうとする「ワシントン・コンセンサス」すなわちIMF、世界銀行、アメリカ財務省の間で確認された、途上国に対する政策についての彼らの「正しい合意」だった[54]。「ワシントン・コンセンサス」と呼ばれる包括的な政策枠組みの二大要素は貿易の自由化と資本市場の自由化すなわち金融の自由化である[55]。

　IMFと世界銀行が劇的に変化したのは、1980年代にロナルド・レーガンと、マーガレット・サッチャーがそれぞれアメリカとイギリスで自由主義イデオロギーを布教していた時期である。1981年に新しい総裁ウィリアム・クローセンが着任するとともに人事が一新され、「レント（超過利潤）追求」で知られるアン・クルーガーが新たにチーフ・エコノミストとなり、世界銀行の内部で粛正が起こった。それまで、世界銀行とIMFの使命はずっと個別のものだったが、このときから両者の活動は密接に絡み合っていくようになった。1980年代、世界銀行はプロジェクト（道路やダムの建設）への融資にとどまらず、「構造調整融資」というかたちでもっと幅広い援助に乗り出した。だが、それにはIMFの承認が必要だった。この承認を出すとき、IMFは決まって相手国に条件を課し

た。IMFは危機に対処するための機関とみなされていたが、途上国はつねに援助を必要とする危機的な状況にあったので、結果としてIMFは途上国世界の大半にとってつねになくてはならない存在となった。[56]

IMF、世界銀行、WTOの少数の機関、特定の商業的、金融的利害と密接に結びついた金融や通商や貿易の担当者の少数の人間が全体を支配して、その決定に影響される多くの人々はほとんど発言権のないまま取り残される。[57]

各国の大臣はそれぞれ国内の特定の後援者と密接につながっている。蔵相と中央銀行総裁はたいてい金融界と密接なつながりを持っている。金融機関の出身者が多く、公職を務め終えてまたそこへ戻っていく。たとえば、アメリカ財務長官のロバート・ルービンは最大手の投資銀行ゴールドマン・サックスの出身であり、最大の市中銀行シティバンクを傘下に持つシティ・グループへと戻った。IMFのナンバー2だったスタンリー・フィッシャーは、IMFからまっすぐシティ・グループへ戻った。ジェームズ・ウォルフェンソン元世界銀行総裁（1995-2005年）もソロモン・ブラザーズを始めとする投資銀行の出身であり、ロバート・ゼーリック現総裁（2007年--）もゴールドマン・サックス（インターナショナル）証券の副会長であり、前職はアメリカ国務省副長官であった。[58]

また、IMFの最高ポスト（専務理事）、世界銀行の総裁の人事につては、アメリカとヨーロッパ諸国との間で暗黙の「紳士協定」があって、IMFの最高ポストは歴代ヨーロッパから選ばれ、世界銀行の総裁にはアメリカ政府が選任した者が選ばれることになっている。[59]

IMFと世界銀行においては、投票権は両機関とも同様に出資金により決まっているので、当然の結果として、先進国、特にアメリカの影響力は大きくなる。IMFにおける2006年4月現在の投票権の割合は、アメリカが17.1％、日本が6.1％、ドイツが6.0％、フランスとイギリスがそれぞれ5.0％、G5で39.1％である。世界銀行における2006年4月現在のその割合は、アメリカが16.84％、日本が8.07％、ドイツが4.60％、フランスとイギリスがそれぞれ4.41％、G5で38.33％である。[60]

また、インド人経済学者のジャグディシュ・バグワティは、この「ワシントン・コンセンサス」については「ウォール街＝（アメリカ）財務省複合体」と指

摘している。すなわち、それはニューヨークのウォール街の企業とワシントンの政治エリート集団（アメリカの財務省・国務省やIMF、世界銀行、WTOなどの国際機関を含む）による、穏やかだがしっかりと癒着した人脈グループである。[61]

　途上国の貧困問題と債務問題について多数の著作があるスーザン・ジョージの「ワシントン・コンセンサス」とアメリカの経常収支赤字に対する批判と皮肉は厳しい。彼女は次のように批判する。

　アメリカ合衆国ほど悪化した国際収支問題を抱える国はない。きっとIMFは、合衆国の防衛予算をやり玉にあげ、おあつらえ向きの緊縮計画を準備しているに違いないと思う。残念ながら、これは夢想である。IMFは合衆国をリーダーとする西側政府集団、G5（先進5ヵ国）の道具である。世界最大の債務国や国際金融システムの最大の不安定要因に対しては、どんな経済調整も強制されないのだ。ドルは世界通貨なので、合衆国がドルを借金しすぎ、しかも商品やサービスの輸出で稼ぐことができないか、稼ぐつもりがない場合、フランスでモネー・ド・サンジュ（モンキー・マネー）と呼ばれる、見込みのないほどの価値下落をさせて債権者に返済することをいつでも決定することができる。合衆国は、もちろん再び全世界的なインフレという犠牲を払った上でだが、このような便宜的な手段（「ドル暴落」）で自国の債務を解消できる世界でただ一つの国なのである。合衆国はこうした特権を持つ唯一の国であり、この単純で乱暴な方法で債務を帳消しにすることを一方的に決めることができるが、もしそうなったらIMFの恐怖と危機を引き起こし、お抱え経済学者たちの集団を高速ギアで投げ飛ばすことになる。IMFは「国際収支問題を抱える国々を援助する機関」ということになっている。[62]

　これまでみたように、1980年代から1990年代にかけては、途上国経済においても「ワシントン・コンセンサス」によってグローバリゼーションが推し進められ、「カジノ資本主義」のマネーゲームによって何度も債務・金融危機を繰り返した。この債務・金融危機とその後の「構造調整」によって途上国の人々は大きな犠牲を強いられてきた。

　2001年に9.11事件が発生し、それを転機にアメリカは単独主義を強め、同年10月のアフガニスタン戦争、2003年のイラク戦争を開始した。特に、2003

第Ⅰ部　グローバル資本主義と「新自由主義」

年のイラク戦争以後、世界のマネーゲームは、石油、鉄、金、銅などの資源市場とトウモロコシ、小麦、大豆、米などの食糧市場において大規模に展開されるようになった。その結果、食糧と燃料の急激な価格上昇によって途上国の多くの人々の経済と生活が追いつめられ、多くの途上国で新たに食糧危機が起こり、貧しい人々の食糧暴動が相次いで発生した。

2008年7月9日のアメリカ農務省の年次報告書の発表によれば、食糧と燃料の価格高騰が原因で、2007年の世界の食糧不足人口が、前年に比べて推定1億3300万人も増加し、9億8200億人になった。[63]

2008年9月24日、IMFは、食糧、燃料価格の高騰により、外貨準備が減少するなど国際収支が圧迫されている開発途上国は65ヵ国に上るとの調査報告を発表した。外貨準備高が輸入の3ヵ月分に満たない途上国は50ヵ国であった。2007年末と比べて輸入の0.5ヵ月分を上回る外貨準備の大幅な落ち込みがあった途上国は15ヵ国であった。[64]

7　小　括

2008年の世界金融危機の発生は、現代資本主義が抱えるさまざまな矛盾の現実をわれわれに突きつけている。これまでの考察から、いくつかの結論をまとめてみよう。

第一には、1980年代以降に登場した「新自由主義」の大きな流れが「カジノ資本主義」を生み出し、先進国あるいは途上国においてマネーゲームが大規模に展開され、バブル景気と金融危機が何度も現れるようになり、世界経済の不安定性が加速され、大きくなった。

また、現代社会のマネーゲームは、ギャンブルに参加していない先進国と途上国の人々に大きな犠牲を強いる。たとえば、原油投機や食糧投機による価格の異常な高騰という形で多くに人々に被害をあたえている。社会全体がギャンブル場になってしまうとともに、ゲームに参加していない先進国と途上国の大多数の人々が、ギャンブルの最終的なツケを払わされることになるのである。[65]

第二には、今度の世界金融危機の震源地は世界最大の経済大国、赤字大国の

アメリカであった。現代のアメリカ資本主義は借金依存・浪費型経済であると同時に、世界最大の金融大国であり、また軍事大国でもある。最近のアメリカにおける中心産業は金融であり、それが2007年には企業収益の4割を占めていた。言い換えると、モノ作りができない大国でもあった[67)]。

それゆえ、戦後の「アメリカ中心の世界経済」(US-centric World Economy)において、世界中がアメリカの「一人勝ち」経済を中心に回転していたともいえるのである[68)]。それはまた1980年代以降の世界経済における赤字大国・金融大国アメリカの「帝国循環」(ジョージ・ソロス、吉川元忠、毛利良一)の成立でもあった。

第三には、黒字大国日本は、アメリカ経済とドル体制への依存があまりに大き過ぎる。言い換えるならば、それは日本経済のアメリカ経済への従属性を示しているものともいえる。第二次世界大戦の同じ「敗戦国」であったドイツとはまったく対照的である。それゆえ、日本の「マネー敗戦」(吉川元忠)あるいはアメリカの「通貨植民地」(三國陽夫)というような厳しい批判が出てきた。その結果、日本は貿易黒字を続けても、ドル価値の低下により日本のドル資産は減少し、日本は「マネー敗戦」国となっている。すなわち、消費・浪費大国アメリカの赤字を補うために、日本は国民の福祉・医療・年金・雇用などの国民生活を犠牲にして、ただひたすら貿易黒字をアメリカ国債の購入に充て続けていた。

第四には、途上国にとって「ワシントン・コンセンサス」と呼ばれるアメリカをリーダーとする先進国の集団体制のもとで「貿易の自由化」と「金融の自由化」が推進され、グローバリゼーションが進行している。言い換えれば、「ワシントン・コンセンサス」によって多くの途上国がアメリカの「帝国循環」に組み込まれた。工業化が進展したアジア地域においても、1997年の金融危機が発生したように、グローバリゼーションはメリットばかりをもたらす訳ではない。新興国と呼ばれる先進国の投資対象となる地域を除けば、人々の貧困の世界的構造は依然として解決されていない。また、今回の世界金融危機により新興国や途上国からも資金が流れ出し、再び経済危機の状況になりつつある。

最後に、ここではほとんど考察できなかったが、グローバリゼーションの時

第Ⅰ部　グローバル資本主義と「新自由主義」

代と呼ばれる「カジノ資本主義」あるいは「グローバル資本主義」の残された最大の問題点は、先進国および途上国における人々の貧富の格差の拡大である。この問題については第Ⅱ部で扱う。

1) スーザン・ジョージ（森田成也・大屋定晴・中村好孝訳）『アメリカはキリスト原理主義・新保守主義にいかに乗っ取られたのか？』作品社、2008年、49頁。
2) 同上書、26-33頁。
3) Paul Krugman, *The Conscience of a Liberal*, W W Norton & Co Inc, 2007, pp. 10-11. ポール・クルーグマン（三上義一訳）『格差はつくられた』早川書房、2008年、16-17頁。
4) George Soros, *The New Paradigm for Financial Markets : The Credit Crisis of 2008 and What Means*, Public Affairs, 2008, pp. 91-92. ジョージ・ソロス（徳川家広訳）『ソロスは警告する』講談社、2008年、149頁。
5) リチャード・クー『日本経済を襲う二つの波』徳間書店、2008年、27-30頁。
6) 中空麻奈『早わかりサブプライム不況』朝日新書、2009年、111-112頁。
7) アメリカの証券会社（投資銀行）は、伝統的には、企業の株式・債券の発行等による資金調達を支援するプライマリー業務と、M&Aや企業の財務・資本戦略等についての助言業務から、手数料を得ることを業務の中核としてきたが、1999年の「グラム・リーチ・ブライリー法」により、1933年の「グラス・スティーガル法」により禁止されていた銀行業務と証券業務の相互参入が広範に認められ、商業銀行系の証券会社との競争が激化していったことに伴い、その収益源を融資業務や証券売買業務といった投資銀行自身がリスクを取って収益を上げる業務へと転換していった。（内閣府政策統括官室『世界経済の潮流2008年 Ⅱ　世界金融危機と今後の世界経済』2008年12月、第1章第2節。）

　また、証券会社は顧客に対して株式や債券などを販売していくブローカーと、会社がそれらの証券を発行する際に、それを引き受けるアンダーライター（引受会社）とに大きく分類することができる。アメリカでは後者の引受業務を行うものを投資銀行（インベストメント・バンク）と呼ぶが、それは発行会社を顧客としているところから、会社の合併、買収の仲介なども行うようになった。2000年代にはゴールドマン・サックス、モルガン・スタンレー、メリルリンチ、リーマン・ブラザーズ、ベアー・スターンズの5社が大手投資銀行として支配的な地位を占めるようになった。一方、商業銀行はいわゆる銀行業務を行うもので、日本では銀行といえば商業銀行のことを指している。（奥村宏『世界金融恐慌』七つ森書館、2008年、51頁。）
8) 『読売新聞』2008年11月10日付。
9) 野口悠紀雄『世界経済危機　日本の罪と罰』ダイヤモンド社、2008年、8頁。
10) 同上書、34頁。
11) 中空麻奈、前掲書、62頁。

12) 水野和夫『金融大崩壊』NHK 出版、2008 年、39 頁。
13) 同上書、81-82 頁。
14) 内閣府政策統括官室、前掲書、「第 1 章第 1 節 1．世界の金融危機の発生とその特徴」。
15) 『朝日新聞』『西日本新聞』2009 年 1 月 29 日付。
16) 『西日本新聞』2009 年 1 月 29 日付。
17) スーザン・ストレンジ（小林襄治訳）『カジノ資本主義』岩波書店、1988 年、2 頁。
18) 通産省『通商白書平成 10 年度版』、1 頁、第 1 - 1 - 1 図。
19) スーザン・ストレンジ（櫻井公人・櫻井純理・高嶋正晴訳）『マッド・マネー』岩波書店、1999 年、30-31 頁。
20) 水野和夫『金融大崩壊』、39 頁、図 2 - 1 。
21) ロバート・ギルピン（古城桂子訳）『グローバル資本主義』東洋経済新報社、2001 年、19-20 頁。
22) 日本銀行「外国為替およびデリバティブに関する中央銀行サーベイ（2004 年 4 月中取引高調査）について：日本分集計結果」2004 年 9 月 29 日付、日本銀行ホームページより入手。
23) ジェトロ『貿易投資白書 2005 年版』からの数字を使って算出した。
24) 三橋貴明『ドル崩壊　今、世界に何が起こっているのか』彩図社、2008 年、23 頁。
25) 内閣府政策統括官室、前掲書、「第 1 章第 2 節世界金融危機の背景」。
26) 水野和夫『金融大崩壊』、95 頁。
27) 内閣府政策統括官室、前掲書、「第 1 章第 2 節世界金融危機の背景」。
28) 滝田洋一『世界金融危機　開いたパンドラ』日本経済新聞出版社、2008 年、218 頁。
29) ジャック・アタリ（林昌宏訳）『金融危機後の世界』作品社、2009 年、104 頁。
30) 松村文武『債務国アメリカの構造』同文舘、1998 年、140-141 頁。
31) 吉川元忠『マネー敗戦』文春新書、1998 年、161-162 頁。
32) 同上書、10 頁。
33) 水野和夫『人々はなぜグローバル経済の本質を見誤るのか』日本経済新聞出版社、2007 年、37 頁。
34) 同上書、233 頁。
35) 同上書、223-226 頁。
36) 同上書、226 頁。
37) 内閣府政策統括官室、前掲書、「第 2 章財政政策の動向」。
38) 『読売新聞』2009 年 1 月 7 日付。
39) 『日本経済新聞』2009 年 1 月 8 日付。
40) 水野和夫『人々はなぜグローバル経済の本質を見誤るのか』、227-228 頁。
41) 三國陽夫『黒字亡国』文春新書、2005 年、21-22 頁。
42) 同上書、84-85 頁。

43) 同上書、54頁。
44) 途上国のラテンアメリカ、アフリカ諸国の一連の債務危機についてはスーザン・ジョージの次の文献を参照のこと。Susan George, *A Fate Worse Than Debt*, Penguin Books Ltd., 1988. スーザン・ジョージ（向壽一訳）『債務危機の真実』朝日新聞社、1989年。
45) 「構造調整政策」あるいは「構造調整融資」の特徴は次のようにまとめられる。第一に、政府事業体の民営化と公共部門の雇用および官僚機構の徹底した「整理縮小」。これは失業率の増大や劇的な予算削減をもたらし、公共サービス（保健、教育、運輸、住宅、環境など）に大きな打撃を与えている。第二に、外貨を稼ぐための原料の輸出と輸出産業の振興。輸入の自由化と貿易制限あるいは割当の除去。（自国通貨の切り下げ）第三に、農業、食糧、保健、教育、その他に対する補助金の廃止ないし大幅削減（ただし軍事費は除く）。同時に、各種の増税も行う。第四に、インフレ抑制のための通貨供給量の抑制と金利引き上げ。第五に、とりわけ低賃金労働者の実質賃金の引き下げ。これは「総需要管理」と呼ばれ、インフレ抑制をもねらっている。構造調整融資は、自由市場、競争および個人の規範的行動を奨励する。イギリスではサッチャーリズム、アメリカではレーガノミクスとして広く知られている。（スーザン・ジョージ、ファブリッチオ・サベッリ（毛利良一訳）『世界銀行は地球を救えるか』朝日新聞社、1996年、24頁。）

また、「構造調整政策」あるいは「構造調整融資」の目的は次のようにまとめられる。第一に、貿易および投資障壁をとりのぞくことによってその国の経済環境および外国資本誘引能力を改善すること。第二に、歳出カットによって政府財政赤字を削減すること。第三に、輸出振興によって外貨収益を拡大すること。第四に、その国の債務返済を確実にすることである。苦労して稼いだ外貨の大半は利払いに向けられるのである。これが最も重要なねらいである。（同上書、71-72頁。）
46) スーザン・ジョージ『アメリカはキリスト原理主義・新保守主義にいかに乗っ取られたのか？』、118頁。
47) George Soros, *The New Paradigm for Financial Markets : The Credit Crisis of 2008 and What Means*, Public Affairs, 2008, pp. 112-114.（ジョージ・ソロス『ソロスは警告する』、175-177頁。）ジョージ・ソロス（ホーレイ USA, Pacific Advisory & Consultant Co., Ltd. 訳）『ソロスの錬金術』総合法令、1996年、129-130頁。
48) 中野洋一『新版 軍拡と貧困の世界経済論』梓出版社、2001年、126-136頁。
49) Ibid., pp. 110-112.（ジョージ・ソロス『ソロスは警告する』、173-175頁。）ジョージ・ソロス『ソロスの錬金術』、137-147頁。
50) 毛利良一『グローバリゼーションとIMF・世界銀行』大月書店、2001年、12-13頁。同著『アメリカ金融覇権終わりの始まり』新日本出版社、2010年、28-31頁。
51) ジョン・ウィリアムソンは、財政の健全性、外向き志向、経済自由化の三つの領域を中心にして次の10項目を提起した。
（1）財政規律——巨額かつ持続的な財政赤字は、インフレ、国際収支赤字、資本逃避の形

で現れるマクロ経済不均衡の主要原因である。
（2）公共支出の優先順位づけ——レーガノミックスとサプライサイド経済学の連合は増税よりも支出削減を選好したが、さらに推し進めて補助金を削減し、支出の重点を教育と医療、インフラ投資にシフトすべきである。
（3）税制改革——課税ベースを拡大し累進税率を緩和する。
（4）金利の自由化——資源の最適配分のため金利は市場の決定に委ね、かつ資本逃避の回避と貯蓄増加のためも実質金利はプラスになるようにする。
（5）適切な為替相場——中期マクロ目標と整合性があり、非伝統的商品の輸出増大に寄与するレートになるよう市場に委ねる。
（6）貿易の自由化——幼稚産業を含め輸出数量制限を関税に置き換え、輸出商品生産に必要な中間財の関税は引き下げる。
（7）外国直接投資の自由化——資本取引の自由化は緊急課題ではないが、直接投資は資本、技術、ノウハウをもたらすので、ナショナリズムを排除し、債務・株式スワップによって直接投資誘致を促進すべきである。
（8）国営企業の民営化——財政赤字削減、競争力向上に寄与し、外国人投資が参加すれば対外債務削減にもつながる。
（9）規制の撤廃——競争促進、規制当局官僚の腐敗防止に役立つ。
（10）財産権の保護——資本主義が円滑に機能するために重要である。
　　　（毛利良一『グローバリゼーションとIMF・世界銀行』、137-138頁。）
52) ジョセフ・E・スティグリッツ（鈴木主税訳）『世界を不幸にしたグローバリズムの正体』徳間書店、2002年、28頁。
53) 同上書、43頁。
54) 同上書、36頁。
55) Joseph E. Stiglitz, *Marking Globalization Work*, W W Norton & Co Inc, 2007, p. 16. (Paperback) ジョセフ・E・スティグリッツ（楡井浩一訳）『世界に格差をバラ撒いたグローバリズムを正す』徳間書店、2006年、54頁。
56) ジョセフ・E・スティグリッツ『世界を不幸にしたグローバリズムの正体』、32-33頁。
57) 同上書、43-44頁。
58) 同上書、40頁。大野泉『世界銀行　開発援助戦略の変革』NTT出版、2000年、57-61頁。坂元浩一『IMF・世界銀行と途上国の構造改革』大学教育出版、2008年、20頁。
59) スーザン・ジョージ『世界銀行は地球を救えるか』、263頁。坂元浩一、同上書、13頁。Joseph E. Stiglitz, Afterword to the Paperback Edition, *Marking Globalization Work*, W W Norton & Co Inc, 2007, p. 300. (Paperback).
60) 坂元浩一、前掲書、10頁、18頁。
61) Jagdish Bhagwati, *In Defense of Globalization*, Oxford, 2004, p. 205. ジャグディシュ・バグワティ（鈴木主税・桃井緑美子訳）『グローバリゼーションを擁護する』日本経済新聞

第Ⅰ部　グローバル資本主義と「新自由主義」

　　　社、2005 年、317-318 頁。
62)　スーザン・ジョージ『債務危機の真実』、40 頁。
63)　2008 年 7 月 10 日付、共同通信ウェブサイト配信。
64)　2008 年 9 月 24 日付、時事通信ウェブサイト配信。
65)　本山美彦『金融権力　グローバル経済とリスク・ビジネス』岩波新書、2008 年、49 頁。
66)　アメリカの軍拡と軍事費の分析については、次の論文を参照のこと。中野洋一「9.11 事件後の世界の軍拡」『アジアアフリカ研究』第 47 巻第 4 号、2007 年。
67)　奥村宏、前掲書、27-28 頁。神谷秀樹『強欲資本主義　ウォール街の自爆』文春新書、2008 年、56 頁。
　　　1980 年代末に金融界はアメリカの GDP の 14％を生み出していたが、1990 年代末にはこの数字は 15％に微増し、さらに 2006 年には 23％と大きく伸びていた。この比率は、サブプライム問題の影響を受けて、2008 年 3 月 14 日時点で 18.2％まで下がってきているので、2006 年がピークであったようだ。(George Soros, *The New Paradigm for Financial Markets : The Credit Crisis of 2008 and What Means*, pp. 123-124. ジョージ・ソロス『ソロスは警告する』、191 頁。)
68)　金子勝『長期停滞』ちくま新書、2002 年、73 頁。
　　　1970 年代から 90 年代の先進国経済と途上国経済の現状分析については、次の文献を参照のこと。中野洋一『新版　軍拡と貧困の世界経済論』梓出版社、2001 年。

第3章 グローバリゼーションをどのようにとらえるか

1 グローバリゼーションに関する諸説

　今日のグローバリゼーションを議論するときに、ここでは1991年を戦後世界の一つの大きな歴史的転換点と位置づけ、その出発点とする。すなわち、1991年にはその転換点の契機となる次の三つの世界的な事件が生じた。

　一つはソ連「社会主義」の崩壊である。戦後、資本主義の盟主アメリカと社会主義の盟主ソ連との二つの超大国の世界的な支配体制すなわち「冷戦体制」あるいは「冷戦構造」が存在していたが、その一方のソ連「社会主義」が崩壊した。それゆえ、その後は世界政治においては「冷戦後の世界」あるいは「ポスト冷戦期」と呼ばれるようになった。

　二つは湾岸戦争の勃発と終結である。湾岸戦争は周知のようにわずか1ヵ月あまりでアメリカ軍を中心とする「多国籍軍」の「大勝利」で終わった。その結果、世界の石油支配は1973年の第一次石油危機以来OPECに握られたものをそのOPECの支配から再び切り離すことができた。石油は国際市場における一つの商品となったが、先進国と「石油メジャー」あるいは「スパーメジャー」と呼ばれるアメリカとイギリスの国際石油資本によって世界市場を通じて実質的に再度支配されることになった。

　三つは1991年の世界同時不況の発生であった。これは日本では1980年代後半から続いた大好景気、いわゆる「バブル経済」の崩壊と重なった。それ以来、

第Ⅰ部　グローバル資本主義と「新自由主義」

　日本経済は「失われた10年」と呼ばれる長期不況に入った。しかし、それとは対照的に、アメリカ経済は翌年には景気を回復し、2001年のニューヨーク・テロ事件まで戦後最長の大好景気を続けた。それは「IT革命」を基礎とする「ニュー・エコノミー」とも呼ばれている。

　1991年以降、世界経済においては、それまで資本主義に対抗していたソ連「社会主義」の崩壊によって、旧「社会主義」国および途上国を含めた世界全体が市場経済に包摂されるようになった。中国も1992年の第14回共産党大会で「社会主義市場経済」を採択し、2001年12月にはWTO（世界貿易機関）に正式加盟し、積極的に市場経済に参入した。

　こうして、世界経済においては市場経済がすべてを支配する「大競争の時代」に入り、グローバリゼーションという資本の世界化現象が顕著になった。世界はグローバリゼーションの時代を迎えることとなった。その間、コンピューター技術と産業がいっそう発展し、1980年代の「ME革命」からさらに1990年代のインターネットの商業利用を基礎とする「IT革命」が発生した。

　このような現代資本主義を、イギリスの近代経済学者のスーザン・ストレンジは「カジノ資本主義」と名付け、アメリカの代表的な近代経済学者の一人であるレスター・C・サローは「グローバル経済」と表現し、あるいは世界的な投資家でもあり数々の著作のあるジョージ・ソロスや政治学者のロバート・ギルピンは「グローバル資本主義」と呼んでいる[1)]。

　ここではグローバリゼーションあるいはグローバル資本主義をどのようにとらえるのか、何人かの代表的な見解を考察する。

　最初に、上記の一人、ジョージ・ソロスを取り上げる。ソロスは著書『グローバル資本主義の危機』（1998年）のなかで「グローバル資本主義」について次のように説明している。

　われわれが生きているこのグローバル経済は、モノやサービスの自由な貿易はむろん、それ以上に資本の自由な移動を特徴としている。さまざまな国の金利、為替レート、株価が密接に関連し、グローバル金融市場が経済の状態に途方もなく大きな影響をおよぼしている。個々の国の富に国際金融資本が極めて重要な役割を果たしている。それゆえ、これをグローバル資本主義システムと

呼ぶ。すなわち、グローバル資本主義システムの際立った特徴は、資本の自由な移動であり、モノやサービスの国際貿易だけではグローバル経済は成立せず、生産要素も交換可能でなければならない。[2]

さらに、帝国主義が植民地という形で、字義どおり領土に表現された19世紀とは異なり、現代版グローバル資本主義システムは領土とはまったくかかわりがなく、むしろ領土を超えたものである。領土にはかかわりがないにもかかわらず、このシステムにはセンター（中心）とペリフェリー（周辺）がある。[3]

また、グローバル資本主義の発生時期は、いつ誕生したか特定するのがむずかしいが、おそらく、ユーロダラーのオフショア市場が発達した1970年代であり、その時期がグローバル資本主義の本格的な幕開けであった。発端は、第一次石油危機であり、石油輸出国が巨額な黒字を計上しはじめ、一方、輸入国である先進国は多額の赤字を埋めるために資金を調達する必要があった。この役割は商業銀行に任されたが、背後にはオイルダラーの環流を望む西欧諸国政府の働きかけがあった。ユーロダラーが発明され、規制が非常に少ない大規模なオフショア市場が発達した。各国政府は国際金融資本を国内に呼び戻すため、税制その他の優遇措置をとりはじめた。皮肉なことに、これらの措置は、オフショア資本が巧みに動き回る余地をさらに拡大する結果になった。この一大国際金融融資ブームは1982年のバスト（暴落）で終わったが、そのころには、金融資本の移動の自由はしっかりと確立されていた。国際金融市場の発達は、マーガレット・サッチャーとロナルド・レーガンが政権に就いた1980年代前後に大きく加速した。これら二人の指導者は、経済から国家を排除し、市場メカニズムの動きに任せるプログラムを導入した（すなわち、これが「新自由主義」経済学を基礎とする一連の経済政策であった）。そして、1982年のメキシコ債務危機が発生したが、1983年以降、グローバル経済は長期にわたって、事実上、切れ目のない拡大を続けた。時折、危機はあったものの、国際資本市場の発達はさらに加速し、真にグローバルといえるまでに成長した。[4]

しかし、同時に、ソロスは、グローバル資本主義システムには重大な欠陥があると次のように指摘する。それは資本主義が勝ち続けるかぎり、マネーの追求が他のあらゆる社会的課題に優先されることである。それゆえ、このシステ

ムに対する二つの批判が生じる。一つは、市場メカニズムの欠陥に対する批判であり、主として国際金融市場に内包される不安定要因の問題である。二つは、「非市場部門」（ノン・マーケット・セクター）と呼ぶ部門の欠陥であり、主として国レベル、国際レベル双方の政治の不十分さについての批判である[5]。

　このように、ソロスの指摘のように、グローバル資本主義の発生時期は1970年代であり、そこには大きな世界的出来事があった。それは、一つには1971年のアメリカのニクソン大統領によるドルと金との交換停止宣言（「ドル・ショック」あるいは「ニクソン・ショック」）であり、二つには1973年の第一次石油危機の発生であった。ニクソン声明によって、戦後の国際通貨制度はドルを中心とした固定相場制度から変動相場制度へと変化し、ドルは金の裏付けを失った国際通貨となったが、それでもその後もドルはやはり基軸的な国際通貨であり続けた。第一次石油危機および第二次石油危機の発生によって、先進国は急激なインフレ、失業率の増大、深刻な景気後退というスタグフレーションに陥って、戦後の近代経済学の主流であったケインズ経済学がその地位を失っていく。そして、その後、「小さな政府」の実現を目指すイギリスのサッチャー政権、アメリカのレーガン政権、日本の中曽根政権が相次いで誕生し、現代資本主義の主流となる「新自由主義」経済学が登場した。特に、先進国の「金融の自由化」政策の推進は「カジノ資本主義」を生み出した。

　今日のグローバリゼーションを強力に推進したのは、1980年代に現代資本主義の主流となる「新自由主義」経済学を基礎とするアメリカ政府機関とIMF、世界銀行、WTOなどの国際機関、いわゆる「ワシントン・コンセンサス」であった。その大きな流れによって、現代資本主義は「カジノ資本主義」へと変質し、そこで大規模なマネーゲームが展開され、その過程のなかで債務・金融危機に陥った途上国に対しては「構造調整政策」が推し進められた。

　二人目は、インドの経済学者、ジャグディシュ・バグワティを取り上げる。バグワティは、GATT事務総長の経済政策顧問、国連のグローバリゼーション問題に関する特命顧問、WTOの外部顧問などを歴任し、著書『グローバリゼーションを擁護する』（2004年）がある。グローバリゼーションに対してある意味でもっとも寛大な見解を持っている。彼の考えによれば、グローバリゼーシ

ョンは経済だけでなく社会にも恵みをもたらし、その有益な効果を拡大するために、グローバリゼーションによる社会的課題の達成は速いほど望ましいというものである。ただし、その場合の条件は、どんな政策や制度を選べばいいか、政策変更にあたっては慎重にハンドルを握り、最適な速度を保つことが重要である。移行経済ロシアにおける IMF の「ショック療法」はその速度が速すぎて失敗した事例であった。しかし、グローバリゼーションはさまざまな方法で管理されるならば大きな利益があるので、本来のプラス効果を確実に引き出し、さらに拡大する必要があるというものである。[6]

しかし、バグワティは、今日のグローバリゼーションにおける市民社会の果たす役割の重要性についても言及している。すなわち、21世紀における大きな二つの力は経済のグローバリゼーションと、富裕国と貧困国とを問わず多くの国で著しい成長をみせている市民社会であり、この二つの力を合わせてグローバリゼーションを正しく管理すれば、全世界が成功を共有できると主張する。[7]

三人目は、ジョセフ・スティグリッツを取り上げる。彼もまた世界銀行の上級副総裁兼チーフ・エコノミストの経歴を持ち、「新自由主義」と「ワシントン・コンセンサス」を厳しく批判した有名な二つの著作、『世界を不幸にしたグローバリズムの正体』（2002年）、『世界に格差をバラ撒いたグローバリズムを正す』（2006年）がある。だが、彼のグローバリゼーションに対する考え方は、その全否定ではなく、グローバル化には先進国と途上国の双方に巨大な利益をもたらす潜在力があるというものである。すなわち、問題はグローバル化自体にあるというのではなく、グローバル化の進め方にある。たとえば、東アジアでみられるとおり、適切に管理されたグローバル化は、途上国と先進国の双方に大きな利益をもたらす。しかし、グローバル化の形を作ったのは政治であり、たいていの場合、そのゲームのルールは先進工業国によって、また先進国内の特定の利益集団によって決められており、当然、先進国の利益を増大させる形が採用されると指摘している。それが「新自由主義」の「ワシントン・コンセンサス」であった。[8]したがって、問題はこれまでのグローバル化の営まれ方に民主性の欠如が認められることであり、グローバル化をうまく機能させるためには、その考え方を変える必要がある。特に、IMF、世界銀行、WTO などの国際機

関の民主性の欠如という問題に対しては、一つには機関の運営方式を改めること、二つには国際レベルでなされるべき決定についてもっと慎重に考えることであるとスティグリッツは問題提起をしている。[9]

　四人目は、インドの経済学者、アマルティア・センを取り上げる。「ワシントン・コンセンサス」の途上国への「構造調整政策」に対して、センは国連開発計画（UNDP）の報告書にある「人間開発」や「人間中心の開発」という新しいアプローチに大いに貢献した。彼の考えによれば、グローバリゼーションは新しい現象ではなく、数千年にわたって、貿易、旅行、移民、知識の伝播などを通じて世界の進歩を実現し、過去に多大な機会と報酬を生み出した歴史的なプロセスであり、それは今日も続いているというものである。中心となる問題は、グローバル化そのものの是非ではなく、市場の利用の善し悪しでもなく、制度的枠組みが全体的にバランスを欠いており、それがグローバル化による利益の配分を著しく不公平なものにしているところにあると指摘する。それゆえ、各国内および国際的な制度的な枠組みの改革に早急に乗り出す必要がある。すなわち、経済的・技術的交流から得られるグローバル化による恩恵を分かち合うことが可能かどうかは、様々な広がりを持つ国際的な取り決めにかかっている。この国際的取り決めのなかには、貿易協定、特許権にかかわる国際法、グローバルな健康衛生のための計画、国際的な教育機関、技術移転のための設備投資、エコロジーと環境規制、途上国の累積債務の公正な処理、地域紛争管理、軍拡競争の監視などが含まれ、さらにIMF、世界銀行、WTOなどの国際機関や世界金融システムも含まれる。すなわち、これらの国際的な制度的な枠組みの改革をすることによって、グローバル化による利益を世界的に公平なものにする必要があるという考え方である。[10]また、アマルティア・センは、小型武器と兵器のグローバル化した取引に大国（国連常任理事5ヵ国など）が関与している問題についても言及している。この問題は世界的な取り組みが緊急に求められている分野であり、テロ阻止の必要性から極めて重大であり、特に貧困国の経済的な見通しに破壊的な結果をもたらす局地的な戦争や軍事紛争は地域的な緊張関係によって起こるだけでなく、世界的な武器取引によっても誘発されると非常に重要な指摘している。[11]

五人目は、スーザン・ジョージを取り上げる。彼女は、早い段階から世界銀行やIMFなどを批判した多数の有名な著作があり、今日のグローバリゼーションあるいは「新自由主義」や「ワシントン・コンセンサス」に対してもっとも「急進的」な批判を展開している。特に、1980年代以降において展開されたグローバリゼーションを「新自由主義的グローバリゼーション」（Neoliberal Globalization）と呼んで、厳しく批判した。彼女の著書『オルター・グローバリゼーション宣言』(2004年)によれば、彼女の立場は「反グローバリゼーション運動」ではなく、「グローバル・ジャスティス（正義）運動」であるとしている。特に、その批判の出発は途上国の巨額な債務問題であった。多大な債務を負った途上国と移行経済などの100ヵ国を超える国々は、IMFの支持に従うか、さもなければ国際的な破産に直面するしかなかった。IMFは「ワシントン・コンセンサス」の主な執行機関の一つであり、「世界の警察官」として行動することが可能であり、主権国家とされている国々に命令することができると批判した。同時に、彼女は「新自由主義的グローバリゼーション」ではなく、「もう一つの世界は可能だ」と主張する。それが「グローバル・ジャスティス（正義）運動」であり、「オルター・グローバリゼーション」である。そして、その運動によって国際的な政治的・経済的変革が必要であると訴える。具体的には、国際的な課税制度（トービン税）の導入、タックスヘイブン（租税回避地）の閉鎖、途上国の債務の帳消しの実現を求めている。最後の債務の帳消しの課題については、「ジュビリー2000」運動によって実際に1999年のケルン・サミット、翌年2000年の沖縄サミットなどでも取り上げられ、実現可能となった。しかし、それはあくまで緊急措置であり、途上国の貧困問題の根本的解決ではなかったが、その運動の大きな成果の一つであることは確かであった[13]。

　最後の六人目は、日本の経済学者、毛利良一を取り上げる。彼は、途上国の債務問題について多数の研究があり、そのなかでも代表的な著書『グローバリゼーションとIMF・世界銀行』(2001年)がある。そのなかで、グローバリゼーションについて毛利は次のように説明する。グローバリゼーションとは、モノ、カネ、ヒト、サービスにかかわる活動が、各国の規制緩和・撤廃により、自由化され、地球規模で、市場原理にのっとって利潤の最大化を追求する資本の運

動であると定義される。グローバリゼーションを推し進めてきたものは、イデオロギーの面では、1980年代以降のケインズ主義および福祉国家思想から市場原理主義への思想の変化があった。イギリスのサッチャー政権、アメリカのレーガン政権、日本の中曽根政権は、肥大化した国家介入の非効率性を批判し、市場原理主義に基づいて「小さな政府」を標榜し、民間活力による効率性の向上、競争の強化による新しい社会を謳いあげた。そのなかでも、アメリカの覇権、アメリカの力による世界秩序維持体制の再編成（パクス・アメリカーナの再編）として、グローバリゼーションをとらえることが重要である。なぜならば、第二次世界大戦後の世界経済においては、パクス・アメリカーナの枠組みを国際通貨・金融面から支えたのはIMFであり、開発融資の司令塔となったのは世界銀行であったからだ。[14]

このように、今日のグローバリゼーションはケインズ主義ではなく、その後に登場する1980年代以降の「新自由主義」と「市場原理主義」であり、同時にそれはパクス・アメリカーナの再編と結びついていた。

2　今日のグローバル資本主義の特徴

世界資本主義は、本来、「世界性」と「国民性」とうい矛盾する二つの性質をもった存在である。世界資本主義の成立は世界市場と植民地の存在が前提であり、そのなかで「資本の原始的蓄積」がなされた。そして、世界資本主義の中心をなす国において「市民革命」が起き、「国民国家」が誕生し、「産業革命」の進行のなかで労働者階級が形成された。資本主義が拡大・発展することによって「資本の文明化作用」が働き、それが世界化現象となる。それを本来の資本主義のグローバリゼーションとしてとらえることができる。

しかし、今日のグローバリゼーションは、資本主義一般のそれと区別する必要がある。本来のその性質をも含みながらも、より特殊的・具体的な歴史的規定性を与えられたグローバリゼーションとしてとらえる必要がある。

結論として、今日の世界資本主義、すなわち今日のグローバル資本主義の特徴については、次の五点にまとめることができる。

第3章　グローバリゼーションをどのようにとらえるか

　第一に、今日のグローバリゼーションは、戦後世界において1991年の歴史的転換期を迎えるなかで発生したものである。もちろん、それ以前とはまったく無関係に、突然、それが発生したものではない。少なくとも、特にソ連「社会主義」崩壊が大きな歴史的契機となっている。それによって、世界資本主義は旧「社会主義」国をも含んだ、またインド、中国などのような途上国・新興国をも含む地球規模の市場経済が形成された。地球規模の世界市場という点では、それはある意味で20世紀初頭の帝国主義時代の世界資本主義に類似している。しかし、その時代とは決定的に異なる点は、今日の世界資本主義は一般的には植民地（政治的・軍事的な直接支配）なしの資本主義であるということである。しかし、それは例外的事例をすべて否定するものではない。たとえば、2001年テロ事件後のアメリカ・ブッシュ政権による「対テロ戦争」の展開においては、アメリカの単独主義にもとづく同年10月のアフガニスタン戦争と2003年のイラク戦争の開始であった。すなわち、ブッシュ政権は「対テロ戦争」の名の下にそこでは政治的・軍事的な直接支配を手段とした。

　第二に、第二次世界大戦後の世界資本主義をパクス・アメリカーナ（アメリカ支配下の平和、実際はアメリカ支配の世界）と特徴づけることができる。それは、第一期（1945-1990年）と第二期（1991年-現在）の二つに時期区分できる。ただし、今後の推移によっては、2008年世界金融危機を契機として第三期として時期区分する可能性があることも、否定はできない。[15]

　第一期パクス・アメリカーナは、ソ連「社会主義」との対立構造のなかにあり、冷戦期の世界体制であった。第二期パクス・アメリカーナは、ソ連「社会主義」の崩壊から開始される冷戦後の世界体制である。

　世界資本主義体制の視点からみると、戦後の世界資本主義は「ブレトンウッズ体制」と呼ばれるように、IMF、GATT、世界銀行はその主要な三本柱であった。特に、国際通貨体制の視点からみると、アメリカ・ドルと金との交換を保証した「ドル本位体制」とも呼ばれたIMFは、戦後の世界資本主義経済において重要な役割を果たしてきた。

　しかし、1970年代に入ると、パクス・アメリカーナの激動が始まる。1971年にアメリカ・ニクソン大統領の金・ドル交換停止の声明によって「ドル・ショ

ック」が起き、1973年からは主要先進国は現在の変動相場制度へと移行した。また、同年の「第四次中東戦争」を契機にOPECの原油値上げ攻勢が開始され、第一次石油危機が発生し、1974-75年の戦後最大の世界不況に突入した。1979年には「イラン革命」を契機に第二次石油危機が発生し、1980-82年の戦後最大級の世界不況に突入する。そして、1985年にはアメリカは戦後初めて赤字国へと転落した。1971年の「ドル・ショック」以来、ドルの為替レートも暴落を続けた。1971年の1ドル＝360円から1985年の円高・ドル安政策で決着した「プラザ合意」後においては120円の水準となり、その間にドル価値は3分の1まで下落した。さらに、金とドルとの比較でみると、「ドル・ショック」までは1トロイオンス＝35ドルであったが、2008年3月18日にはニューヨーク商品取引市場（COMEX）において金価格は1トロイオンス＝1006.4ドル（終値）となりこれまでの最高値をつけたが、2009年9月16日において金価格は1年半ぶりに再び高騰し、1トロイオンス＝1020.2ドル（終値）をつけ、それまでの最高記録を更新した。したがって、ドル価値は金価格1000ドルのラインではかつての約30分の1まで下落したことを意味する。

　また、1970年代においては、パクス・アメリカーナは政治的にも大きく動揺した。OPECの原油値上げ攻勢による二つの石油危機のみならず、1973年には長年にわたって続けられたベトナム戦争でもアメリカ軍が撤退に追い込まれ、75年にはベトナムは「社会主義」の北ベトナムによって統一された。さらに、1979年には、パクス・アメリカーナにとって大きな三つの事件が発生した。一つにはアメリカの中東戦略の三本柱（イスラエル、サウジアラビア、イラン）の一つであったイランにおいて「イスラム革命」が起き、反米政権が成立し、二つにはアメリカの喉元である中南米のニカラグアにおいては独裁政権が倒されて「革命政権」が誕生し、三つにはソ連「社会主義」の侵略によってアフガニスタンにおいても反米政権が成立した。

　こうして、1980年代に入ると、この時期にはパクス・アメリカーナという用語は一時消滅した。しかし、1981年に成立したレーガン政権はアメリカの「巻き返し」戦略を次々と実行し、パクス・アメリカーナの再編に乗り出した。そして、1990年代に入ると、1991年には最大の敵対国であったソ連「社会主義」

が崩壊し、さらに世界経済におけるアメリカ経済の復活・再生に成功して、再び、第二期パクス・アメリカーナを迎えることになった。1995年にはアメリカの主導の下でGATTからWTOへと発展し、世界の貿易の自由化が強力に推進された。こうして、1990年代に入ると復活したアメリカとIMF、世界銀行、WTOが結合した「ワシントン・コンセンサス」が世界経済に対して、特に途上国および新興国に対して大きな影響力を持った。したがって、今日のグローバリゼーションは、第二期パクス・アメリカーナと結合していた。この第二期パクス・アメリカーナの基礎となったのは、一つにはアメリカの「帝国循環」という世界的な金融支配であり、二つにはアメリカの圧倒的な軍事力と巨額な軍事費によってもたらされた「軍事帝国」であった。

　第三に、今日のグローバリゼーションは、「新自由主義」のグローバリゼーションである。

　前述したように、二つの石油危機と世界不況のなかで、急激なインフレ、失業率の増加、経済停滞の三つが同時に進行するスタグフレーションによって、先進国においてケインズ経済学（「大きな政府」の経済学）はその主役から引きずり降ろされ、「新自由主義」経済学（「小さな政府」の経済学）が現代資本主義の主流として登場した。1980年代前後に「小さな政府」を標榜して相次いで出現したイギリスのサッチャー政権、アメリカのレーガン政権、日本の中曽根政権がその「新自由主義」経済学を基礎とする経済政策を次々と実行した。その流れのなかで、資本、貿易、金融の自由化が強力に推進され、市場経済が先進国のみならずすべての途上国と新興国をも包摂しながらグローバリゼーションが進行した。また、その過程のなかで資本主義は変質し、大規模な世界的なマネーゲームが市場経済を支配する「カジノ資本主義」が形成された。それゆえに、今日のグローバリゼーションは「新自由主義」のグローバリゼーションであると特徴づけられる。

　第四に、今日のグローバリゼーションは、特に9.11事件後においては世界の軍拡と結合していた。

　1980年代以降の「新自由主義」との関連で世界の軍拡をみると、この30年間に二度も世界の軍拡が発生したことを指摘しなければならない。「新自由主義」

第Ⅰ部　グローバル資本主義と「新自由主義」

における最初の軍拡は、1980年代のアメリカのレーガン政権の時期であった。1979年の「イラン革命」、ソ連「社会主義」のアフガニスタン侵略戦争、ニカラグアの革命政権の誕生を契機に、1981年に成立したアメリカのレーガン政権はその反撃のために、いわゆる「スターウォーズ」計画（「戦略防衛構想」計画、SDI計画）と呼ばれる戦略を推進して大軍拡を実行した。「新自由主義」における第2回目の軍拡は、2001年1月に誕生したアメリカのブッシュ政権において同年9月11日のテロ事件を契機に世界的規模で「対テロ戦争」が開始された時期であった。

　2001年以降のブッシュ政権の時代は、ある意味で、1980年代のレーガン政権の時代と非常に大きな類似性がある。二つの政権は「新自由主義」経済学を基礎としてその政策を次々と実行した。二つの政権は、巨額の財政赤字と経常収支赤字を生み出しながら、その「双子の赤字」を埋め合わせるために海外からの巨額の資金を吸収し続けてアメリカの「強いドル」と「強い経済」を実現し、世界最強の「軍事帝国」を維持するために軍拡を押し進めた。

　今日のグローバリゼーションは第二期のパクス・アメリカーナと同時に存在しているので、アメリカの世界戦略、特に軍事戦略と深い関連にある。したがって、今日のグローバリゼーションは、その基底には市場経済の世界的な拡大・深化が存在するにもかかわらず、単純に世界の市場経済化という経済現象としてのみとらえることはできないのである。それは2001年のテロ事件後のアメリカの軍事戦略、すなわち「対テロ戦争」および「ミサイル防衛構想」戦略の展開との深い関連のなかでとらえる必要がある。

　第五に、今日のグローバリゼーションの進展によって「カジノ資本主義」が形成され、そのなかで世界的な大規模なマネーゲームが展開され、世界の人々の貧富の格差が急激に拡大したことである。1980年代以降、現代資本主義においては「新自由主義」経済学が主流となり、その経済政策が先進国および途上国においても次々と実行された。ごく少数の「勝ち組」の人々には巨万の富が蓄積されたが、一方の世界の大多数の人々はその「カジノ資本主義」の恩恵から取り残されて、貧困化が進展した。世界的なマネーゲームの展開によって、何度もバブルが発生し、何度も金融危機と経済危機が繰り返された。その結果、

第3章　グローバリゼーションをどのようにとらえるか

現代世界は、先進国のみならず、すべての途上国および新興国において人々の貧富の拡大が進展して、世界全体がいわば「格差社会」となってしまった。

　世界においては、途上国を中心に実に多数の貧困者が存在する。世界銀行の2008年8月26日の発表によれば、世界銀行の「新たな貧困基準」の1日1.25ドル未満で生活する人々は2005年においては14億人おり、1日2ドル未満で生活する人々の数は26億人いると報告されている。国連児童基金（UNICEF）の2008年版『世界子ども白書』においては、2006年において開発途上国での貧困からくる栄養失調や病気などで死亡する5歳未満の子どもの数は961万人であり、1日当たり2万6300人に達する。また、先進国においても多数の貧困者が存在する。OECDの2008年10月21日発表の報告書「格差は拡大しているか。OECD諸国における所得分配と貧困」によれば、2005年においてOECD諸国における児童の8人のうち1人が貧困状態にあると指摘されている。その一方、世界には一握りの巨万の富を手にした億万長者、ビリオネアー（保有資産10億ドル以上、1000億円以上）も存在する。アメリカの経済雑誌『フォーブス』の2008年3月の記事によれば、同年の世界の億万長者の数は1125人で過去最高となり、その保有資産は4兆4000億ドルにも達するというものであった。その後、2008年世界金融危機の影響を受けて2009年においては億万長者たちの人数（793人）と保有資産（2兆4000億ドル）を減らしたが、2010年3月の発表の記事によれば、今年の億万長者の数は1011人、保有資産3兆6000億ドル、一人当たり平均保有資産35億ドルとなっており、再びその数と資産を増加させた。こうして、1991年以降の世界経済のグローバリゼーションの進展に伴って、先進国においても、途上国においても、人々の貧富の格差が拡大し、世界全体が「格差社会」となったのである[16]。

　最後に結論をまとめると、今日のグローバル資本主義は、次の五つの特徴を持った存在である。すなわち、それは、第一にソ連「社会主義」の崩壊によって戦後世界の歴史的転換があったとしてとらえられること、第二に第二期パクス・アメリカーナとしてとらえられること、第三に「新自由主義」のグローバリゼーションとしてとらえられること、第四にアメリカの新たな軍事戦略の展開（「対テロ戦争」および「ミサイル防衛構想」という軍拡戦略）と世界の軍拡を伴っ

たものとしてとらえられること、第五に世界の人々の急激な貧富の拡大によって世界全体が「格差社会」としての性質を持ったものとしてとらえられることである。

3 小 括

これまでの考察から、1991年以降の世界経済の動向と特徴が明らかにされた。1991年のソ連「社会主義」崩壊によって世界経済はグローバリゼーションの時代を迎えた。今日の世界資本主義はある意味でグローバル資本主義とも規定できる。

しかし、それは1991年に突然に生れ出たものではない。それには発生期といえる準備段階があった。1971年のアメリカ・ドルと金との交換停止宣言の「ドル・ショック」から始まり、1970年代の二つの石油危機と世界不況の発生、1980年代のアメリカのレーガン政権による世界的な「巻き返し」戦略の展開と「新自由主義」経済学を基礎とする主要先進国（アメリカ・イギリス・日本）での「新保守主義」政権によるその経済政策の実行によって「新自由主義」の大きな流れが形成された。その流れのなかで、資本、貿易、金融の三つの「自由化」が世界的に推進された。最後の決定打が1991年のソ連「社会主義」の崩壊であった。

「冷戦後の世界」、1991年以降の世界経済においては、アメリカの経済が力強く復活し、その軍事力が圧倒的な存在となり、その政治力が再び強大となった。すなわち、第二期パクス・アメリカーナにおいては、アメリカを中心とした先進国の集団体制（IMF、WTO、世界銀行を含む集団体制、別名「ワシントン・コンセンサス」とも呼ばれる）が再編・強化された。その中心的イデオロギーが「新自由主義」であった。さらに、2001年のテロ事件と2003年のイラク戦争を契機に再び「冷戦期」のような世界の軍拡が発生した。

しかし、グローバル資本主義は、世界の大多数の人々に決して幸福をもたらすことはなかった。「カジノ資本主義」と呼ばれる世界経済において大規模なマネーゲームが展開されたが、その過程で少数の人々には巨万の富が蓄積され

た。一方、マネーゲームによって世界の多くの人々にはその恩恵がもたらされることはなく、人々の貧困化が進行した。先進国、途上国・新興国においても、世界全体においても、人々の貧富の格差が拡大し、「格差社会」が形成された。

この間の世界経済の動向を分析し、今日の世界資本主義、グローバル資本主義を検証することによってグローバリゼーションを推進した「新自由主義」の功罪を見極めることが重要である。2008年世界金融危機の発生は、その「新自由主義」の限界をはっきりと証明した。言い換えれば、「市場原理主義」による「市場の失敗」は明らかである。世界の人々の貧困を削減し、「格差社会」を解消し、人々に幸福をもたらし、世界平和を実現するための新たな思想と経済学が必要とされているのである。

1) Susan Strange, *Casino Capitalism*, Basil Blackwell, 1986. スーザン・ストレンジ（小林襄治訳）『カジノ資本主義』岩波書店、1988年。Lester C. Thurow, *The Future of Capitalism*, Penguin Books Ltd., 1996. レスター・C・サロー（山岡洋一・仁平和夫訳）『資本主義の未来』TBSブリタニカ、1996年。George Soros, *The Crisis of Global Capitalism : Open Society Endangered*, Public Affairs, 1998. ジョージ・ソロス（大原進訳）『グローバル資本主義の危機』日本経済新聞出版社、1999年。Robert Gilpin, *The Challenge of Global Capitalism : The World Economy in the 21st Century*, Princeton University Press, 2000. ロバート・ギルピン（古城桂子訳）『グローバル資本主義』東洋経済新報社、2001年。
2) ジョージ・ソロス、前掲書、167頁、172-173頁。
3) 同上書、170-171頁。
4) 同上書、175-176頁。
5) 同上書、168頁。
6) ジャグディシュ・バグワティ（鈴木主税・桃井緑美子訳）『グローバリゼーションを擁護する』日本経済新聞社、2005年、54-63頁。
7) 同上書、342頁。
8) ジョセフ・スティグリッツ（楡井浩一訳）『世界に格差をバラ撒いたグローバリズムを正す』徳間書店、2006年、30-37頁。
9) 同上書、401-406頁。
10) アマルティア・セン（東郷えりか訳）『人間の安全保障』集英社新書、2006年、64-65頁。同著（大石りら訳）『貧困の克服』集英社新書、2002年、145-147頁。
11) アマルティア・セン『人間の安全保障』、62-63頁。
12) スーザン・ジョージ（杉村昌昭・真田満訳）『オルター・グローバリゼーション宣言』作

第 I 部　グローバル資本主義と「新自由主義」

　　　品社、2004 年、18 頁。
13)　同上書、310 頁。
14)　毛利良一『グローバリゼーションと IMF・世界銀行』大月書店、2001 年、1‐4 頁。
15)　2008 年世界金融危機後の世界をどのようにとらえるかについては、すでにいくつかの主張が出ている。たとえば、ファリード・ザカリアは「アメリカ後の世界」(The Post-American World) として問題提起し、またポール・スタロビンは「アメリカ後の世界」(The World after America) として問題提起している。二人の共通点は、20 世紀、特に第二次世界大戦後においては「アメリカ体制」として世界をとらえ、2008 年世界金融危機の発生によってその体制の崩壊あるいは移行が開始されているという見解である。しかし、今後どのような体制へと移行するかは明確に示されている訳ではない。(Fareed Zakaria, *The Post-American World*, W. W. Norton, 2008. ファリード・ザカリア（楡井浩一訳）『アメリカ後の世界』徳間書店、2008 年。Paul Starobin, *After America : Narratives for the Next Global Age*, Viking Adult, 2009. ポール・スタロビン（松本薫訳）『アメリカ帝国の衰亡』新潮社、2009 年。)
16)　中野洋一「拡大する世界的貧富の格差」『九州国際大学社会文化研究所紀要』第 64 号、2009 年。同著「中国の拡大する貧富の格差」『九州国際大学社会文化研究所紀要』第 65 号、2009 年。同著「日本・アメリカの拡大する貧富の格差」『九州国際大学国際関係学論集』第 5 巻第 1・2 合併号、2010 年。

第Ⅱ部

グローバル資本主義と世界の貧富の拡大

第1章

世界の拡大する貧富の格差

　2008年9月にアメリカの投資銀行リーマン・ブラザーズが破綻し、それを契機にして世界金融危機が発生した。その後、この世界金融危機の影響は大きく「100年に一度」ともいわれる世界経済危機が発生した。

　1980年代以降、イギリスのサッチャー政権、アメリカのレーガン政権、日本の中曽根政権によって推進された「小さな政府」の実現を政治スローガンとする「新自由主義」の流れのなかで、世界経済においてはグローバリゼーションが進展し、その間、世界各地で大規模なマネーゲームが展開された。現代資本主義は「カジノ資本主義」（スーザン・ストレンジ）とも呼ばれるようになった。[1]

　このような1980年代以降の「新自由主義」の流れのなかで生じたグローバリゼーションと大規模なマネーゲームは、世界にまた大きな貧富の格差をももたらした。そして、現代資本主義の大きな矛盾は「格差社会」という形で現れている。

　第1章では、この間の「新自由主義」がもたらしたグローバリゼーションの下で生じた世界の貧富の格差を全体的に検証する。第一に、途上国の貧困状況について分析し、第二に、先進国の貧困状況について分析する。第三に、世界の億万長者と呼ばれる人々の保有資産とタックスヘイブン（租税回避地、あるいはオフショア金融、「沖合い」金融とも呼ばれる）の関係を考察する。第四に、億万長者たちが実際に利用したタックスヘイブンの事例を検証する。最後に、世界の貧困削減、特に開発途上国の貧困削減のための費用について考察する。

第Ⅱ部　グローバル資本主義と世界の貧富の拡大

1　途上国の貧困状況

　2000年の国連総会において、各国元首および各国政府首脳は、開発途上国の開発と貧困の撲滅を2015年までに達成するための「ミレニアム開発目標」（MDGs）に合意した。それは世界中に存在する人間開発の著しい不平等を考慮し、「グローバルなレベルにおける人間の尊厳、平等および公平な原則を支持する共同の責任」を認めたものであり、自由、民主主義、人権を支持する宣言に加えて、2015年までに達成すべき開発と貧困撲滅のための次の8項目からなる目標を設定したものである。

　すなわち、①極度の貧困と飢餓を根絶すること、②初等教育の完全普及と達成すること、③ジェンダーの平等を推進し、女性に力を与えること、④幼児死亡率を削減すること、⑤妊産婦の健康を向上させること、⑥HIV/エイズ、マラリア、その他の疾病と闘うこと、⑦持続可能な環境を確保すること、⑧開発のためのグローバル・パートナーシップを発展させることである。[2]

　しかしながら、それから10年が経過しようとしているが、現在の途上国の貧困状況をみると、その「ミレニアム開発目標」の実現にはかなり遠いものがある。

　世界銀行の最近の資料から途上国の現状をみると、2008年8月26日の発表によれば、世界銀行は「新たな貧困基準」（1日1.25ドル未満）で生活する人々を「貧困」と定義し直すことにしたとして、次のように報告している。[3]

　前の基準の「1日1ドル未満」という従来の国際的な貧困ラインでは世界の貧困人口は2004年には初めて10億人を下回った9億8500万人と推定されていたが、「新たな貧困基準」（1日1.25ドル未満）によると世界の貧困人口は再び10億人の大台を超えて14億人となった。

　なお、今回の作業は、2005年の購買力平価（PPP）に基づいて貧困データの全面的改定を行うものであるが、今回の推計には2005年以降の食糧および燃料価格の高騰が貧困人口に与えた可能性のある大きな悪影響については反映されていない。

東アジアは、1981年当時、世界で最も貧しい地域だったが、目覚しい進歩を遂げた。中国では、1日1.25ドル未満（2005年価格）で暮らす人口は1981年の8億3500万人から、2005年には2億700万人に低下した。ただし、1993年のPPPに基づいた世界銀行の2004年の貧困推計では、1日1ドル未満で生活する中国人は1億3000万人とされていたので、今回の測定でこれまでの推計を上回る貧困人口が明らかになった。それでも、中国が貧困削減に大きな成果を挙げたのは確かである。

　しかし、中国以外の途上国においては、1日1.25ドル未満で暮らす貧困人口の割合は、1981～2005年の間に40％から29％へと低下した。だがこうした進展も、その間の人口増加により、中国以外の途上国の貧困人口総数を削減するまでには至らず、その数はおよそ12億人のままである。

　南アジアでは、1981～2005年の間に1日1.25ドル未満で暮らす貧困人口の割合が60％から40％へと低下したが、それでもやはり同地域の貧困人口総数を削減するまでには至らず、2005年において約6億人であった。インドでは、1日1.25ドル未満（2005年価格）で暮らす貧困人口は、1981年の4億2000万人から2005年には4億5500万人へと増加したが、人口全体に占める割合では、1981年の60％から2005年には42％に低下した。

　サハラ以南アフリカでは、1日1.25ドル未満で生活する貧困人口の割合は、1981～2005年の間に、いったん上昇したあと減少し、結局2005年の割合は1981年の水準と変わらない50％であった。貧困人口総数は、1981年の2億人から2005年には3億8000万人と約2倍になった。この傾向が今後も続くと、2015年までに世界の貧困人口の3分の1はアフリカにいることになる。サハラ以南アフリカに住む貧困者の2005年の平均消費は、1日わずか70セントだった。アフリカにおける貧困の深刻さを踏まえると、他の地域よりさらに高度成長を遂げなければ、貧困削減に対して他の地域と同様のインパクトをもたらすことはできないであろう。

　中所得国では、途上国全体の貧困ラインの中間値である1日2ドルが基準としてより適切である。1日2ドル未満の貧困人口は2005年に26億人だったが、この数値は1981年以降あまり変化していない。すなわち、1日2ドルとい

第Ⅱ部　グローバル資本主義と世界の貧富の拡大

う壁を乗り越える点では進展が弱かった。また、この基準で計ると、ラテンアメリカ地域と中東・北アフリカ地域では、1981〜2005年の間に貧困の割合は低下したものの、貧困人口総数を減らすまでには至らなかった。この間、東欧・中央アジアでは1日2ドル未満で暮らす貧困人口割合は上昇したが、1990年代後半から、改善の兆候が見られる。

　さらに、世界銀行が2009年2月12日に発表した「危機の直撃を受ける途上国の貧困層」によれば、世界に広がる経済危機は、途上国で新たに5300万人もの人々を貧困に陥れており、子供の死亡率急上昇など、国際社会で合意された貧困削減目標の達成に深刻な脅威となっていると指摘した。2009年の新たな見通しでは、2008年世界金融危機の影響を受けた経済成長率の低下により、危機以前の推定を4600万人上回る人々が1日1.25ドル未満の生活に陥るとしている。さらに5300万人が1日2ドル未満の貧困状態へ陥ったままとなろう。これは、食糧・燃料価格の急騰で2008年に貧困に陥った1億3000万〜1億5500万人に加えての数字である[4]。

　また、UNICEF（国連児童基金）の2008年版『世界子ども白書』によれば、2006年における開発途上国の貧困や栄養不良などからくる子どもたちの5歳未満児の年間死亡者数は961万人であり、1日約2万6000人の子どもの命が失われている。次の表Ⅱ-1-1は、2006年における世界の貧困状況を示したものである。

　ここ20年以上、途上国の子どもたちの5歳未満児の年間死亡者数は1000万人を超えていたが、やっと2005年よりその大台を下回る数字が出てきた。しかし、それでも先進国の6万人という数字と比較したらそれはあまりにも大き過ぎる数字であり、1日約2万6000人もの子どもたちが貧困のなかで命を落としているという現実に大きな変化はない。その年間死亡者数の絶対数では、サハラ以南アフリカの478万人、南アジアの315万人の二つの地域が他の地域と比較すると飛び抜けて大きく、サハラ以南アフリカと南アジアは依然として世界の二大貧困地域となっている。途上国の5歳未満児の年間死亡者数961万人という数字はやはり途上国の貧困問題の深刻さと緊急性を示す数字となっている。

表Ⅱ-1-1　世界の貧困状況比較（2006年）

	人口（万人）	5歳未満児年間死亡数（万人）	1人当たりGNI（ドル）	出生時の平均余命（年）	初等教育純就学率（％）
サハラ以南アフリカ	6億9756	478	851	50	66
中東・北アフリカ	3億7138	44	2104	69	85
南アジア	14億5930	315	777	64	82
東アジア・太平洋	19億3705	86	2371	72	97
ラテンアメリカ・カリブ海	5億4827	31	4847	73	93
中央・東ヨーロッパ・CIS	4億415	15	4264	68	92
開発途上諸国	51億6657	961	1967	66	84
後発開発途上諸国	7億4159	407	438	55	65
先進諸国	9億5631	6	37217	79	96
世界	63億7405	973	7406	68	86

注）GNIは国民総所得
出所）UNICEF, *The State of the World's Children 2008* より作成。

　前にみた開発途上国の開発と貧困の撲滅を2015年までに達成するための「ミレニアム開発目標」のなかの8項目のなかの第6番目のHIV/エイズ、マラリア、その他の疾病と闘うこととあったが、現在の途上国においては、エイズ、結核、マラリアという三大感染症の撲滅の課題は急務である。途上国においは、この三大感染症によって、年間500万もの命が失われている。2002年1月にはこれに対処するために「世界基金（エイズ、結核、マラリア対策基金）」が設立され、現在は様々な取り組みがなされている。

　国連合同エイズ計画（UNAIDS）の2008年版『世界的エイズの流行に関する報告書』によれば、2007年においては、世界全体で3300万人のHIV/エイズ感染者があり、270万人が新たな感染者となり、200万人がその発症によって死亡したと報告されている。[5)]

　次の表Ⅱ-1-2は、2007年における世界のHIV/エイズ感染者と年間死亡者数を示したものである。

　この表Ⅱ-1-2に示されているように、地域別の感染者数と年間死亡者数をみると、サハラ以南アフリカが2200万人で全体の67％、3分の2を占めており、年間死亡者数は150万人である。アジアにおいては、同年の全体感染者の数は500万人であり、新たな感染者数は38万人、年間死亡者数も38万人であ

表Ⅱ-1-2　世界のエイズ感染者数と年間死亡者数（2007年）

	感染者数（千人）	死亡者数（千人）
サハラ以南アフリカ	22,000	1,500
東アジア	740	40
中国	700	39
南・東南アジア	4,200	340
東欧・中央アジア	1,500	58
北アフリカ・中東	380	27
ラテンアメリカ・カリブ海	1,930	77
オセアニア	70	1
北アメリカ（合衆国・カナダ）	1,200	14
西・中欧	730	8
世界全体	33,000	2,000

出所）UNAIDS, *2008 Report on the Global AIDS Epidemic* より作成。

る。東アジアは、感染者数が74万人、うち中国が70万人であり、年間死亡者数40万人のうち中国だけで3万9000人となっている。南・東南アジアは、感染者数が420万人、年間死亡者数が34万である。特にアジアのなかでは東南アジア地域が感染率のもっとも高い地域となっている。しかし、カンボジア、マレーシア、タイにおいてはその取り組みによって少しづつ成果がみられ、カンボジアの事例では1998年の2％から2006年の0.9％へと低下した。それに対して、インドネシア（特にパプア地域）、パキスタン、ベトナムにおいては急激に感染者数が増加している。ベトナムでは感染者数が2000年から2005年の間に2倍以上となった。その他の地域のバングラディシュ、中国などでは、非常にゆっくりとしたペースで感染者数が着実に増加している。東ヨーロッパ（ロシアを含む）と中央アジアにおいては、同年のその感染者数は150万人まで増加した。北アフリカ・中東は感染者数が38万人、年間死亡者数が2万7000人となっている。ラテンアメリカ・カリブ海においては感染者数が193万人、年間死亡者数が7万7000人となっている。北アメリカ（合衆国・カナダ）においては感染者数が120万人であるが、年間死亡者数はわずか1万4000人である。同様に西・中欧も感染者数が73万人、年間死亡者数がわずか8000人である。このように先進国地域と途上国地域と比較すると、先進国と途上国における医療

および社会支援体制に大きな相違があり、先進国においては感染者数に対する死亡者数の割合が非常に低いことがわかる。

いずれにせよ、エイズに関しては現代においては「貧者の病気」とまで呼ばれ、世界の感染者および死亡者の90％以上が途上国の人々である。途上国においては、医療機関、医師、看護師、発症を抑える薬、感染者に対する医療および社会支援体制など、あらゆるものがすべてが不十分であり、エイズの新たな感染を防止することが急務となっている。

世界を席巻した近年の「新自由主義」とグローバリゼーションによって、世界の国々および人々の所得格差も著しく拡大した。世界人口のもっとも豊かな5分の1の人々ともっとも貧しい5分の1の人々の所得格差は、1960年には30対1であったが、1990年には60対1へと拡大し、さらに1997年にはその格差は74対1まで拡大した。[6]

こうして、途上国の人々の貧困削減と貧富の格差解消の課題は現代世界の大きな問題の一つとして位置づけられる。

2　先進国の貧困状況

先進国グループ、すなわちOECD（経済協力開発機構）加盟国の現状をみると、OECDは、2008年10月21日に「格差は拡大しているか。OECD諸国における所得分配と貧困」という報告書を発表した。[7]

その報告書によれば、OECD諸国においては、所得格差、貧困率（再分配後の所得中央値の50％以下の世帯の人々）とも過去20年間に拡大・上昇しており、この拡大・上昇は相当広い範囲に広がっており、4分の3の国でみられると指摘した。この間、ジニ係数で平均約2ポイント、貧困率で1.5ポイント、それぞれ上昇した。過去20年間ほどの経済成長は貧困層より富裕層に恩恵をもたらしている。

2000年以降、カナダ、ドイツ、ノルウェー、アメリカ、イタリア、フィンランドでは所得格差が大きく拡大した。格差が総じて拡大しているのは、中間階級世帯や所得分布の底辺に位置する世帯に比べて、富裕世帯が特に好調なため

である。また、仕事に就けない非熟練者や低学歴者の増加、単身者や片親世帯の増加も所得格差の拡大の一因となっている。

　社会集団の間には差がみられるが、過去20年間に所得がもっとも伸びているのは退職年齢近辺の層であり、多くの国で年金生活者の貧困率は低下している。しかし、これに対して、児童の貧困率は上昇している。平均すると、2005年のOECD諸国における児童の8人のうち1人が貧困状態にある。富裕層と貧困層の格差の大きい国の児童の方が、所得格差の小さい国の児童より、親の学歴と所得を上回る可能性は小さい。今日では児童と若年成人の貧困率は人口全体の貧困率より25％も高くなっている。OECD諸国は20年前の3倍もの資金を家族政策に費やしているにもかかわらず、片親世帯の貧困率にいたっては人口平均の貧困率の3倍にも達している。

　貧困層と富裕層の格差の拡大は、中間階級や貧困層より富裕層の方が著しく向上しているためであり、またここ20年間の人口構成の変化や労働市場の変革もその大きな要因となっている。すなわち、もともと高給であった層の賃金がさらに増加し、低学歴者の雇用率が低下し、成人単身者世帯や単身世帯が増加しているためである。

　1980年代半ばから2000年代半ばまでにおける所得貧困の動向をみると、それが著しく増加した国として、日本、ドイツ、オーストリア、アイルランド、オランダ、ニュージーランドが指摘され、多少増加した国として、カナダ、イタリア、イギリスなどが指摘されている。同じ期間においてジニ係数の動向をみると、著しく増加した国として、フィンランド、ニュージーランドが指摘され、多少増加した国として、日本、アメリカ、ドイツ、カナダ、イタリア、ノルウェー、ポルトガル、スウェーデンが指摘されている[8]。

　次の表Ⅱ-1-3は、1985年と2005年における先進国の貧困率とジニ係数をそれぞれ示したものである。図Ⅱ-1-1は2005年における先進国の貧困率を大きい順位で並べたグラフであり、図Ⅱ-1-2は2005年における先進国のジニ係数を大きい順位で並べたグラフである。

　表Ⅱ-1-3より、2005年における主要先進国の再分配後の貧困率をみると、アメリカが17.1％、日本が14.9％、ドイツが11.0％、イギリスが8.3％、フラ

表Ⅱ-1-3　1985年と2005年における先進国の貧困率とジニ係数

	貧困率(%)		ジニ係数	
	1985年	2005年	1985年	2005年
日本	12.0	14.9	0.30	0.32
アメリカ	17.9	17.1	0.34	0.38
フランス	8.3	7.1	0.31	0.28
ドイツ	6.3	11.0	0.26	0.30
イギリス		8.3	0.33	0.34
スウェーデン	3.3	5.3	0.20	0.23
オーストラリア		12.4		0.30
オーストリア	6.1	6.6	0.24	0.27
ベルギー	14.6	8.8	0.27	0.27
カナダ	10.7	5.8	0.29	0.32
チェコ		5.3		0.27
デンマーク	6.0	7.3	0.22	0.23
フィンランド	5.1	7.1	0.21	0.27
ギリシャ	13.4	12.6	0.34	0.32
ハンガリー		7.1		0.29
アイスランド		7.1		0.28
アイルランド	10.6	14.8	0.33	0.33
イタリア	10.3	11.4	0.31	0.35
韓国		14.6		0.31
ルクセンブルグ	5.4	8.1	0.25	0.26
メキシコ	20.7	18.4	0.45	0.47
オランダ		7.7	0.26	0.27
ニュージーランド	6.2	10.8	0.27	0.34
ノルウェー	6.4	6.8	0.23	0.28
ポーランド		14.6		0.37
ポルトガル		12.9		0.38
スロバキア		8.1		0.27
スペイン	14.1	14.1	0.37	0.32
スイス		5.3	0.20	0.28
トルコ	16.4	17.5	0.43	0.43
OECD全体		10.6		0.31

出所）OECD, OECD StatExtracts, Database より作成。

ンスが7.1％、スウェーデンが5.3％となっている。すなわち、主要先進国においては、日本はアメリカに次いで貧困率が高い国となっている。

　より詳しくみると、日本より貧困率が高い加盟国は、メキシコの18.4％、ト

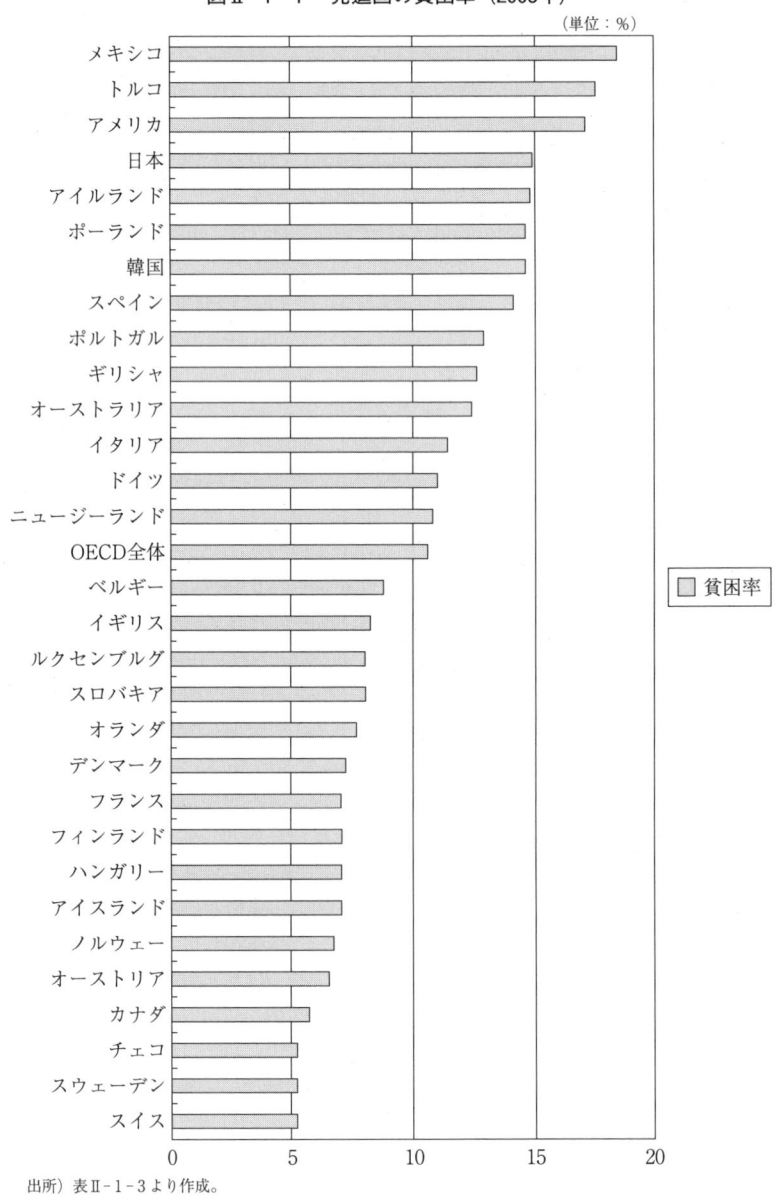

第Ⅱ部　グローバル資本主義と世界の貧富の拡大

図Ⅱ-1-1　先進国の貧困率（2005年）

(単位：％)

国	貧困率
メキシコ	18.4
トルコ	17.5
アメリカ	17.1
日本	14.9
アイルランド	14.8
ポーランド	14.6
韓国	14.6
スペイン	14.1
ポルトガル	12.9
ギリシャ	12.6
オーストラリア	12.4
イタリア	11.4
ドイツ	11.0
ニュージーランド	10.8
OECD全体	10.6
ベルギー	8.8
イギリス	8.3
ルクセンブルグ	8.1
スロバキア	8.1
オランダ	7.7
デンマーク	7.2
フランス	7.1
フィンランド	7.0
ハンガリー	7.0
アイスランド	7.0
ノルウェー	6.8
オーストリア	6.6
カナダ	5.9
チェコ	5.4
スウェーデン	5.3
スイス	5.2

出所）表Ⅱ-1-3より作成。

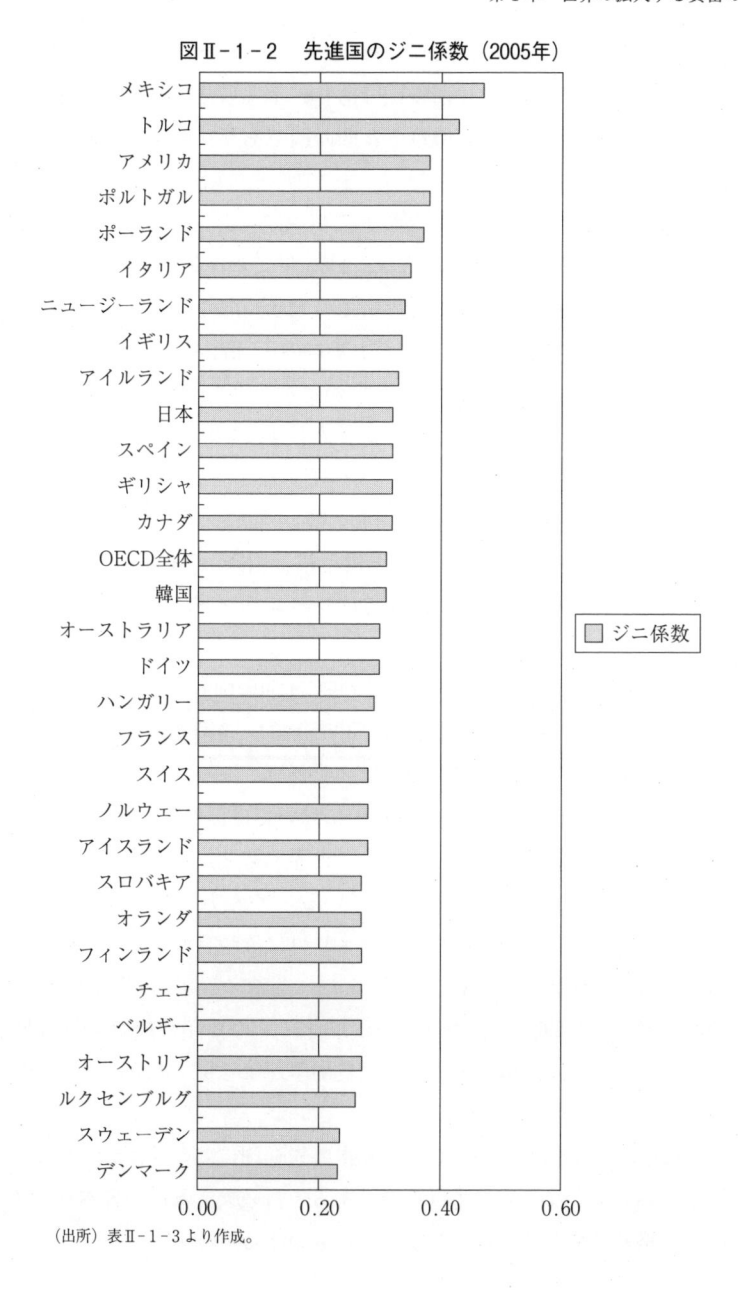

第1章 世界の拡大する貧富の格差

図Ⅱ-1-2 先進国のジニ係数（2005年）

国	ジニ係数
メキシコ	0.47
トルコ	0.43
アメリカ	0.38
ポルトガル	0.38
ポーランド	0.37
イタリア	0.35
ニュージーランド	0.34
イギリス	0.34
アイルランド	0.33
日本	0.32
スペイン	0.32
ギリシャ	0.32
カナダ	0.32
OECD全体	0.31
韓国	0.31
オーストラリア	0.30
ドイツ	0.30
ハンガリー	0.29
フランス	0.28
スイス	0.28
ノルウェー	0.28
アイスランド	0.28
スロバキア	0.27
オランダ	0.27
フィンランド	0.27
チェコ	0.27
ベルギー	0.27
オーストリア	0.27
ルクセンブルグ	0.26
スウェーデン	0.23
デンマーク	0.23

（出所）表Ⅱ-1-3より作成。

ルコの17.5％である。しかし、メキシコとトルコはともにOECD加盟国ではあるが、世界銀行の分類では中所得国であり、1人当たりの国民総所得はメキシコが7000ドル弱、トルコが4000ドル弱の国であり、先進国というより中進国といえる[9]。

また、所得格差、すなわち裕福な最上位10％の人々と貧しい最下位10％の人々の所得格差の比較についてみると、2005年における加盟国30ヵ国のその所得格差の平均は8.9倍である。その格差の大きい国の順位をみると、第1位がメキシコの26倍を筆頭に、第2位がトルコの17倍、第3位がアメリカの16倍、第4位がポーランドの13倍、第5位がポルトガルの12倍、第6位がイタリアの11倍、第7位が韓国の10倍、第8位が日本の10倍（韓国とはわずかの差）、第9位と第10位がニュージーランド、スペインの9倍となっている。以下、第11位と第12位がカナダ、イギリスの9倍、第14位のドイツの8倍、第21位のフランスの6倍となっている。北欧諸国の「福祉国家」である第30位のデンマーク、第29位のスウェーデン、第27位のフィンランドはその格差は5倍前後と非常に小さくなっている[10]。

こうしてみると、メキシコとトルコはOECD加盟国とはいっても、貧富の格差が大きな国であり、典型的な途上国（「中所得国」）の型である。しかし、世界で最大の経済大国、先進国のアメリカはメキシコ、トルコを見下すことはできない。なぜならば、その所得格差は先進国においては例外といえるほど大きく、その数字をみる限り、途上国並みである。世界で第2位の経済大国である日本も所得格差では10倍の第8位に位置している。アメリカほどの「格差社会」ではないにしても、今日の日本はかなりアメリカに近づきつつある「格差社会」となっていることが確認できる。

前の図Ⅱ-1-1と図Ⅱ-1-2からわかるように、2005年の加盟国30ヵ国の統計において、悪い方から数えて、日本は貧困率が第4位であり、ジニ係数では第10位に位置している。

いずれにせよ、日本は、この20年間に主要先進国においてはアメリカに次いで貧困率が高い国となってしまったのである。言い換えれば、日本はアメリカに次いで「格差社会」になってしまったともいえる。

3　世界の億万長者とタックスヘイブン

　毎年 3 月にはアメリカの経済雑誌『フォーブス』が世界の億万長者のリスト（ビリオネアー、資産 10 億ドル以上）を発表する。2009 年 3 月は、2008 年世界金融危機の発生があり、その後の世界経済や世界貿易の低迷のなかでの厳しい経済状況における発表であり、それゆえ注目されることになった。2009 年 3 月の発表の記事によれば、次のとおりである。[11]

　2008 年世界金融危機後の世界的な株価と不動産価格の下落と世界貿易の低迷によって多くのビリオネアーが資産を減少させた。2008 年は世界のリストには過去最高の 1125 人の億万長者が掲載されたが、今回はそれから 3 割減の 332 人（41 人が新たにリストに入り、355 人が資産を減らし、18 人が死亡したため）がそのリストから名前が消えて、793 人のビリオネアーの数となった。この長者番付の人数の減少は 2003 年以来初めてであった。今回のリストに残った富豪の 8 割以上がその資産を減らした。

　2009 年のそのビリオネアー 793 人の資産総額は 2 兆 4000 億ドル（233 兆円）であった。前年の 1125 人の資産総額は 4 兆 4000 億ドル（427 兆円）であったが、それからは 45％減、2 兆ドル（194 兆円）の資産の減少となった。それでも、今回の 793 人の億万長者の平均総資産額は 30 億ドル（2910 億円）であり、前年より 23％減であった。

　前年は、アメリカの 39 人のファンド・マネジャーがそのリストに入っていたが、今回は 28 人となった。前年のリストには 355 人の世界の金融や投資関連の人々が入っていたが、今回はそのうち 80 人がリストから名前が消えた。ここに世界金融危機の影響の一つが見受けられる。

　次の表Ⅱ-1-4 は、フォーブスによる 2009 年における世界のビリオネアーのリストである。

　この表Ⅱ-1-4 にからわかるように、個人別では、前回においてはそれまで連続 13 年首位にいたビル・ゲイツ（マイクロソフト会長）は第 3 位となって話題となったが、2009 年の今回は再び首位に返り咲いた。今回のビル・ゲイツの総資

第Ⅱ部　グローバル資本主義と世界の貧富の拡大

表Ⅱ-1-4　フォーブスによる世界の億万長者のリスト（2009年）

(単位：10億ドル)

第1位　ビル・ゲイツ	マイクロソフト会長	アメリカ	40.0
第2位　ウォーレン・バフェット	バークシヤー・ハサウェイCEO	アメリカ	37.0
第3位　カルロス・スリム	電話会社	メキシコ	35.0
第4位　ローレンス・エリソン	ソフト（オラクル）創業者	アメリカ	22.5
第5位　イングヴァル・カンプラード	家具（イケア）創業者	スウェーデン	22.0
第6位　カール・アルプレヒト	スーパー（アルディ）創業者	ドイツ	21.5
第7位　ムケシュ・アムバニ	石油化学	インド	19.5
第8位　ラクシュミ・ミタル	鉄鋼	インド	19.3
第9位　テオ・アルプレヒト	スーパー（アルディ）CEO	ドイツ	18.8
第10位　アマンシオ・オルテガ	衣料（ZARA）創業者	スペイン	18.3
第11位　ジム・ウォルトン	スーパー（ウォルマート）	アメリカ	17.8
第12位　アリス・ウォルトン	スーパー（ウォルマート）	アメリカ	17.6
第12位　クリステイ・ウォルトン一族	スーパー（ウォルマート）	アメリカ	17.6
第12位　ロブソン・ウォルトン	スーパー（ウォルマート）	アメリカ	17.6
第15位　ベルナール・アルノー	LVMH・グループCEO	フランス	16.5
第16位　李嘉誠	不動産	香港	16.2
第17位　マイケル・ブルームバーグ	情報サービス（ブルームバーグ）創業者	アメリカ	16.0
第18位　ステファン・パーソン	衣料（H&M）	スウェーデン	14.5
第19位　チャールズ・コーク	製造業・エネルギー	アメリカ	14.0
第19位　デビッド・コーク	製造業・エネルギー	アメリカ	14.0

出所）Forbesのホームページより作成。（http://www.forbes.com/2009/03/11/）

　産は400億ドル（3兆8800億円）で、前年より180億ドル減少した。保有するマイクロソフト社の株価の下落が大きかった。第2位は、前年首位であったアメリカの有名投資家のウォーレン・バフェットの370億ドル（3兆5900億円）で、前年より250億ドル減少した。第3位は、メキシコの富豪のカルロス・スリム（前回第2位）の350億ドル（3兆3900億円）で、250億ドルの減少であった。第4位は、アメリカのソフト大手のオラクル創業者のローレンス・エリソン（前回第14位）の225億ドル（2兆2000億円）、第5位が、スウェーデンの家具販売「イケア」創業者のイングヴァル・カンプラード（前回第7位）の220億ドル（2兆1300億円）であった。
　世界金融危機後の世界不況を反映して、不景気に強い安売りビジネスのドイツのスーパー「アルディ」のカール・アルプレヒト（第6位）の215億ドルとテ

オ・アルプレヒト（第10位）の188億ドル、スペインの衣料チェーン「ZARA」のアマンシオ・オルテガの183億ドル、アメリカのスーパーのウォールマートのジム・ウォルトン（第11位、前回第5位）の178億ドル、アリス・ウォルトン（第12位、前回第8位）の176億ドル、クリスティ・ウォルトン（第13位、前回第5位）の176億ドル、ロブソン・ウォルトン（第14位、前回第5位）の176億ドル、スウェーデンの衣料チェーン「H&M」のステファン・パーソン（第18位）の145億ドルが入っている。

IT関連では、第25位にDELLのCEOマイケル・デルの123億ドル、第26位にグーグル創業者のサーゲイ・ブリンとラリー・ペイジ、マイクロソフトのスティーブ・バルマーCEO（120億ドル）、第32位にマイクロソフト共同創業者のポール・アレン（105億ドル）、第68位にアマゾン創業者・CEOのジェフ・ベゾス（68億ドル）が入っている。

国別では、アメリカが最多の359人で首位であったが、前回より110人の減少であった。以下、第2位のドイツが54人、第3位のロシアが32人、第4位の中国が28人、第5位のイギリスが25人、第6位のインドが24人、第7位のカナダが20人、第8位の香港が19人、第9位の日本が17人、第10位のサウジアラビアが14人であった。特に、資源価格の高騰によって恩恵を受けていたロシアの富豪の数が前回の87人から32人に減少した。インドの億万長者も前回の53人から24人へと減少し、日本も24人から17人へと減少した。また、中国本土の富豪の数も前回の42人から28人に減少した。中国については、中国本土が28人、香港が19人、台湾が5人、合計52人であった。このうち、トップとなったのは、香港最大の企業集団である長江実業有限公司の李嘉誠、総資産162億ドル（1兆5700億円）で、世界全体の第16位であった。第2位は、新鴻基地産発展有限公司の創業者の郭炳一族で、総資産108億ドル、第3位が恒基兆業集団の李兆基で、総資産90億ドルであった。中国本土での第1位は、前にみた東方希望集団の劉永行で、総資産30億ドルであった。

しかしながら、このようにして毎年発表される『フォーブス』による世界の億万長者のリストではあるが、そのリストをみると、不思議にも世界的に有名な財閥の資産がほとんど目立たないか、あるいは非常に小さくしか出てこない

ことに気づく。たとえば、ヨーロッパ最大のユダヤ財閥であるロスチャイルド一族の資産、あるいはアメリカの有名な巨大財閥であるロックフェラー、モルガン、デュポン、メロンの一族などの資産である。[12]

また、世界の富裕層の富については、別の報告書もある。たとえば、国連大学世界開発経済研究所（UNU-WIDER、ヘルシンキ）の2006年の報告書によれば、世界の成人の上位10％が世界の富の85％（約100兆ドル）を所有しているのに対して、世界の人口の下位50％の所有している富は全体のわずか1％に過ぎない。世界の上位2％の人々が世界の富の半分（約62.5兆ドル）を所有し、上位1％の人々が世界の富の40％（約50兆ドル）を支配している。なお、2000年における世界の家計資産の総額は約125兆ドルで世界GDPの約3倍に相当する。[13]

さらに、アメリカの証券大手メリルリンチとフランスのITコンサルタント大手キャップジェミニが2007年に発表した合同報告書によれば、100万ドル以上の金融資産を持つ世界の「個人富裕層」（HNWI）は全体で950万人であり、彼らの保有資産は37兆ドルに達する。その「個人富裕層」の1％に当たる約9万5000人（3000万ドル以上の金融資産を保有する人々）の「個人超富裕層」（UNWI）の金融資産は13兆ドルに達する。[14]

また、デヴィッド・ロスコフは著書『超・階級　スーパークラス』（2008年）において、今日の世界経済においては一部の企業や人々に、経済力、資金、富などが極端に集中している現実を次々と暴いている。ロスコフは次のように説明している。

2007年の世界GDP合計額は54兆6000ドルだった。[15] 同年の世界のトップ企業250社の売上高の合計額は、14兆ドル8700億ドルを超えていた。これは世界GDPの4分の1強に相当し、さらにそれはアメリカとEUのGDPを上回る数字であった。（アメリカは13兆2000億ドル、EUは13兆7400億ドルであった。）世界のトップ100社だけでも、年間売上高の合計額は、9兆7200億ドルを超え、トップ5社（ウォールマート、エクソン・モービル、ロイヤル・ダッチ・シェル、BP、ゼネラル・モーターズ）の合計は1兆5000億ドル近くに達していた。GDPがこの数字を上回る国は世界に7ヵ国しか存在しない。たとえば、エクソン・モービルはサウジアラビア（世界第25位の経済大国）よりも大きく、ウォールマート

はインドネシアとポーランドの間に位置し、ゼネラル・モーターズはタイの上にいる。売上高または GDP が 500 億ドルを超えるすべての企業または国家をみると、2007 年において 166 であり、国家はたったの 60 で、残りの 106 は企業である。同じく、世界の大企業上位 2000 社の年間売上の合計は 27 兆ドル、その資産の合計は 103 兆ドルに達する。大手コンサルタント会社のマッキンゼーの推定では、国際資本市場で取り引きされる資産の時価総額が 140 兆ドルであった。[16)]

　グローバルな金融界には異様なまでに権力が集中している。グローバル資本市場の 140 兆ドルの資金を支配しているのは、アメリカ（資産総額 50 兆ドル）やヨーロッパ（同約 30 兆ドル）といった市場だけではない。個々の金融機関も大きな位置を占めている。経済誌『フォーブス』によれば、2007 年において、管理・運用する資産が 1 兆ドルを超えた銀行その他の金融機関は 21 社に上った。金融機関トップ 50 社の資産の合計は 48 兆 5000 億ドルに達した。これは世界合計の 3 分の 1 以上に相当する。トップ 100 社では世界合計の 5 分の 2 以上となる 60 兆 4000 億ドルであった。同様な支配の集中が一般投資家の領域にも広がっている。たとえば、2001 年のアメリカでは富裕層の上位 10％が全株式の 85％近くを保有し、上位 1％がアメリカのすべての富の 3 分の 1 を支配していた。ヘッジファンドほど驚異的な富の集中がみられるところはない。ヘッジファンドの運用資金総額は 1999 年には 2200 億ドルだったが、2007 年の中頃には 2 兆ドル超に達し、その経済的重要性はわずか数年で急激に増大した。各種推計によれば、約 1 万あると言われるヘッジファンドが、主要な株式・債券市場の取引の 3 割から 5 割を占めている。つまり、これらのヘッジファンドで取引を仕切る個人は、他の大口機関投資家やプロの個人投資家とともに、世界のトップ企業の株価を決める中心的な役割を果たしている。大手ヘッジファンド上位 300 社が全ヘッジファンドの運用資産総額の 85％を動かし、上位 100 社が 60％を動かしている。すなわち、投資家のなかでも、ほんの一握りのごく少数の人々が投資決定を下すことにより、現代世界に強力な影響力をもつごく少数の大企業のリーダーたちの未来を左右する。頂点に立つ者たちのなかで、そのまた頂点に立つごく限られた者たちが極めて過大な影響力を握っている。[17)]

第Ⅱ部　グローバル資本主義と世界の貧富の拡大

　さて、世界の億万長者が資産を隠すために利用されているものの一つが、有名な「タックスヘイブン」（租税回避地）と呼ばれている国・地域である。それは世界の億万長者のみならず、世界的大企業が合法的な「節税」や利益隠しに利用したり、あるいは国際的な犯罪組織がマネーロンダリング（資金洗浄）のために利用していることでも知られている。その代表的なものは、カリブ海のケイマン諸島、香港、スイスである。その他にもバーレーン、ドミニカ、バハマ、ブルネイ、ベルギー、オーストリア、チリ、コスタリカ、マカオ、フィリピン、シンガポール、ウルグアイ、キプロスなどである[18]。

　タックスヘイブンに関係する金融の流れを地理学的に分類することによって、分析をより精密にすることができる。オフショア市場は次の三つのグループに分けられる。すなわち、①ロンドン、②それ以外の先進国の金融市場（オーストリア、アイルランド、ルクセンブルク、スイスなど）、③エキゾチックな市場の三つである。それらがタックスヘイブン全体のなかで占めるシェアーは、順に、およそ40％、30％、30％である[19]。

　クリスチアン・シャヴァニューとロナン・パランの著書『タックスヘイブン』（2006年）によれば、1960年代以降の「オフショア金融センター」（タックスヘイブンの婉曲的な別名、オフショア＝「沖合」の金融センター）の役割の拡大が、金融部門のみならず、生産部門においても、現代資本主義のダイナミズムのなかに組み込まれており、タックスヘイブンは実際に現代の世界金融の半分を支配しており、その意味では、グローバル経済におけるタックスヘイブンの役割は脱税やマネーロンダリングといった派生的現象よりも、はるかに大きなものであると述べている[20]。

　タックスヘイブンは現代の国際分業のなかで重要な役割を果たしており、実際、入手可能なデータを全部突き合わせてみると、多国籍企業の海外投資の流れの約30％から3分の1くらいが、一貫してタックスヘイブンに向かっていることが確認できる。国連貿易開発会議（UNCTAD）のデータからは1990年代後半以降、この傾向が上昇していることが確認できる[21]。

　また、たとえば、『フォーチュン』の世界のトップ500企業の上位企業をみると、カリブ海のタックスヘイブン（オフショア）の循環構造の重要性がわかる。

ゼネラル・モーターズ（GM）は、売り上げとリース業の年間収入をケイマンに集め、再保険と金融業の子会社からの年間収入をバルバドスに集めている。エクソン・モービルは、バハマとケイマンだけで8社の持株会社を所有している。フォード・モーターの再保険のグループは、ケイマンとバミューダに分かれており、IBMはバミューダ、バハマ、イギリス領ヴァージン諸島とバルバドスに持株会社を所有している。これらの子会社は、エクソンやフォードの内部に深く存在する人目につかない企業では決してない。これら1000億ドル規模の巨大企業の競争力を備えた金融ビジネスにとって、それぞれのカリブ海の子会社はきわめて重要な存在なのである。[22]

このように今日ではグローバル企業は常に自分たちのオフショアのネットワークを整備し、年間に何百万ドルもの税金の支払いから逃れている。これは大多数のグローバル企業が行っている日々の企業活動である。特にオフショアにおける「移転価格」と呼ばれる仕組みを利用して行われているが、この「移転価格」の正確な仕組みを公表している企業はない。それは自分たちの大切な「節税」戦略が競争相手に盗まれるのを防ぐためである。アメリカ多国籍企業は誰もが認める法人税節約の達人である。ゼネラル・エレクトリック（GE）の金融サービスのビジネスは、法人税を1999年の27％から2003年には16％に引き下げている。シティグループは2003年に平均税率を前年より3％削減して31.1％にすることによって、7億7800万ドルを節税した。『フィナンシャル・タイムズ』紙が行ったアメリカ多国籍企業の上位68社の調査によれば、2003年に税率が前年よりたった2％下がったことにより、全体で81億ドルが節税された。[23]

さらにまた、タックスヘイブンと結合した「クリアリング・ハウス」と呼ばれる国際証券決済会社の仕組みを利用した不透明で大規模な世界的証券取引も大きな問題である。国際証券決済会社はルクセンブルクにあるクリアストリーム社とブリュッセルにあるユーロクリア社である。

エルネスト・バックスとドゥニ・ロベールの著書『マネーロンダリングの代理人』（2001年）によれば、匿名口座を利用したクリアリング（証券決済）によって国際証券決済会社がマネーロンダリングの代理人となっているとしてその現

実を「暴露」(著作の原題名 Revelation$)した。2000年時点でクリアストリーム社は10兆ユーロの有価証券の取引があり、その金額はフランスの国家予算の約47倍に相当した。同年のユーロクリア社は7兆ユーロであった。特に問題なのは顧客には匿名口座が認められており、それを利用した不透明で大規模な証券決済である。この二つの決済会社はある時期から匿名口座を認めたことによってこれを利用するさらに多くの顧客が増加し、大きく発展した。[24]

2000年時点でクリアストリーム社には、105ヵ国、2484のクライアントがいるが、同社が管理した口座数は約1万5000で、そのうち半数が匿名口座であった。口座数が増えた理由は、タックスヘイブンに新たに本拠をおいたクライアントや金融のミクロ国家に本拠をおく銀行が開いた匿名口座が同社に「上陸」してきたからであった。[25]

タックスヘイブンにあるヨーロッパやアメリカの大銀行を中心とする口座の大半が匿名口座となっていた。これは最大限の秘密厳守を求める印として解釈でき、いわば二重の安全弁であった。たとえば、タックスヘイブンの一つであるアンドラには同社の20の口座を持っていたが、そのうち16が匿名口座であり、そのうち一つは同社の公的リストにはないクライアント (匿名口座82129)、レイク銀行の口座であった。パナマには20の口座が同社を経由したが、そのうち13が匿名口座であり、明らかにどこのリストにもないクライアントが二社あった。それはパナマ国立銀行 (匿名口座83324) と国際バネックス株式会社 (匿名口座57509) であった。有名なタックスヘイブンの一つであるケイマン諸島のジョージタウンには数多くの口座があったが、その67口座の約半分が匿名口座だった。バークレー銀行やバンクオブアメリカの匿名口座も数多くあり、ミラノの巨人メディオバンカの名前もあった。[26]

現在、タックスヘイブンを通過する世界金融の流れは最低でも50％あるといわれているが、タックスヘイブンはビジネスのための大銀行とその大銀行の所有物である国際証券決済会社なしには存在しえないものとなっている。[27]

しかしながら、特に、世界の億万長者にとっては、タックスヘイブンのメリットは歴然としている。それは彼らの収入や投資に対する課税を削減し、相続税や扶養手当 (離婚の際に支払う義務が生じる) を免れることを可能にするからで

ある。さらに、政治的・経済的に不安定な国々の富裕エリートたちにとっては、彼らの資産を海外に持ち出すときにオフショア金融ルートを使うのである。それゆえ、たとえば、2005年末、OECDの開発援助委員会はスイスに対して同国がその種の協力に注意を払うように求めたことがある。これら億万長者がある国において税金を払うことを回避する方法は、主に次の三つである。一つには、もっとも簡単な方法は、税金について寛大な別の国の居住者になることである。たとえば、有名なスターや金持ち、国外で仕事するビジネスマンなどが、この最初の利用者であり、モナコ、サンマリノ、ドバイ、西インド諸島のバハマ諸島をはじめ、世界的なスターに便宜を供与しているタックスヘイブンは少なくない。二つには、会社をタックスヘイブンに登記する方法である。プロサッカーの選手、大企業の財務部長、コンピュータ・ソフトの発明家、さらには中小企業の経営者といったような超高収入の人々は、タックスヘイブンに会社を設立して、そこに給料を払い込ませる。その際、彼らは自分の会社の社員となり、ほんの形ばかりの報酬しか受け取らないで、それを彼らの本国に送って課税させる。そうすれば、彼らの収入の大部分は、タックスヘイブンに設立した会社の口座に残るという訳である。三つには、少しばかり複雑だが、もっとも利用されていて、異なった法的管轄外に異なった会社を設立して、収入を増やすというものである。「不透明性」や「秘密」というタックスヘイブンの特徴がもっとも有効に活用されるのはこれである。ジブラルタル（スペインの最南端にあるイギリスの自治植民地）ではこれらの会社の「所有者」はたいてい島の住民で、住民は名義を貸してお金をもらっているのである。金持ちがこのタックスヘイブンのトラスト（信託基金）をいかに重宝しているかを示す実例である。[28]

　また、特に近年では、個人資産者、HNWIs（high net worth individuals）あるいは「henwees」と呼ばれる富裕層（メリルリンチの定義によると、金融資産を100万ドル（1億円）以上保有している個人資産家、いわゆるミリオネアー）の資産管理が、銀行家のプライベート・バンクと命名した世界的金融産業の対象となっているが、この産業は7兆ユーロ規模の資金を管理している。この市場の世界一のセンターはスイスで、およそ30％のシェアーを占めている。スイスの金融部門は、20万人近くの人々（全労働人口の6％）を雇用し、国内総生産の14.5％まで

に達している。現在、シンガポールがスイスに次ぐ位置にあって、この国は特に日本市場から来る財産の管理活動を行っているが、最近では、中国やインドからの資産も増大するとともに、世界中（特にヨーロッパ）からも増えている。[29]

　このようなタックスヘイブンに一体どのくらいの資産が置かれているかといえば、ある試算（市民団体タックス・ジャスティス・ネットワーク調べ　http://www.taxjustice.net）では、11兆5000億ドル（1100兆円）であり、その資産金額は世界最大の経済大国アメリカのGDPに近い数字である。それは2009年3月フォーブス発表の793人のビリオネアーの資産総額の約5倍である。加えて、タックスヘイブンの資産が生み出す毎年の運用利益は8600億ドル（82兆5000億円）であり、それによる脱税額は毎年2550億ドル（24兆円）であるという指摘もある。また、個人資産がタックスヘイブンにあるために、途上国が逃している税収は毎年640億ドル（約6兆円）から1240億ドル（約12兆円）という試算（国際NGOオックスファム調べ　http://www.oxfam.org）もある。また、国際決済銀行（BIS）によれば、主なタックスヘイブンの非居住者の銀行債務残高は2009年3月現在において5兆9609億ドルで世界全体の約21％を占めているという数字もある。[30]

　特に、2008年世界金融危機後においては、主要先進国はその対応のために巨額の財政出動を余儀なくされたが、各国が財源確保のために、税金の徴収が最重要な課題となった。アメリカにおいても推定で年間1000億ドルの税収が富裕層や大企業などのタックスヘイブンの濫用で失われており、ドイツにおいても同様に年間300億ユーロの税収が失われている。とりわけ、途上国では税収の損失は深刻であり、国内の租税回避や脱税によって年間2850億ドル、また多国籍企業の国外への利益移転によって年間350億ドルから1600億ドル、さらに個人の金融資産のオフショア金融センターへの隠匿によって年間150億ドルから1240億ドルの税収が失われていると推計されている。[31]

　2009年4月にロンドンで開催されたG20の「第二回世界金融サミット」においても、このタックスヘイブンとヘッジファンドの問題は、2008年世界金融危機後の世界の金融規制の一つとしてフランスとドイツが強く主張して大きな議題となった。2008年11月のアメリカのワシントンでの「第一回世界金融サミ

第1章 世界の拡大する貧富の格差

表Ⅱ-1-5　OECDのタックスヘイブン・リスト（2009年）

非協力 （4ヵ国・地域）	コスタリカ	ウルグアイ	フィリピン	ラバアン島 （マレーシア）	
未実施 （30ヵ国・地域）	アンドラ	アンギラ島 （英国領）	アンティグア・バーブーダ	アルーバ島 （オランダ領）	バハマ
	バーレーン	ベリーズ	バミューダ	ヴァージン諸島 （英国領）	ケイマン諸島 （英国領）
	クック諸島	ドミニカ	ジブラルタル	グレナダ	リベリア
	リヒテンシュタイン	マーシャル諸島	モナコ	モントセラト （英国自治領）	ナウル
	アンティル諸島 （オランダ領）	ニウエ （ニュージーランド自治領）	パナマ	セントキッツネヴィス	セントルシア
	セントヴィンセント・グレナディン	サモア	サンマリノ	タークス・ケーコス諸島	ヴァヌアトゥ

出所）OECDのホームページより入手・作成。http://www.oecd.org/dataoecd/38/14/42497950.pdf

ット」では、ブッシュ政権が抵抗し、抽象的な合意に終わったが、今回のロンドン会議では一歩前進し、参加各国は「金融監督と規制の強化」で一致し、「G20声明」にもそれが盛り込まれた。これまでの金融安定化フォーラム（FSF）を再編し、新たに金融安定理事会（FSB）を設けることになった。[32]

また、2009年4月にOECDはその「G20声明」に合わせて、タックスヘイブンの最新版「ブラックリスト」を公表した。上の表Ⅱ-1-5は、OECDのそのタックスヘイブン・リストである。

その表Ⅱ-1-5に示したように、脱税の疑いがあっても税務情報の交換に応じない「非協力」のところは、中南米のコスタリカ、ウルグアイ、東南アジアのフィリピン、マレーシア領ラブアン島の4ヵ国・地域である。OECD基準に従うとしながら、まだ実施していないところが、欧州のアンドラ、リヒテンシュタイン、モナコ、カリブ海のイギリス領ケイマン諸島など30ヵ国・地域である。今回の金融危機で銀行守秘義務を緩和した国は、スイス、ルクセンブルグ、ベルギー、オーストリア、シンガポール、チリ、グアテマラの8ヵ国である。タックスヘイブンへの規制を求める欧米の圧力で11ヵ国（上記の8ヵ国およびアンドラ、リヒテンシュタイン、モナコの3ヵ国の合計11ヵ国）が今年に入って税務情

報の交換に応じる姿勢に転じたが、マカオと香港は中国の強い主張で今回のリストからははずされた。加えて、OECD 基準を遵守する 40ヵ国・地域も同時に公表された。[33]

しかしながら、いずれにせよ、世界の億万長者の資産はあまりに大き過ぎてよくわからないというのが現実である。少なくとも毎年公表される『フォーブス』による世界の億万長者のリストと資産はその一部の実態を示しているということは確かである。実際には、世界の億万長者の資産は『フォーブス』発表の 3 倍以上と推定した方がより真実に近い数字であろう。すなわち、それは少なくとも世界の軍事費よりはるかに大きい数字であり、世界 GDP の 10％以上と推定しても決して誤りではないとえる。

4　タックスヘイブンの実際の利用事例

世界の億万長者は自己の利益追求のためにタックスヘイブン（あるいはオフショア金融）を合法的あるいは非合法的に非常に多く利用する。ここでいう世界の億万長者とは、『フォーブス』のリストに掲載されるビリオネアーのみを意味しているのではない。それはそのリストにはほとんど載らない伝統的な巨大財閥一族であったり、世界的企業の大株主あるいはその所有者や最高経営者であったり、独裁国家元首あるいは巨大犯罪組織一族やその幹部なども含めている。

実際には、どのようにタックスヘイブンが利用されているのか、その代表的な事例をいくつか簡単に紹介する。

最初の事例は、前に示したグローバル企業のタックスヘイブンを経由した「移転価格」によるものである。この事例は現代の多国籍企業にとって例外の手段ではなく、広く利用されている「通常」のものである。しかし、その方法の詳細はそれぞれの会社の企業秘密である。[34]

コンピュータの世界ではマイクロソフト社と同じくらい有名なアップル社がある。アップル社はシンガポールで生産を行っている。タックスヘイブンのケイマンに設立した会社の目的は、シンガポールの子会社に対して、そこで生産したコンピュータに最低価格（200 ドル程度）を書類上で支払うことであった。

ケイマンの会社はシンガポール製コンピュータをアメリカのアップルに900ドルで販売する。アメリカのアップル社は、コンピュータを販売業者に1000ドルで販売し、販売業者は新品のコンピュータの領収書をシンガポールの工場から直接受け取る。この場合オフショアの優位性は明らかである。アップル社はアメリカで販売したコンピュータには、100ドルの利益しか課税されない。700ドルの利益は課税されずに、ケイマンに蓄積される。その一方で、より高いアメリカの生産費用をシンガポールに移すことで、シンガポールの生産費用は上昇する。その結果、シンガポールにある外国企業に対する課税控除により、さらなる蓄積が生まれる。1992年にアメリカ国税庁（IRS）は、移転価格とオフショアに利益をプールすることにより、法人税を1984年から88年の間で約5億8600億ドルを租税回避したとしてアップル社を告訴した。この裁判は結局和解になったために、アップル社のタックスヘイブンを利用した正確なスキームは不透明のままとなった。[35)]

　二つ目の事例は、2001年12月に破綻したアメリカの巨大エネルギー企業エンロンである。エンロンの破綻は当時におけるアメリカ史上最大の破産（破産申請書によれば310億ドル）であった。エンロンとタックスヘイブンとの関係は、エンロンは破産した前年の2000年だけでも692の子会社をケイマンで法人化した。さらに、他のタックスヘイブンでも、タークス・カイコス諸島における119社をはじめとして、モーリシャス、バミューダ、バルバドス、パナマ、ガーンジー島などにおいても200数社を登記していた。エンロンのオフショア・ネットワークは、それが活動するいかなる国においても租税回避を基本的な目的として設立された。当然のことながら、エンロンは将来の税控除による利益見込み額を現在の収益として認識することを可能にした取引を画策した特別部門を持っていた。エンロンは、紙の上では1996年から2000年の間にほぼ20億ドルの利益をあげていた。しかし、その間にアメリカの連邦法人税を支払ったのはわずか1年、1997年の1700万ドルのみであった。同じ時期に、同社は正味3億8100万ドルのアメリカ連邦税の払い戻しを受けており、2000年には幹部のストック・オプションに関する控除として、2億7800万ドルの払い戻しを受けていた。このようにしてエンロンはタックスヘイブンを利用して租税回避

の構造を極限までに広げたのであった。しかし、1990年代末における『フォーチュン』500社のなかで税金を支払っていなかったのは、エンロンだけではない。その『フォーチュン』500社の半数を対象にしたある調査によれば、1998年に税負担がなかった企業は24社もあった。[36]

　三つ目の事例は、「社会主義」崩壊後の移行経済ロシアにおける「オリガーキー」と呼ばれる新興財閥によるタックスヘイブンの利用である。1998年のロシア金融危機の発生によってそれが明らかとなり注目を集めた。1991年のソ連「社会主義」崩壊後、西側資本主義の大いなる夢は、ロシアの停滞した巨大経済を資本主義市場経済の輝ける星に変えることであった。ロシアはIMFを通じて、規制撤廃、民営化、新しい市場と為替取引の開始という早急な方法（ショック療法）による改革にとって資本主義経済のモデルのような存在であった。そのために、IMFはロシアに数十億ドルをつぎ込んだ。ロシアの統制経済から自由経済への移行を期待し、監視した。外国銀行と投資家も大規模にロシアに投資した。1997年までにロシアはもっとも注目を集める新興市場となっていた。外国からの投資は456億ドルにものぼったが、この数字はロシアのGDP4500億ドルの10％にも達するものであった。外貨はロシアに焦点を当てた投資信託につぎ込まれた。数ヶ月前に産声をあげたばかりの株式市場では活発な取引が行われ、株価は急上昇した。西側諸国の銀行はモスクワになだれ込み、ロシア市場への投機という熱狂的なバブルとなった。ロシアのIMFと外国銀行に対する債務は急速に大きくなったが、そこで利益が作られている間は誰もそれを心配しなかった。しかし、バブルの終焉は1998年8月に猛スピードで、しかも突然やって来た。前年のアジア金融危機によるアジア経済の崩壊がロシアの石油需要を直撃し、バブルをはじけさせ、ルーブルの価値を一気に引き下げ、ロシア経済は崩壊した。ロシアを対象とした225億ドルの「危機救済」ローンの最初の48億ドルがこの危機の間に消えた。欧米の金融機関はロシア国債の債務不履行により400億ドルを失った。加えて、このロシア金融危機によってすぐに明らかになったことは、ロシアのエリツィン政権のオリガーキー（新興財閥）共同体がロシア全体のGDPの半分以上を持ち逃げし、個人が所有するオフショア持株会社に移し変えていたことであった。キプロスはこの

新しい富の隠し場所として好まれ、オリガーキーたちは海辺の土地を買い、大きな別荘を島の南岸の海辺に建てた。ロシア中央銀行は、金融危機の年のその時点までだけで740億ドルがロシアの銀行からタックスヘイブンの銀行口座に移され、太平洋のナウルという小さな島には700億ドルもの金が流れたことを認めた。[37)]

このロシアのオリガーキーの話にはもう少し続きがある。ロシア金融危機後、翌年1999年夏の終わりに『ニューヨークタイムズ』紙は、ウォール街の支柱であるバンク・オブ・ニューヨーク（BNY）を通して、ロシアから少なくとも750億ドルのホット・マネーがロンダリング（資金洗浄）されていたことを明らかにした。BNYがオフショア・ネットワークに持つ銀行の数千というコルレス勘定を通してアメリカに資金が流入した。BNYの口座に入り込んだ資金はさまざまな怪しげな場所から来ていた。国内で脱税をしたロシア企業、オリガーキーたち、盗まれたIMFファンド、民営化のためのロシアのフェデラル・ファンド、ロシアの外で拡大しアメリカやヨーロッパの犯罪組織と関係を結んだロシアの犯罪組織グループの資金などであった。オフショアの銀行を通してロンダリングされた資金は、出所を明確にされ、外の世界で使うことができるようになる。ケイマンとナウルは、オフショアからBNYへ資金を流す重要な拠点であった。ナウルに登記されたオフショア銀行の一つは、ロシアからアメリカへ30億ドルもの資金を違法に流す拠点としての役割を担っていた。[38)]

このようにして、ロシアのオリガーキーは、「社会主義」崩壊後の資本主義への移行過程において世界から流れ込む巨額の資金を横流し、タックスヘイブンを効果的に利用し、さらに2003年イラク戦争後の世界の石油価格の高騰の大波に乗り、彼らの資産を大きく膨らませた。その結果、ロシアには多数の世界の億万長者が生まれた。『フォーブス』のリストによれば、ロシアのビリオネアーの数は、2007年が53人（世界第3位）、2008年が87人（世界第2位）であった。

このロシア金融危機の影響を受け、アメリカの有名な巨大ヘッジファンドのLTCMが破綻した。同社は1400億ドルもの資金を集め、レバレッジ（梃子の原理）によってそれを膨らませて、世界の金融機関と1兆2500億ドルもの取引契約をしていた。これが契機となり、その後、G7とOECDが中心となり、2000

年6月には、金融活動作業部会 (FATF) と金融安定化フォーラム (FSF) が創設され、OECD によるタックスヘイブンのブラックリスト (35ヵ国・地域) が公表された。[39]

しかし、2001年にジョージ・ブッシュ政権の成立によりこれらのタックスヘイブンに対する一連の規制強化は停止したが、同年の9.11事件の発生によって再び流れが変化した。それはテロ・グループのアルカイダもまたタックスヘイブン (オフショア金融) を利用してテロ資金を集めていたことが分かったからである。

ブッシュ政権は「対テロ戦争」を遂行する限りにおいての反マネー・ロンダリング政策を実行した。その調査過程のなかで、次の事例 (北朝鮮) が出てきた。[40]

四つ目の事例は、北朝鮮の金正日政権のタックスヘイブンの利用である。2005年9月にアメリカ財務省は、タックスヘイブンの一つであるマカオのバンコ・デルタ・アジアを「マネーロンダリング疑惑銀行」に指定し、「愛国者法」に基づきアメリカの金融機関に同行との取引停止を求める金融制裁を発動した。アメリカ財務省によれば、バンコ・デルタ・アジアは北朝鮮の政府機関や関連企業と20年以上にわたって「特別な関係」を持ち、各種の金融取引を行っており、同行が不正な金融サービスを提供してきたという。具体的には、タングステンなどの希少金属の売却や偽タバコの密輸に関与して大量のドル紙幣を払い戻す一方、「スーパーダラー」と呼ばれる偽造100ドル紙幣を含む数百万ドルもの現金を受け入れてきた。さらには国際麻薬組織に口座を開き、ドラッグビジネスに関与する北朝鮮政府機関のために多額の資金を電信送金したとも指摘された。実際に、1994年6月、香港のアメリカ系銀行でバンコ・デルタ・アジアから持ち込まれたドル紙幣のなかに偽札が発見され、マカオ警察は朝光貿易に勤務する北朝鮮籍の社員5人を逮捕した事件もあった。また、北朝鮮および金正日個人には、このマカオとは別に、スイスの口座にも390億ドルの資金があるともいわれている。比較のためにいくつかの数字を示すと、2001年の北朝鮮の軍事費は、51億2000万ドル、名目GDPの31.3% (CIA推計) を占めており、自国民の飢餓と貧困状態を無視した「超軍事国家」となっている。北朝鮮の2002年の対外債務残高は約124億ドルで、同年の国家予算が95億ドル (北

朝鮮最高人民会議発表)の1.3倍であった[41]。

このようにタックスヘイブンを通過した世界の「汚れた資金」(マネーロンダリングされた金額)がどのくらいあるのか、信頼できる正式な統計数字はないが、一説には2005年においては1兆5000億ドルであったという数字もある[42]。

五つ目の事例は、1991年の「史上最悪の銀行」と呼ばれたバンク・オブ・クレジット・アンド・コマース・インターナショナル銀行(BCCI)の破綻である。BCCI銀行が破綻して、各国政府は、この世界を席巻していた新しい資本主義のオフショア金融のあり方に厳しい目を向けるようになった。この銀行は、制約や規制から逃れた新しい自由なオフショアが、驚くべき運用の国際化とサービスの拡大を実際に成し遂げた典型的な例であった。同行は、1972年にアブダビのザイド首長などから出資を得たパキスタン人の銀行家アベディが設立した。ルクセンブルクとケイマンに持株会社を持ち、本社をロンドンに置いた。破綻した1991年には世界約70ヵ国に支店を持ち、140万人からの総額200億ドルの預金を受け入れていた。1991年7月、BCCI銀行は不正経理(粉飾決算)などを理由に、イギリスの中央銀行であるイングランド銀行(BOE)から営業停止処分・資産凍結処分を受けた。アメリカ、フランス、ドイツなど欧米各国の中央銀行もただちに同様の処置をとり、結局、同行は120億ドルを超える巨額の負債を抱えたまま経営破綻した。同行の破綻のニュースは世界に衝撃を与えた。営業停止処分になってから徐々に同行の実態が明らかになり、国際金融史上最大のスキャンダルとして注目された。同行を通じてマネーロンダリングを行い、不正蓄財していた者のなかには、パナマのノリエガ元将軍、イラクのフセイン元大統領、ペルーのガルシア元大統領、フィリピンのマルコス元大統領など、世界的に有名な独裁者の名前も多数含まれていた。さらに、武器取引のための資金提供や武器取引の斡旋、国際的なテロ組織のための口座開設、政治家に対する賄賂、スパイ工作資金の送金など、およそ想像しうるあらゆる悪事に手を染めていた。1980年代の対ソ連「社会主義」のアフガニスタン戦争においては、アメリカのCIA(アメリカ中央情報局)は同行を通じて武器供与を行っていた。その時に、アメリカのCIAの指導によって闘ったムジャヒディンの一人がオサマ・ビンラディンであり、アメリカの軍事援助によって創設された

組織がアルカイダであった。また、同行にはパキスタンの核開発資金を融資したとの疑惑もあった[43]。

5　貧困削減の費用

　世界のビリオネアーと呼ばれる世界の富裕層の総資産額を取り上げる目的は、世界の経済格差あるいは貧富の格差の実態を明らかにするためである。それは世界的な貧富の格差の解消と貧困削減が現代社会においてもっとも重要な問題の一つとなっているからである。

　さて、この問題を取り扱う時に、有益な報告書がいくつかあるが、その代表的な一つがUNDP（国連開発計画）の『人間開発報告』である。それは1990年から毎年出版されており、途上国の貧困問題を考えるための重要な資料でもある。

　1998年版の『人間開発報告』においては、世界の所得と富の格差について次のようにすでに指摘していた[44]。

　もっとも豊かな国に暮らす世界人口の20％の人々は1960年時点ではもっとも貧しい20％の人々の30倍の所得を得ていた。それが1995年には82倍へと拡大した。超富裕層と呼ばれる一握りのグループに富が極端に集中していることを考えて欲しい。

　1997年時点での推計によると、世界でもっとも裕福な225人（ビリオネアー）の資産総額は1兆ドルを超えており、これは世界の下位所得層47％（25億人）の年間所得に匹敵する額である。これらの1兆ドルを超える超富裕層の莫大な富は、途上国の低い所得水準からすると想像を絶するものである。トップ3人の資産はもっとも貧しい後発開発途上国48ヵ国のGDPの合計を上回っていた。トップ15人の資産はサハラ以南アフリカのGDPの合計を超えていた。トップ32人の富は南アジア全体のGDPよりも大きかった。トップ84人の資産は、世界最大の人口の12億人を抱える中国のGDPを上回っていた。

　そのビリオネアー225人を地域別にみると、OECD諸国（先進国）の143人、アジアの43人、ラテンアメリカ・カリブ海の22人、北アフリカ・中東の11人、東欧・CISの4人、サハラ以南アフリカの2人であった。そのうち、アメリカ

第1章　世界の拡大する貧富の格差

が60人、総資産額3110億ドル、ドイツの21人、1110億ドル、日本の14人、410億ドル、先進国全体の147人、6450億ドル、途上国の78人、3700億ドル、南アフリカの2人、37億ドルであった。

世界でもっとも裕福な225人の資産総額を世界の貧しいすべての人々が基本的な社会サービスを利用できるようにするに必要な資金と比べても際だった対照が明らかである。全世界の貧しい人々に基礎教育、基礎医療、適切な食糧、安全な水と衛生設備を、またすべての貧しい女性のためにリプロダクティブ・ヘルス（再生可能な健康維持）を提供し維持するために必要な追加費用は年間およそ400億ドルと見積もられている。これはもっとも裕福な225人の富の合計の4％にも満たない金額であった。

1997年版の『人間開発報告』においては、その400億ドルの貧困撲滅のための具体的な費用について、次のように説明している。[45]

貧困撲滅に要するコストは一般に考えられているよりも少ない。全世界の所得の約1％、最貧国を除くすべての国の国民所得の2～3％に過ぎない。途上国のすべての住民に基本的社会サービスを行き渡らせるのに要する追加費用は、2005年までの10年間に毎年およそ400億ドルと見積もられている。世界所得の0.2％にも満たないこの額は途上国の所得のおよそ1％である。あるいは、戦後復興のためのマーシャル・プランの一部として1948年から52年まで毎年米国がヨーロッパのために使った対GNP比の額の半分である。財源のほとんどは現行予算の再編成から生み出すことができる。基本的社会サービスをすべての人に提供するために、およそ300億ドルは国家予算から充当することができ、100億ドルは援助から充当することができるであろう。コペンハーゲンで承認され、人間開発報告書が最初に提案した「20：20構想」[46]はこれを実現するであろう。貧しいすべての人が基本的社会サービスを利用できるようにし、かつ所得貧困を軽減するための移転支出を実現するためには、効率よく目標を定めればおよそ800億ドルで済むであろう。これは世界の所得全体の0.5％未満であり、世界の7大富豪の純資産の総額よりも少ない。

その基本的社会サービスのための毎年の追加費用の400億ドルの具体的な内訳は、①貧しいすべての人のための基礎教育に60億ドル、②基本的保健医療と

栄養に130億ドル、③リプロダクティブ・ヘルスと家族計画に120億ドル、④安価な水の供給と下水設備に90億ドルである。以上の四つの項目の合計は400億ドルとなるとしている。

また、2003年版の『人間開発報告』によれば、それは「ミレニアム開発目標（MDGs）達成に向けて」というテーマでまとめられたが、前にみた貧困削減のために2015年までにミレニアム開発目標（MDGs）達成するためにはどのくらいの費用（援助）が必要かといえば、毎年最低限1000億ドルの金額であるとしている。2001年における先進国からのODA（政府開発援助）は540億ドル、2002年におけるそれは565億ドルであったが、それにあと毎年最低限500億ドルの貧困削減のための追加援助が必要とされている。[47]

そうすると、たとえば、2008年の1125人の世界のビリオネアーの保有総資産は4兆4000億ドルであり、途上国の貧しい人々への毎年の追加援助額の500億ドルはそのわずか88分の1の金額、1.1％である。2009年の793人の世界のビリオネアーの保有総資産は2兆4000億ドルであり、その500億ドルの追加援助額はそのわずか48分の1の金額、2.1％である。2010年の1011人の世界のビリオネアーの保有総資産は3兆6000億ドルであり、その追加援助額はそのわずか72分の1の金額、1.4％である。

この数字は何を意味するのか。それは世界の貧富の格差をもっとも顕著に示すものである。

絶望的にみえる世界の貧困削減は、経済的数字からみると、その解決は大きな困難ではない。制度の問題ではなく、人間の良心だけで解決できるならば、世界の億万長者のほんのわずかの「慈善」だけで問題は解決する。ビリオネアーの保有する資産のほんの一部を貧困削減のために回すだけで問題は簡単に解決する。たとえば、第1位のビル・ゲイツのように自ら「ゲイツ財団」を創設して、感染症のワクチン研究などのために「慈善」事業を行っている億万長者も実際に存在する。第2位のウォーレン・バフェットも自社の株を売却してそれを「ゲイツ財団」に寄附した。ビル・ゲイツにしても、ウォーレン・バフェットにしても「高貴な者の義務」（noblesse oblige、nobility obligates）を率先して実行している。しかし、それはビリオネアーのほんの一部の人間にしか過ぎない。

彼らの「慈善」にすべてを期待しても決して問題は解決しない。

それゆえ、世界的な制度として貧困削減の問題を解決する必要がある。世界的な富の再分配制度を検討すべきである。たとえば、株や債券などの短期的な投資取引あるいは投機などに対して税金を課するという「トービン税」という提案はすでになされている。[48]

加えて、今日では地球環境保全対策のための世界的な「環境税」の導入、資産10億ドル以上（ビリオネアー）あるいは資産100万ドル以上（ミリオネアー）の人々に対して課する「富裕税」の導入なども検討すべき課題である。

しかし、その前提として、9.11事件後における世界の軍拡状況のなかにおいて、各国が軍事費の削減について本格的に議論する場や機会を持つことも重要である。場合によっては、年間1兆ドルを超えているこの軍事費を削減して、それを世界の貧困削減に充てることは、経済的には現実的に十分に可能な金額である。

ジェフリー・サックスは著書『地球全体を幸福にする経済学』（2008年）のなかでアメリカの軍事費を取り上げて、その削減によって貧困削減のための十分な資金が得られると次のように主張する。

アメリカの2008年度の予算は、軍事費に6000億ドル以上、開発援助には約200億ドルとなっている。その開発援助の半分は「テロとの戦い」（イラク、パキスタン、アフガニスタン、パレスチナ）に向けられ、アフリカ全体に費やされるのはわずか40億ドル程度である。少なくとも、年に1500億ドルの軍事費を削減し（イラクから撤退し、核兵器開発への支出を削減すればよい）、削減分の約半分を開発援助に振り向ければ、GNP（国民総生産）の0.7％（現在、経済規模は13兆ドルなので約900億ドルに相当する）を政府開発援助に充てるために努力するという公約が実現できる。これに加えて、ヨーロッパでの増加分を合わせれば、適切なガバナンスのもとにあるすべての貧困国家を極度からの貧困から脱け出せるのに必要な資金が賄える。先の見えない軍事作戦に湯水のように費やされる資金のごく一部を回せば、スーダン、ソマリア、アフガニスタンなどで起きている危機は解決できるのである。[49]

さらにまた、ジェフリー・サックスは、前にみた途上国で深刻な状況にある

三大感染症の一つであるマラリアの事例をあげ、ブッシュ政権の軍事力優先政策の限界を次のように指摘し、その政策を批判している。

　アメリカの2007年度の予算は、およそ5720億ドルを軍事費に、110億ドルを国際安全保障（イラクやアフガニスタンなどへの安全保障援助）に、140億ドルを開発と人道援助に、110億ドルを外交機能（国務省、大使館など）に支出している。この数字は国家安全に対する投資の偏りが驚くほどはっきり現れている。こうした配分は国家安全保障に対する「投資の選択」とみなせるが、驚くほど危険なアンバランスである。一例を挙げると、アフリカにおける大きな開発課題の一つは疫病対策で、マラリア対策は特に優先すべきものである。マラリアは多いときで年に10億件も発生しており、100万人から300万人の人々が死亡している。ブッシュ政権もこれを優先課題とした。アフリカのマラリア感染地域には人の眠る部屋が3億もある。これらの寝室を効果が長続きする殺虫剤処理済みの蚊帳で守らなければならない。最近の技術進歩のおかげで抗マラリア効果は5年に伸びており、価格は1張り5ドル、一家5人を保護するには平均3張り必要である。結果として、1年につき一人当たり60セントの費用がかかる。1張り5ドルという安い値段でも、貧困にあえぐ数億人の人々には手が届かない。アフリカのすべての寝室に5年間使える蚊帳を配布するための総費用は、15億ドルである。それでも、この金額はブッシュ政権下のアメリカ国防総省（ペンタゴン）が1日使う経費より少ない。(2007年度の国防総省予算は5720億ドルで、1日当たり16億ドルになる。)この驚くべき事実をよく考えるべきである。国防総省が1日に消費する金で、アフリカのすべての寝室に5年分の抗マラリアの蚊帳を提供するのに十分な費用が賄える。アフリカのサハラ以南の全域に総合的なマラリア抑制プログラムを実施すること、具体的には、蚊帳と薬品の配布、地域の保健士の育成と診断器具の提供、室内用の殺虫剤散布などに必要な費用は1年でおよそ30億ドルと推計されるが、これは国防総省の2日分の経費より少ない。ブッシュ大統領が出すと決めたのは、必要経費の総額の10％にも足りない金額、つまり年に2億4000万ドル程度である。それゆえ、アメリカが軍事費に費やしている資金は、失望と憤りを導くだけで、国内や世界の安全保障には役に立っていない。[50]

いずれにせよ、世界は貧富の格差を急増させたこの30年間の「新自由主義」と「市場原理主義」の流れをくい止め、巨額な浪費である軍事費を大きく削減して、その政策転換を模索すべきである。それによって、世界的な富の再分配制度を検討し、世界の極端な貧富の格差と貧困を解消しながら、世界平和を実現すべき時代に入りつつある。

6　小　括

この間の「新自由主義」の流れのなかで発生するグローバリゼーションと大規模なマネーゲームは、世界の人々の間に大きな貧富の格差をもたらした。また、それは今日では「格差社会」とも呼ばれる現象となった。

世界には数百人ほどのビリオネアーと呼ばれる一握りの人々の手元には2兆ドルをはるかに上回る巨万の富が蓄積されている。しかし、その一方では、世界銀行の前にみた最近の報告書によれば、1日1.25ドル未満で生活しなければならない人々が14億人、1日2ドル未満で生活しなければならない人々が26億人も存在する。そのなかで、途上国では1日2万6000人もの子どもたちが貧困と栄養不良などによって死亡している。

このような絶望的な世界の貧困状況は決して解決できない問題ではないということを理解すべきである。世界の貧困削減のための財源は、十分すぎるほどある。それは世界のわずか数百人の億万長者の手元のなかに実際にある。また、ミリオネアーと呼ばれる人々にまで拡大すれば、そのための財源はさらに有り余るほどある。それゆえ、これから必要なことは、一つには、多国籍企業、金融投資会社、ヘッジファンドのみならず億万長者たちが利益隠し、資産隠し、マネーロンダリングなどに利用するタックスヘイブンあるいはオフショア金融に対していっそうの規制と監督を強めると同時に、二つには、「トービン税」、「環境税」、「富裕税」などの導入により世界的な富の再配分の仕組みを検討することである。

また、そのためのもう一つの現実的有効な財源確保の方法は、世界の軍事費の削減によってつくることである。2001年のテロ事件以後はアメリカを先頭

第Ⅱ部　グローバル資本主義と世界の貧富の拡大

にして戦後の「第三の軍拡」が起こり、世界の年間軍事費はすでに1兆ドルをはるかに超えている。[51]

2008年世界金融危機の発生は、30年続いた「新自由主義」の限界を現実に示しており、その世界的な政策転換が必要とされていることを明らかにした。また、それは同時に、世界的な貧困削減のための具体的な方法について、もっと議論するべき時代に入っていることを示しているのである。

1）　中野洋一「2008年世界金融危機とカジノ資本主義」『九州国際大学国際関係学論集』第4巻第1・2合併号、2009年。同著『新版　軍拡と貧困の世界経済論』梓出版社、2001年。
2）　UNDP, *Human Development Report 2002*, Oxford, pp. 16-17.
3）　世界銀行のホームページより入手。
http://web.worldbank.org/WBSITE/EXTERNAL/NEWS/0,,contentMDK:21881807~pagePK:64257043~piPK:437376~theSitePK:4607,00.html
4）　世界銀行のホームページより入手。
http://web.worldbank.org/WBSITE/EXTERNAL/COUNTRIES/EASTASIAPACIFICEXT/JAPANINJAPANESEEXT/0,,contentMDK:22069179~pagePK:1497618~piPK:217854~theSitePK:515498,00.html
5）　UNADS, *2008 Report on the Global AIDS Epidemic*, pp. 30-33.
6）　UNDP, *Human Development Report 1999*, Oxford, p. 3.　UNDP『人間開発報告1999』、4頁。
7）　OECDのホームページより入手。OECD, Growing Unequal ? Income Distribution and Poverty in OECD Countries, 2008.
8）　Ibid, Table 11.1
9）　2004年のOECDの先進国に関する貧困状況についての報告書に基づき、橘木俊詔・浦川邦夫の両氏は、先進国の貧困の現状を比較し、いくつかの例外の国はあるが、次の五つのグループに分類した。一つには貧困率が突出して高いアメリカ（17.1％）と日本（15.3％）、二つには次に貧困率がOECDの平均（10.3％）よりもやや高いポルトガル（13.7％）、イタリア（12.0％）スペイン（11.5％）などの南欧諸国とオーストラリア（11.9％）、イギリス（11.4％）、ニュージーランド（10.4％）、カナダ（10.3％）のアングロ・サクソン諸国、三つには平均よりやや低いドイツ（10.0％）、オーストリア（9.3％）、ベルギー（7.8％）などの中欧諸国、四つにはもっとも貧困率が低い「福祉国家」のノルウェー（6.3％）、スウェーデン（5.3％）、デンマーク（4.3％）などの北欧諸国、五つにはその他（中進国および旧社会主義諸国）のメキシコ（20.3％）、トルコ（15.9％）、ポーランド（8.2％）、ハンガリー（8.1％）などである。（橘木俊詔・浦川邦夫『日本の貧困研究』東京大学出版会、

2006年、23-24頁。）
10) OECDのホームページより入手。OECD, Are we growing unequal ?, October 2008.
11) 『フォーブス』のホームページより入手。
http://www.forbes.com/2009/03/11/
12) 六代目に入っているロックフェラー一族の総勢は、約200人に及ぶとみられるが、『フォーブス』によると、一族の資産額は85億ドルである。ちなみに、同誌に掲載されたオールド・ビッグ・ファミリーの資産額と一族の人数は、次のとおりである。デュポン一族、120億ドル、300人、メロン一族、100億ドル、100人、ロスチャイルド一族、15億ドル、10人、ジーメンス一族、34億ドル、180人である。こうした資産面からみると、流通王のウォルトン一族（ウォールマート、100億ドル以上）、コンピュータ・ソフトのビル・ゲイツ（マイクロソフト、528億ドル）などのニュー・ビッグ・ファミリーに比べて、見劣りするかもしれない。しかし、オールド・ビッグ・ファミリーには、長年培った豊富な人脈、そして伝統と名声、さらに社会的影響力の大きさなど、「見えざる資産」が存在することも事実であろう。（久保巌『世界財界マップ』平凡社新書、2002年、30-31頁。）
13) David Rothkoph, *Superclass*, Farrar, Straus and Giroux, 2009, p. 37.（paperback）デヴィッド・ロスコフ（河野純治訳）『超・階級　スーパークラス』光文社、2009年、90-91頁。『朝日新聞』2006年12月6日付。『しんぶん赤旗』2006年12月7日付。
14) David Rothkoph, Superclass, p. 38.（デヴィッド・ロスコフ、前掲書、91頁。）
　　また、2010年6月10日、アメリカのコンサルタント会社ボストンコンサルティンググループは、世界の2009年の「富裕層」（保有金融資産100万ドル以上の世帯）が前年比約14％増の1120万世帯に上り、資産総額はリーマン・ショック前年の2007年（111兆6000億ドル）に迫る111兆5000億ドル（約1京200兆円）に回復したとの調査結果を発表した。国別では、米国が470万世帯、全体の4割強を占めて首位であり、これに日本（123万世帯）、中国（67万世帯）、英国、ドイツが続いた。「富裕層」は2009年には世界の全世帯の1％に満たなかったが、世界の富の約38％を保有し、寡占率は2008年より2ポイント高くなり、「富の集中」が一層進んだ。欧州の運用資産が37兆1000億ドルでトップであり、米国とカナダを合わせた北米地域の資産が前年より4兆6000億ドル増えて35兆1000億ドルであった。（『共同通信』『日本経済新聞』ウェブ配信、2010年6月11日付。http://www.47news.jp/CN/201006/CN2010061101001061.html, http://www.nikkei.com/news/category/article/g = 96958A9C9381959FE3E3E2E3918DE3E3E2E4E0E2E3E29494E0E2E2E2;at = ALL）
15) 原文では47兆ドルとあり、54兆ドルの誤りである。
　　（総務省統計局ホームページ　http://www.stat.go.jp/data/sekai/03.htm）
16) David Rothkoph, *Superclass*, pp. 33-35.　デヴィッド・ロスコフ、前掲書、84-97頁。
17) Ibid, pp. 36-37.　同上書、88-90頁。
18) OECDの指標によれば、タックスヘイブンとは、資本収入に対して税金を課さないか、

ほとんど課さない権限を持ち、加えて次の特徴のうち一つをそなえている場所である。すなわち、①透明性が欠如していること、②外国の政府に対して情報を提供することを拒否すること、③架空の企業をつくれる可能性を持っていることの三点である。「金融安定フォーラム」(FSF)にとっては、オフショア金融センター（タックスヘイブンの婉曲的な別名）とは「非居住者がより高度な金融活動を行おうとするとき、注目に値する権限を持っている所」である。つまり、税金が安く、企業の登記が簡単で、過剰に金融取引の秘密が守られ、一方では居住者には同様の「利点」が許されないという場所である。（クリスチアン・シャヴァニュー＆ロナン・パラン（杉村昌昭訳）『タックスヘイブン』作品社、2007年、22-23頁。）

19) 同上書、32頁。
20) 同上書、29-32頁。
21) 同上書、35頁。
22) ウィリアム・ブリテェィン・キャトリン（森谷博之監訳）『秘密の国オフショア市場』東洋経済新報社、2008年、53頁。
23) 同上書、55頁。

アメリカ政府監査院（GAO）によると、米上場会社上位100社のうち83社が、米連邦政府事業の請負会社上位100社のうち63社が、タックスヘイブンに子会社を置いている。たとえば、ケイマン諸島では、一つの住所に1万8857社の企業が登録していることになっているが、ほとんどが実体のない会社である。米国は、多くの国と二重課税条約を結んでいる。これは、米国企業がタックスヘイブンにペーパーカンパニーを設立すると、無税または税率の低いタックスヘイブンで税金を支払えば、米国での一定の免税扱いを受けることができるというものだ。タックスヘイブンなどのオフショア拠点の不正利用によって米国政府が失っている税収額は、年1000億ドルに上ると推定されている。米国財務省によると、米国の連邦法人税率は15％から39％だが、2004年にアメリカ多国籍企業が支払った平均税率は2.3％だった。銀行の秘密主義を定める法律は大抵の国に存在するが、タックスヘイブン国は他政府と顧客情報を交換することを法律で禁じているため、タックスヘイブンを利用した脱税調査を困難にしている。（龍野裕香「世界貿易の6割が通過するタックスヘイブンの影響力」『週刊エコノミスト』2009年6月16日号、75頁。）

24) エルネスト・バックス＆ドゥニ・ロベール（藤野邦夫訳）『マネーロンダリングの代理人 暴かれた巨大決済会社の暗部』徳間書店、2002年、19頁。
25) 同上書、205頁。
26) 同上書、209-224頁。
27) 同上書、255-226頁。
28) クリスチアン・シャヴァニュー＆ロナン・パラン、前掲書、89-91頁。
29) 同上書、91頁。
30) 『朝日新聞』2009年3月31日付。山口和之「タックス・ヘイブン規制の強化」『レファ

レンス』平成 21 年 11 月号、66 頁、表 2、表 3。
31) 同上論文、65-67 頁、表 4。
32) 『朝日新聞』2009 年 4 月 3 日付。龍野裕香「世界で動き出す『租税回避地』規制」『週刊エコノミスト』2009 年 6 月 16 日号。

 G20 のメンバーは、アルゼンチン、オーストラリア、ブラジル、カナダ、中国、フランス、ドイツ、インド、インドネシア、イタリア、日本、メキシコ、ロシア、サウジアラビア、南アフリカ、韓国、トルコ、イギリス、EU（欧州連合）である。それは、世界 GNP の約 90 ％、世界貿易の 80 ％、世界人口の 3 分の 2 を占める。(http://www.g20.org)

 なお、主要国における国際的なマネーロンダリング対策の取り組みについては、これまで開催されたサミット（主要国首脳会議）においても何度も議題として取り上げられ、いくつかの政策が実行されている。たとえば、国際的テロリズムと麻薬取引に利用されるマネーロンダリングについては、1987 年のヴェネチア・サミットで議論され、資金洗浄規制は 1988 年のトロント・サミットで議論され、翌年（1989 年）のアルシュ・サミットにおいては金融活動作業部会（FATA）が設立された。この FATA のメンバーは、OECD 加盟国を中心に 31 ヵ国・地域および 2 国際機関である。2004 年 2 月の全体会合で 2012 年まで活動が延長された。その主な活動は、①マネーロンダリング対策に関する国際的な基準となる 40 の勧告の策定とその見直し、②テロ資金供与に関する特別勧告の策定、③ 40 の勧告および特別勧告の実施状況の監視、④新たなるマネーロンダリング手法・対策の研究、⑤非参加国への勧告の実施である。(本庄資『米国財務省 IRS-CI 捜査　米国マネーロンダリング』税務経理協会、2006 年、9 -25 頁。)
33) 『産経新聞』『朝日新聞』2009 年 4 月 4 日付。http://www.oecd.org/dataoecd/38/14/42497950.pdf
34) クリスチアン・シャヴァニュー&ロナン・パラン、前掲書、95-98 頁。

 先進国の国税当局の多国籍企業に対する「移転価格税制」（TP）の最近の具体的事例としては、日本の国税当局がネット通信販売アマゾンに対して 140 億円を追徴したという問題がある。(『朝日新聞』2009 年 7 月 5 日付。)
35) ウィリアム・ブリテェィン・キャトリン、前掲書、62 頁。
36) 同上書、69 頁。
37) 同上書、235-236 頁。
38) 同上書, 237 頁。ロシアの地下経済とマネーロンダリングについては、次を参照のこと。門倉貴史『マネーロンダリング』青春出版社、2006 年、105-112 頁。
39) クリスチアン・シャヴァニュー&ロナン・パラン、前掲書、129-133 頁。門倉貴史、前掲書、77 頁。
40) 橘玲『マネーロンダリング入門　国際金融詐欺からテロ資金まで』幻冬社新書、2006 年、137-141 頁。
41) 門倉貴史、前掲書、13-19 頁。橘玲、前掲書、第 3 章。

第Ⅱ部　グローバル資本主義と世界の貧富の拡大

2010年3月14日のイギリスの報道記事によれば、金正日がヨーロッパのルクセンブルグのある銀行口座に海外脱出のための「緊急基金」を持っており、約40億ドルの資金があると指摘した。http://www.telegraph.co.uk/news/worldnews/asia/northkorea/7442188/Kim-Jong-il-keeps-4bn-emergency-fund-in-European-banks.html

42）　クリスチアン・シャヴァニュー＆ロナン・パラン、前掲書、39-40頁。
43）　ウィリアム・ブリテェィン・キャトリン、前掲書、218-220頁。エルネスト・バックス＆ドゥニ・ロベール、前掲書、155-162頁。門倉貴史、前掲書、112-116頁。橘玲、前掲書、155-168頁。
44）　UNDP, *Human Development Report 1998*, pp. 29-30. UNDP『人間開発報告1998』、38-39頁。
45）　UNDP, *Human Development Report 1997*, p112. UNDP『人間開発報告1997』、138-139頁。
46）　貧困削減のために、先進国はODAの20％をそれに充て、途上国政府は国家予算の20％をそれに充てるという提案である。
47）　UNDP, *Human Development Report 2003*, pp. 145-148. UNDP『人間開発報告2003』、178-181頁。
48）　ブリュノ・ジュタン（和仁道郎訳）『トービン税入門　新自由主義的グローバリゼーションに対抗するための国際戦略』社会評論社、2006年。吾郷健二『グローバリゼーションと発展途上国』コモンズ、2003年、第7章。白井早由里『マクロ開発経済学』有斐閣、2005年、第5章。
49）　Jeffrey D. Sachs, *Common Wealth*, Penguin Books Ltd., 2008, pp. 285-286. ジェフリー・サックス（野中邦子訳）『地球全体を幸福にする経済学』早川書房、2009年、385頁。
50）　Ibid, pp. 273-275. 同上書、368-371頁。
51）　中野洋一「9・11事件後の世界の軍拡」『アジアアフリカ研究』第47巻第4号、2007年。

第2章 日本・アメリカの拡大する貧富の格差

　第2章では、グローバリゼーションが進展した最近の日本とアメリカ資本主義における人々の貧富の拡大に焦点をあてて、現状分析をする。第一に、日本の「格差社会」の実態を経済の視点から分析し、第二に、日本の人々の貧富の拡大の実態を分析する。第三に、アメリカの「格差社会」の実態を経済の視点より分析し、第四に、アメリカの人々の貧富の拡大の実態を分析する。第五に、この間において日本とアメリカの人々の貧富の格差をもたらした共通の要因について分析する。

1　日本の「格差社会」

　日本は1980年代においては「一億総中流社会」と呼ばれた時代がかつてあった。しかし、最近では、「格差社会」をはじめ、ワーキング・プア、非正規労働、派遣切り、ホームレスなどという言葉が毎日ニュースで流れている。2008年世界金融危機の発生以降、先進国の実体経済は大きく冷え込み、2009年の世界経済は、新興国、途上国をも含め、深刻な景気後退が続いた。それに伴って、日本経済の落ち込みも顕著であり、輸出産業を筆頭に、設備投資、個人消費などへの影響は大きいものがある。国民生活においてももはや貧困問題は他人事ではない。かつての日本の「一億総中流社会」はすっかり消滅しつつある。
　日本の貧困率は1960年代から80年代においてはそれほど高い数値ではなく、5％から10％程度であった。1960年代の「高度経済成長」の恩恵はおおか

第Ⅱ部　グローバル資本主義と世界の貧富の拡大

た大多数の国民の生活の向上に結びついていた。生活保護受給者数は1950年代初頭には200万人台だったが、1990年代半ばにおいては88万人台まで減少した。しかし、このような状況は1990年代半ば以降に激変する。1995年における生活保護受給者数は約60万人だったものが、2005年には100万人を超え、貧困世帯の顕著な増加がみられるようになった。[1]

　OECD（経済協力開発機構）は、2008年10月21日に「格差は拡大しているか。OECD諸国における所得分配と貧困」という報告書を発表した。このOECD報告書にもあるように、日本の貧困率は、2005年の14.9％へと上昇し、現在では主要先進国のなかでは日本は第1位のアメリカの17.1％に次いで悪い数字となった。[2]

　2009年に民主党政権が誕生した後の同年10月に、日本政府は政府として初めて日本の貧困率を発表した。その発表によれば、2007年における貧困率は15.7％であり、前の2005年の数字より悪化していた。[3] さらに、2009年11月には、日本政府は2007年の日本の一人親世帯の貧困率は54.3％であり、OECD加盟国30ヵ国のなかで最悪の数字であったと発表した。[4]

　また、貯蓄率ゼロ世帯の数も、近年、増加した。1970年代から80年代後半にかけては5％あたりで推移していたのが、2005年には22.8％へと急増した。さらに、自己破産する家計の数も増えた。自己破産の申し立て件数をみると、1995年の4万件から2003年の24万件へと6倍にも増加した。[5]

　日本の雇用状態も激変しており、特に非正規労働者数の増加は著しい。非正規労働とは、雇用期間を定めた短期契約の雇用形態で、パート、アルバイト、契約社員、派遣社員などの働き方である。それは不安定な雇用であり、同時に低賃金の労働でもあり、ワーキング・プアを生み出し、現代の「格差社会」を象徴する一つの労働形態である。特に、派遣労働の増加は非常に問題が大きい。非正規労働者数は、1984年には640万人、雇用者に占める割合が14.4％であったが、2007年には1732万人、33.5％にまで増加した。現在では、雇用者の3人に1人が非正規労働者となっている。就業形態別にみると、パートは、1997年に638万人、2007年には822万人と増加し、派遣社員は、2002年には43万人、2007年には133万人と増加し、契約社員・嘱託社員は、2002年には

230万人、2007年には298万人と増加した。なかでも、女性労働者の非正規化は著しく、女性雇用者に占める非正規労働者数の割合は、1984年の27.9％から2007年の51.3％まで増加した。フリーターの数も1992年には50万人、2007年には181万人であった。また、年収分布をみると、正規の職員・従業員は「300〜399万円」が最も高く約2割を占める一方、パート・アルバイトでは年収100万円未満が半数を超え、年収200万円未満が9割を占めた。[6]

さて、ここで日本の「格差社会」を形成した最近の経済状況を検証してみよう。次の表Ⅱ-2-1は、内閣府『平成20年度年次経済財政報告』より各項目の数字を拾い、2001年から2007年までの経済状況を示したものである。実質GDP成長率、完全失業率、有効求人倍率、企業収益の経常利益（前年比）、名目雇用者報酬（前年比）、1人当たり雇用者報酬（前年比）という項目からそれを分析してみよう。

表Ⅱ-2-1から、はじめに、実質GDP成長率、完全失業率、有効求人倍率の項目を比較してみると、2000年にはアメリカ経済において「ITバブル」の崩壊があり、翌年の2001年、2002年にはその影響を受けて、日本経済は冷え込んだ。実質GDP成長率は2001年が0.2％、2002年が0.3％となり、ほぼゼロ成長となった。その結果、企業収益も急激に落ち込み、2001年がマイナス15.5％、2002年がマイナス0.7％となり、企業にとっては2001年が最大の落ち込みの年となった。それに伴って、雇用者報酬（労働者の賃金）全体と1人当たりのそれも2001年がマイナス0.7％、マイナス1.0％、2002年がマイナス2.4％、マイナス1.8％となり、労働者にとっては2002年が最大の落ち込みの年となった。特に、雇用情勢は厳しくなり、2002年の完全失業率は5.4％とこの間の最高の数字となり、有効求人倍率も0.54とこの間の最低の数字を記録した。

しかし、2003年に入ると経済状況は好転する。2003年からの実質GDP成長率をみると、2003年が1.4％、2004年が2.7％、2005年が1.9％、2006年が2.4％、2007年が2.1％となり、景気が回復し、5年以上も経済成長が続いた。2007年のその夏にはアメリカのサブプライム問題が発生しその悪影響を受けたにもかかわらず、2008年9月のリーマン・ブラザーズ社の破綻によって生じた世界金融危機まで続いた。

第Ⅱ部　グローバル資本主義と世界の貧富の拡大

表Ⅱ-2-1　日本の経済状況（2001-2007年）

	実質GDP成長率(%)	完全失業率(%)	有効求人倍率	企業収益経常利益前年比(%)	名目雇用者報酬前年比(%)	１人当たり雇用者報酬前年比(%)
2001年	0.2	5.0	0.59	−15.5	−0.7	−1.0
2002年	0.3	5.4	0.54	−0.7	−2.4	−1.8
2003年	1.4	5.3	0.64	12.6	−1.5	−1.5
2004年	2.7	4.7	0.83	27.7	−0.9	−1.2
2005年	1.9	4.4	0.95	11.8	0.8	0.1
2006年	2.4	4.1	1.06	9.1	1.6	0.1
2007年	2.1	3.9	1.04	3.6	−0.7	−0.7

出所）内閣府『平成20年度年次経済財政報告』より作成。

　その結果、雇用情勢も好転し、2003年から完全失業率は2003年の5.3％から2007年の3.9％まで低下し、有効求人倍率もそれに伴って上昇し、2003年の0.64から2006年には1.06、2007年には1.04まで回復した。

　さらに、企業収益も2003年からは一転して回復した。企業収益は2003年には12.6％、2004年には27.7％、2005年には11.8％と二桁の大台を超え、2006年も9.1％と好調を続けた。2007年にはサブプライム問題の発生により、悪影響が出始め、3.6％と低下した。企業収益からみると、2003年から2006年までは、非常に大きな利益を上げることができた時期となった。すなわち、日本の企業収益はかつてなく巨額なものとなった。

　しかしながら、4年間にわたってこのような「バブル崩壊」後のおそらく過去最高の企業収益を上げながら、それは決して労働者に還元されることはなかった。企業がこれまでにない利益を生み出している時期において、労働者の賃金すなわち名目雇用者報酬をみると、2003年と2004年はともにマイナスとなった。2005年と2006年には企業は二桁近くの企業収益を上げても、労働者の賃金すなわち名目雇用者報酬の伸びは全体でも2％にも届いていない。１人当たりのそれは2005年、2006年の2年間はわずかに0.1％であり、ほぼゼロ成長となっている。2007年には再びマイナス0.7％へと逆戻りした。内閣府の同報告によれば、労働分配率は2002年以降低下傾向で推移し、ここ3年間ほどは横ばい傾向となっており、2001年の75％程度の水準から2007年初めには

70％程度まで低下した[7]。さらに、同報告書によれば、2002年初めからの景気回復は拡張期間としては戦後最長の記録となったと次のように指摘している。日本経済は2002年初めから息の長い景気回復を続けた。しかし、道のりは平坦なものではなく、過去2回の「踊り場」や経済の一部の弱まりを経ている。第1回の「踊り場」は2002年後半ごろから2003年前半ごろまで、第2回のそれは2004年後半ごろから2005年前半ごろまでである。こうしたなかで2007年半ばからの景気回復を支えた企業部門の勢いが徐々に弱まり、2008年初めには景気は「足踏み状態」となった。2002年初めからの景気回復は、拡張期間としては「いざなぎ景気」（1965年10月から1970年7月までの57ヵ月）を超えて、戦後最長となり、この期間の実質成長率の平均は2％を超えるものとなっている[8]。しかし、この戦後最長記録は2008年9月の世界金融危機の発生によって止まってしまった。

　また、この間の同じGDP統計をみると、2001年の日本のGDPは498兆円、2007年のそれは516兆円であった。この間に日本のGDPは18兆円も増えていた。しかし、同じ期間の雇用報酬は、2001年が269兆円、2007年が263兆円であった。この間に労働者の賃金は全体で6兆円も減少した。

　ところで、この間に増加したGDPと巨額な企業収益はどこへと消えたのか。これが最大の問題である。

　この問題を分析した森永卓郎（経済アナリスト）は、著作『年収崩壊』（2007年）のなかで、その巨額な企業収益は、一つには株主に支払う配当金へと分配され、二つには大企業の役員報酬として分配されたと、次のように説明している。GDP統計でみると、興味深い事実が浮かび上がる。2001年度から2005年度にかけて雇用者報酬が8兆5163億円減少したのに対して、企業の利益に相当する営業剰余は10兆1509億円も増えている。このことは、企業が人件費の節約を製品価格の引き下げに振り向けたのではなく、全額利益の上積みに振り向けたことを意味している。つまり、企業は競争力確保のためにやむをえず非正社員を増やしたのではなく、自分たちの利益を増やすために、非正社員を増やしたのである。それでは、その利益はどうなったのか。財務省の「法人企業統計」をみると、興味深いことがわかる。2001年度から2005年度にかけての4年間

で、企業が株主に支払った配当金は2.8倍に増えた。株式の配当金だけで暮らしている大金持ちは、4年で所得が3倍になったことになる。もう一方で、大金持ちになった人がいる。それが大企業の役員である。「法人企業統計」で役員報酬をみると、資本金10億円以上の企業では、役員報酬が4年間で88％も増えている。2006年度の主要企業100社の1人当たり取締役報酬は6030万円で、前年比で21％増えている。つまり、大企業の役員は、この5年間で報酬を2倍以上にしたということになる。しかし、その一方で、資本金1000万円未満の企業は、2001年度から2005年度にかけての4年間で、役員報酬を2.9％も減らしていた。[9]

　次の表Ⅱ-2-2は、2001年から2007年までの日本企業（全産業）の損益および剰余金の配当状況を示したものである。

　この表Ⅱ-2-2からわかるように、2001年の役員報酬は5650億円、2002年のそれは8967億円、2003年は9677億円、2004年は1兆2313億円、2005年は1兆5225億円となっており、全労働者の賃金とは対照的に急増した。その間に2.7倍の増加となった。2006年以降についてはその統計数値は方法を変えたため不明であるが、当期純利益が2006年の28兆円、2007年の25兆円をみると、どう推測しても減少することはありえない。配当金をみると、2001年の4兆4956億円、2002年の6兆5094億円、2003年の7兆2335億円、2004年の8兆5849億円、2005年の12兆5286億円、2006年の16兆2174億円、2007年の14兆390億円と急増した。2001年の配当金と2006年のそれを比較すると3.6倍、11兆7000億円も増加し、2007年のそれを比較すると3.1倍、9兆5000億円も増加した。これも全労働者の賃金とはまったく対照的である。こうして、この間、日本社会においては富める者（大企業の役員、大株主）と貧しい者（一般労働者、とりわけ非正規社員）との所得格差が急激に拡大した。

　また、1980年代後半以降、所得の格差を是正する税制（社会の再分配の役割を持つ制度）も次々と富める者と大企業にとって有利になるように改正された。1989年に、第一段階として、日本では消費税（当時は3％の税率）が初めて導入され、同時に所得税が軽減された。消費税は間接税の典型的なものであり、所得の低い層ほどその実質負担率が大きくなることからそれは「大衆課税」とも

表Ⅱ-2-2　日本企業（全産業）の損益および剰余金の配当状況

(単位：億円)

	経常利益	当期純利益	役員賞与	配当金	内部留保
2001年	282,469	−4,656	5,650	44,956	−55,262
2002年	310,049	62,230	8,967	65,094	−11,830
2003年	361,989	131,601	9,677	72,335	49,590
2004年	447,035	168,210	12,313	85,849	70,048
2005年	516,926	231,569	15,225	125,286	91,058
2006年	543,786	281,650		162,174	119,475
2007年	534,893	253,728		140,390	113,338

注）内部留保＝当期純利益−役員賞与−配当金（2006年度調査以前）
　　　　　　　当期純利益−配当金（2007年度調査以降）
出所）財務省「平成19年度法人企業統計調査」より作成。

呼ばれている。また、所得税の減税は、「小さな政府」の実現をスローガンとするアメリカのレーガン政権によって先行して積極的に実施されたものであり、それを見本にして日本に導入されたものである。特に、高額所得者ほどその減税の恩恵が大きかった。一連の税制の改正について、特に最高税率についてみると、相続税の税率は、75％から50％へと、所得税の税率も60％から40％へと、法人税も40％台から30％へと、それぞれ引き下げられた。加えて、小泉内閣は株式譲渡益・配当所得課税を5年間の期限付きで20％から10％へと引き下げ、「投資で稼ぐ」ことを優遇した。[10]

結局、小泉内閣（2001年4月から2006年9月まで）の構造改革で何が起こったのか。それは、大企業が正社員の仕事を積極的に非正社員に置き換え、中小下請け企業への発注単価を引き下げ、利益を増やし、その利益を使って役員報酬や株主への配当金を増やしたという事実である。その結果、中小企業は出口のない不況に追い込まれ、働く人の3人に1人を超えた非正社員は年収100万円台という低所得を強いられたのである。[11]

さらにまた、日本の労働者の現状を他の先進国と比較するとその現実は実に厳しいものがある。日本の労働者の2004年度の年間労働時間を他の先進国と比較すると、日本は1996時間、アメリカは1948時間であるが、一方、ドイツは1525時間、フランスは1538時間である。ドイツ、フランスと比較すると、日本とアメリカは年間約400時間の差となる。年次有給休暇を比較すると、日本は

8日、アメリカは13日であるが、一方、ドイツは31日、フランスは25日であり、加えて、ヨーロッパは完全週休2日制度である。[12]

2　日本の富裕層と貧困層

　日本の富裕層について検証してみよう。毎年恒例のアメリカの経済雑誌『フォーブス』2008年3月発表の記事によれば、2008年には世界の億万長者と呼ばれる「ビリオネアー」(資産が10億ドル以上、1000億円以上保有する富裕層)のリストには1125人が掲載された。その国籍別リストでは日本は24人が世界の「ビリオネアー」として紹介された。そのなかの主な人物を紹介すると、第1位(世界順位は124位)森章(森トラスト社長)の75億ドル、第2位(同149位)山内溥(元任天堂社長)の64億ドル、第3位(同194位)毒島邦雄(SANKYO会長)の53億ドル、第4位(同201位)孫正義(ソフトバンク社長)の50億ドル、第5位(同227位)佐治信忠(サントリー社長)の45億ドル、第6位(同236位)糸山栄太郎(元衆議院議員)の44億ドル、第7位(同296位)柳井正(ユニクロ創業者)の36億ドル、第8位(同428位)滝崎武光(キーエンス創業者)の27億ドル、第9位(同446位)三木谷浩史(楽天社長)の26億ドル、第10位(同553位)伊藤雅俊(イトーヨーカ堂創業者)の22億ドルなどである。その他に、建設業の竹中統一(竹中工務店社長)の21億ドル、消費者金融の代表的な2社、福田吉孝(アイフル社長)の18億ドル、神内良一(プロミス創業者)の15億ドルなどが入っている。[13]

　また、2009年2月発表の『フォーブス』の記事「日本の40人の億万長者」(Japan's 40 Richest)によれば、2008年の世界金融危機の影響を受けて株価が低迷し、多少その順位が入れ替わった。次の表Ⅱ-2-3は、日本の上位40人の億万長者のリストである。

　表Ⅱ-2-3に示されているように、第1位が前年第7位であった柳井正(ユニクロ創業者)の61億ドルとなり、そのリストのトップとなった。前年の主要な人物は順位は多少入れ替わったが、ほとんどそのリストに入っている。その他そのリストには、消費者金融の別の代表的な2社、武井ひろこ(武富士元会長・妻)の28億ドル、木下兄弟(アコム創業者)の19億ドル、証券業の松井道夫(松

表Ⅱ-2-3　日本の上位40人の億万長者（2009年）

（単位：億ドル）

順位	氏名	会社・役職	資産
第1位	柳井正	ファーストリテイリング会長兼社長	61.0
第2位	毒島邦雄	SANKYO会長	52.0
第3位	山内溥	任天堂相談役	45.0
第4位	森章	森トラストホールディングス社長	42.0
第5位	孫正義	ソフトバンク社長	39.0
第6位	糸山英太郎	元衆議院議員	37.0
第7位	三木谷浩史	楽天会長兼社長	36.0
第8位	佐治信忠	サントリー社長	35.0
第9位	武井ひろこ	武富士元会長・妻	28.0
第10位	滝崎武光	キーエンス会長	24.0
第11位	伊藤雅俊	セブンアンドアイホールディングス名誉会長・創業者	23.0
第12位	三木正浩	ABCマート会長	22.0
第13位	木下兄弟	アコム創業者	19.0
第14位	多田勝美	大東建託創業者	17.0
第15位	国分勘兵衛	国分社長	16.0
第16位	神内良一	プロミス創業者	15.0
第17位	福武總一郎	ベネッセ会長	14.0
第18位	永守重信	日本電産社長	12.0
第19位	森捻	森ビル社長	11.0
第20位	韓昌祐	マルハン会長	10.0
第21位	松井道夫	松井証券社長	9.5
第22位	岡田和生	アルゼ会長	9.0
第23位	船井翠良	船井電機社長	8.8
第24位	田中良和	グリー社長	8.5
第25位	金沢要求	三洋物産社長	8.0
第26位	福嶋康博	スクウェア・エニックス名誉会長・創業者	7.7
第27位	似鳥昭雄	ニトリ社長	7.6
第28位	島村恒俊	しまむら創業者	7.5
第29位	里見治	セガサミーホールディングス会長兼社長	7.4
第30位	上原昭二	大正製薬会長	7.3
第31位	稲盛和夫	京セラ創業者	7.0
第32位	吉田忠裕	YKK社長	6.2
第33位	多田直樹	サンドラッグ創業者	6.1
第34位	重田康光	光通信会長兼CEO	6.0
第35位	杉浦広一	スギ薬局社長	5.8
第36位	大塚実／裕司	大塚商会創業者	5.5
第37位	豊田章一郎	トヨタ自動車名誉会長	5.1
第38位	竹中統一	竹中工務店社長	5.0
第39位	増田宗昭	カルテュア・コンビニエンス・クラブ創業者	4.9
第40位	笠原健治	ミクシィ社長	4.8

出所）Japan's 40 Richest, Forbesのホームページより作成。（http://www.forbes.com/2009/02/18）

井証券社長）9.5億ドル、家具販売の似鳥昭雄（ニトリ社長）の7.6億ドル、自動車産業の豊田章一郎（トヨタ自動車名誉会長）の5.1億ドルなども入っている。この日本の40人の富裕層の総資産の合計は695億ドル（約7兆円）である。しかし、それは昨年（2008年）に発表された5月時点の899億ドル（約10兆円）からみると、世界金融危機の影響で彼らが保有する株価が大幅に下落して減額したものである。実際には、2009年における日本の富裕層上位40人の一人当たりの平均資産は17.3億ドル（約1700億円）ということになる。すなわち、前年と比較すると、富裕層上位40人の一人当たり平均で300億円の減額とはなっているが、それでも手元には1700億円の資産があることには変わりない。[14]

　日本の富裕層が保有する金融資産についてもう少し検証してみよう。次の図Ⅱ-2-1は、2005年における日本の富裕層の金融資産状況である。

　日本の金融資産の分布状況についてみると、野村総合研究所の推定によれば、2005年の日本の全世帯の金融資産（預貯金、株式、投資信託、債券、一時払い生命・年金保険などの総額）は1153兆円、日本の全世帯は4900万世帯であった。その内訳は、最上層「超富裕層」の金融資産5億円以上の保有する5万2000世帯（0.1％）が46兆円（3.9％）の金融資産を保有し、次の上層「富裕層」の金融資産1億円以上保有する81万3000世帯（1.7％）が167兆円（14.5％）を保有していた。すなわち、金融資産1億円以上の86万5000世帯（1.8％）の「超富裕層」と「富裕層」は、213兆円（18.5％）を保有していることになる。次の「準富裕層」の金融資産5000万円以上保有する280万4000世帯（5.7％）は182兆円（15.8％）であった。すなわち、「超富裕層」、「富裕層」、「準富裕層」の336万9000世帯（7.5％）の金融資産総額は395兆円（34.3％）であった。次の「アッパーマス層」の金融資産3000万円から5000万円未満の701万9000世帯（14.3％）は246兆円（21.3％）を保有し、次の「マス層」の金融資産3000万円未満の3831万5000世帯（78.2％）が512兆円（44.4％）を保有していた。[15]

　このように、日本社会における「超富裕層」、「富裕層」、「準富裕層」の合計は全体のわずか7.5％の世帯ではあるが、その少数の人々の金融資産総額は395兆円であり、それは全体の34.3％を占めていた。しかし、その一方で、前にみたように、2005年時点で貯蓄ゼロ世帯は22.8％も実際にはあった。すな

図Ⅱ-2-1　日本の富裕層の金融資産状況（2005年）
2005年の富裕層マーケット

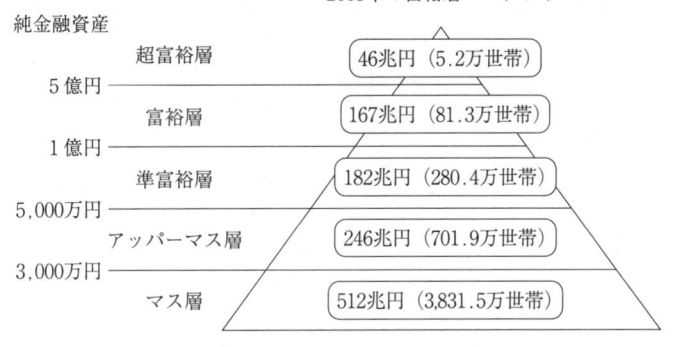

純金融資産
- 超富裕層　46兆円（5.2万世帯）
- 5億円
- 富裕層　167兆円（81.3万世帯）
- 1億円
- 準富裕層　182兆円（280.4万世帯）
- 5,000万円
- アッパーマス層　246兆円（701.9万世帯）
- 3,000万円
- マス層　512兆円（3,831.5万世帯）

		1997年	2000年	2003年	2005年
超富裕層	金融資産（兆円）	52	43	38	46
	世帯数（万世帯）	8.2	6.6	5.6	5.2
富裕層	金融資産（兆円）	124	128	125	167
	世帯数（万世帯）	80.4	76.9	72.0	81.3
準富裕層	金融資産（兆円）	137	166	160	182
	世帯数（万世帯）	210.8	256.0	245.5	280.4
アッパーマス層	金融資産（兆円）	192	201	215	246
	世帯数（万世帯）	547.7	575.1	614.0	701.9
マス層	金融資産（兆円）	487	503	519	512
	世帯数（万世帯）	3,643.7	3,760.5	3,881.5	3,831.5

出所）野村総合研究所『新世代富裕層の「研究」』東洋経済新報社、2006年、32頁、図表2-2。

わち、およそ4世帯のうち1世帯は貯蓄ゼロであったという日本社会の今日の現実も確認しておかなければならない。

　また、橘木俊詔・森剛志の『日本のお金持ち研究』（2005年）によれば、日本の富裕層については、年間納税額3000万円（所得はおよそ1億円相当）の人々を高額所得者として定義し、分析したものがある。その二人の研究によれば、次のように説明されている。

　勤労世帯の過半数（7割以上）は年収500万円から1500万円の間におり、これらの人は中流階級を形成している。ただし、勤労者でも1500万円以上の所

得を稼いでいる人も相当数いる。1500万円という所得を境にすれば、おおまかにいえば、上流は経営者層と一部の勤労者、中流は大多数の勤労者層といえる。高額所得を年間納税額3000万円（所得はおよそ1億円相当）で定義すると、企業家（規模を問わず最高の経営責任者）が33.3％、トップではない経営幹部（副社長以下の役員）が11.6％、医師が15.4％、芸能人・スポーツ選手2.2％、弁護士0.4％、その他38.7％である。なお「その他層」とは土地保有者や引退者を含んだ層である。トップ2が企業家と医師であり、この二つで約45％を占めていた。現代の日本では「お金持ち」はこの二つの職業で代表されている。もう一つの特色は、企業家や経営幹部は多くが東京や大阪の大都会に居住していることである。特に東京の多さが目立つ。それに対して、医者は全国くまなく居住している。言い換えれば、ビジネスの世界での成功は大都会で、医者の場合にはどこの地域でも高額所得者になれるのである。興味深いのは企業家の変化[16]である。1984年と2001年において、どの産業（小分類）における企業家が高額所得者であったかをみると、84年では、土木建築、百貨店・スーパー、不動産賃貸、銀行、鉄道といった大企業の経営者が多かったが、2001年では、ITやプログラム開発といった情報通信、化粧品製造、飲食チェーン、パチンコ経営、コンサルタント、消費者金融、シンクタンク、人材派遣業といったように、様々な業種にわたる。一昔前では考えられなかった業種の人が、巨額の所得を稼ぐ経営者になっていた。[17]

　さて、一方、日本の雇用と労働者をめぐる経済環境は、1990年代に入ってから日本経済の長期不況とグローバル経済の国際競争によっていっそう厳しくなった。

　1995年5月に日本経営者団体連合（日経連）はこれまでの日本的経営の支柱であった「終身雇用制度」や「年功序列制度」を大きく見直す提言を発表した。その提言によれば、雇用のあり方については、①「長期蓄積能力活用型」、②「高度専門能力活用型」、③「雇用柔軟型」の三つに分け、通年採用、途中採用を活用し、労働者の賃金もそれに伴って見直すというものであった。すなわち、①「長期蓄積能力活用型」は期間の定めのない雇用契約を結ぶ管理職、総合職、基幹職で、昇級、退職金、年金があるもの、②「高度専門能力活用型」は有期

雇用契約を結んで働く専門職、技術職で、年俸制で働き、退職金と年金はないもの、③「雇用柔軟型」は有期雇用契約を結んでパート、臨時契約職、派遣社員などとして働く一般職、技能職、営業職であり、時間給制で、退職金と年金はないものである。[18]

この提言はその後の大量の非正規労働者の創出にとって出発点となるものであり、1990年代以降のグローバリゼーションの進展に伴って、日本経済における「新自由主義」の経済政策の実施、すなわち「構造改革」と「規制緩和」として押し進められたものである。

1998年に小渕内閣のもとで設置された総理大臣の諮問機関である「経済戦略会議」は、1999年2月に「日本経済再生への戦略」と題する答申を出した。そのメンバーには、アサヒビール会長の樋口廣太郎、トヨタ自動車の奥田碩などの財界人のほか、後に小泉内閣に入閣して「構造改革」の旗振り役となった竹中平蔵がいた。その答申の内容は、日本経済の「行き過ぎた平等社会」と決別して「個々人の自己責任と自助努力」をベースとした「健全で創造的な競争社会」を構築して日本経済を再生することであった。その後、「経済戦略会議」は次々と具体的な政策を提言した。特に、派遣労働事業の基礎となる「労働者派遣法」の改正に着手し、1999年12月にそれが改正されて派遣労働が広く認められ、小泉内閣時代の2003年には製造業にまで派遣労働が認められて、派遣労働者の数は一気に増加した。[19]

橋本健二は著書『貧困連鎖』(2009年)において、現代の日本では、労働者階級の一部が下層化し、これまであったような労働者階級の下に「アンダークラス」という新しいグループが形成され、それが現代社会の最下層階級であると次のように指摘した。

このアンダークラスは非正規労働者の増加に伴って激増しつつある。それはどのくらいの規模になるのか。2002年の政府の「就業構造基本調査」データからの推測によれば、就業者総数6245万人に対して、アンダークラス(派遣社員・請負社員・フリーターなど)は1381万人、就業人口全体の22.1％であるが、そのなかからパート主婦を除外すると、それは、693万人、就業人口全体に占める割合は11.1％となる。しかし、この数字はあくまでもデータが入手できた2002

年時点のもので、その後の非正規労働者の急増を考慮に入れると、このアンダークラスはさらに大きくなるはずである[20]。

このように、特に小泉内閣の「構造改革」推進によって、企業はこれまで以上に安い労働力の確保が可能となった。その結果、企業は労働者の賃金を低く抑えることに成功し、好調な輸出によって巨額の利益を上げ、その利益を株式の配当金、役職者報酬として分配した。こうして、日本の「格差社会」は国民の雇用と労働者の賃金の犠牲の上に成立した。

1980年代における先進国における「新保守主義」と呼ばれるイギリスのサッチャー政権、アメリカのレーガン政権、日本の中曽根政権の成立以降、「新自由主義」経済学を基礎とする経済政策の実施によって日本の「格差社会」も着実に形成されてきたのである[21]。

3 アメリカの「格差社会」

今や日本の「お手本」となっている世界一の「格差社会」アメリカをみてみよう。

アメリカを代表する近代経済学者のポール・クルーグマンの著書『格差はつくられた』（2008年）によれば、現代のアメリカは第二の「金ぴか時代（The Gilded Age）」（第二の格差社会の時代）を迎えている。次の表Ⅱ-2-4は、1920年代と2005年におけるアメリカの総所得に対する最高所得者の占有率を示したものである。

クルーグマンによれば、第一の「金ぴか時代」（第一の格差社会の時代）は1920年代であり、それは最高所得10％の人々が総所得の43.6％を占め、最高所得1％の人々が総所得の17.3％を占めていた時代であった。そして、第二の「金ぴか時代」（第二の格差社会の時代）である2005年においては、最高所得10％の人々が総所得の44.3％を占め、最高所得1％の人々が総所得の17.4％を占めた。つまり、現代においては戦後のアメリカ「中流社会」（Middle-Class Society）は崩壊し、今や時代はかつての1920年代の「金ぴか時代」（格差社会）に再び逆戻りしたということである[22]。

表Ⅱ-2-4 アメリカの総所得に対する最高所得者の占有率(キャピタル・ゲインは除く)

	最高所得10％の層	最高所得1％の層
1920年代の平均	43.6%	17.3%
2005年	44.3%	17.4%

出所)Paul Krugman, *The Conscence of a Liberal*, W.W. Norton, 2007, p16, Tabel1.

アメリカは、1929年世界恐慌以来、ケインズ経済学によって、ニューディール政策の開始によって貧富の「大圧縮」を実現し、1940年代半ばから1970年代半ばにはアメリカでは「中流社会」がつくられた。1929年にはアメリカ人の富裕層の0.1％の人々が富の20％以上を所有したが、1950年代には富裕層の0.1％が富の10％にまで低下した。それはルーズベルト大統領時代においては、最高所得税率は79％であり、また冷戦期の1950年代半ばにおいては最高所得税率が91％であったが、現在のアメリカにおいては最高所得税率は35％に過ぎない。[23]

1980年代以降、レーガン大統領が「小さな政府」の実現をスローガンとする「新自由主義」経済学の経済政策の実施を開始し、その後、アメリカの「大格差社会」がつくられた。「新自由主義」経済学の経済政策の実施により、高額所得者の大幅減税、法人税の減税、「金融の自由化」、「民営化」と「規制緩和」の推進、「スター・ウォーズ計画」による軍事費の激増と大軍拡などが実行された。2001年以後のブッシュ政権においても、レーガン政権と同様に「新自由主義」経済学の経済政策が実施され、9.11事件を転機として、同年のアフガニスタン戦争、2003年のイラク戦争が開始され、大軍拡が実行された。

その結果、経営者と労働者の所得格差が非常に大きくなった。1970年代には102の代表的大企業のCEO（最高経営責任者）の平均報酬は120万ドルであり、フルタイムの労働者の平均給与の40倍であったが、2000年のそれは900万ドル、労働者のそれの367倍と跳ね上がった。また、経営者トップの報酬も1970年代おいては平均的労働者の給与の31倍であったが、2000年初頭では169倍にもなった。[24]

また、ロバート・ライシュの著書『暴走する資本主義』(2008年)によれば、

アメリカ経済は、過去30年にわたって力強い経済成長があったにもかかわらず、中位家計の実質収入がほとんど伸びてはいない。富はどこへ行ったのか。ほとんどが最上位の所得層へ流れたと次のように指摘した。2004年においては、最上位の1％の人々だけで、国の総所得の16％を受け取っていた。1980年には8％であったのが、倍増した訳である。最上位の0.1％の人々の所得は総所得の7％を占めており、それは1980年と比較して3倍になった。それに対して、95％の人々の所得は、1978年から2004年にかけての所得の伸びは年平均1％に満たなかった。[25]

次の表II-2-5、図II-2-2、図II-2-3は、1947年から1973年までと1974年から2004年までにおけるアメリカの5階層別実質家計所得の伸びを示したものである。

この表II-2-5、図II-2-2、図II-2-3からわかるように、戦後のアメリカ「中流社会」は、1947年から1973年までの「大圧縮」の時代には、すべての階層が大きくその所得を伸ばした。もっとも所得が大きくなったのは、最下位20％の人々であり、最上位20％の人々のその増加はもっとも小さかった。こうして貧富の格差は大幅に縮小し、そしてアメリカ「中流社会」が形成された。しかし、図II-2-3からわかるように、1974-2004年の間においては、グラフの形がすっかり変化し、最上位20％の人々の所得の増大が63.6ポイントともっとも大きくなったのに対して、所得が低い人々ほどその増加は小さくなった。最下位20％の人々のその間の増加はわずかに2.8ポイントに過ぎない。こうして、アメリカの「中流社会」は崩壊し、貧富の格差および所得の格差が非常に大きい社会、「大格差社会」へと変貌した。

ライシュは前著において、大企業の経営者と一般労働者との所得格差について次のように説明する。

所得層の最上位0.1％の人々の2001年の税の申告は830億ドルであったが、その半分の480億ドルがアメリカ企業の高額所得者上位5人の役員報酬（役員所得）の合計額であった。役員報酬はストックオプションや手当を含めると平均640万ドル（1ドル＝120円として計算すると7億6800万円）、CEOの報酬は平均1430万ドル（約17億円）だった。CEOの報酬と平均的労働者の賃金を比較

第2章 日本・アメリカの拡大する貧富の格差

表Ⅱ-2-5 アメリカの5階層別実質家計所得の伸び

	最下位20%	下位20%	中位20%	上位20%	最上位20%
1947-1973年	116.1	97.1	98.2	103.0	84.8
1974-2004年	2.8	12.9	23.3	34.9	63.6

出所）Robert B. Reich, *Supercapitalism*, Vintage Books, 2008, p.106.より作成。

図Ⅱ-2-2 アメリカの5階層別実質家計所得の伸び（1947-1973年）

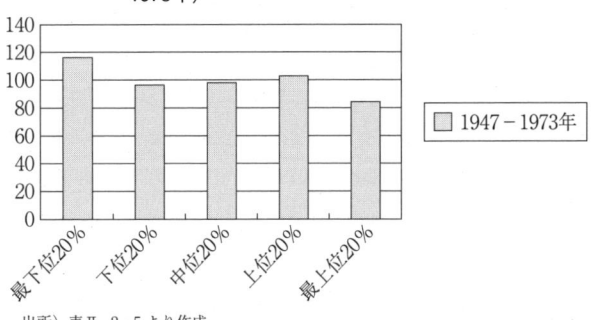

出所）表Ⅱ-2-5より作成。

図Ⅱ-2-3 アメリカの5階層別実質家計所得の伸び（1974-2004年）

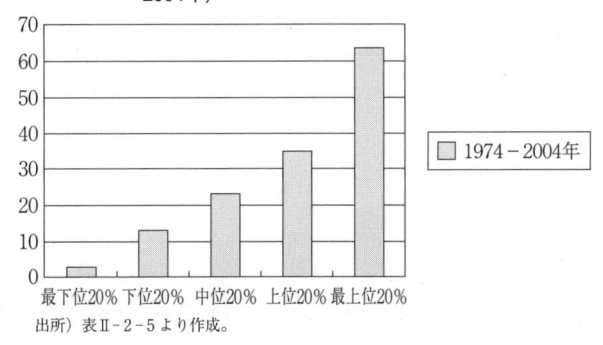

出所）表Ⅱ-2-5より作成。

すると、1970年代以降、両者の間隔はしだいに広がるようになった。1980年代においては、大企業のCEOの手取りは労働者の約40倍であったが、1990年には約100倍になり、2001年には実に約350倍に膨れ上がった。1968年のGMのCEOの手取りは（現在のドル値に換算すると）400万ドルで、当時のその会社

の平均的労働者の賃金の約66倍であった。しかし、2005年、ウォールマートのCEO、リー・スコット・ジュニアの手取額は1750万ドル（約21億円）で、その会社の平均的労働者の賃金の約900倍であった。[26]

　1980年から2003年までの間、アメリカの上位500社の平均企業価値はインフレ調整済みで6倍になったが、これら500社のCEOの平均報酬も同じように6倍になった。2005年、エクソン・モービル社は360億ドル（4兆3200億円）の利益を計上した。元会長のリー・レイモンドはその年、総額でおよそ1億4000万ドル（168億円）の報酬をもらい引退した。さらに彼はこれとは別に2億5800万ドル（310億円）に相当する株、ストックオプション、長期報酬も得た。[27] しかし、ゴールドマン・サックス社、モルガン・スタンレー社、メリルリンチ社、リーマン・ブラザーズ社、ベア・スターンズ社などの投資銀行のトップやトレーダーは他のCEO以上の報酬を手にした。彼らは、巨額の資金を使い、マネーゲームを展開した。その分け前は、同様に巨額であった。2006年においては投資銀行の上級役員は2000万ドル（24億円）から2500万ドル（30億円）のボーナスを手にし、トレーダーは4000万ドル（48億円）から5000万ドル（60億円）の小切手を受け取っていた。さらに、ヘッジファンドのマネージャーのルネサンス・テクノロジーのジェームズ・シモンズは15億ドル（1800億円）の収入があったと報告した。BPキャピタルマネジメントのブーン・ピケンズ・ジュニアは14億ドル（1680億円）、ソロス・ファンド・マネジャーのジョージ・ソロスは8億4000万ドル（1008億円）、SACキャピタル・アドバイザーズのスティーブン・コーエンは5億5000万ドル（660億円）の報酬を得た。2005年、大手ヘッジファンドのマネージャー26人の手取額の「平均」は3億6300万ドル（436億円）で、前年比45％の増加であった。[28]

　このようにして、世界のマネーゲームによって、わずか一握りの人々の手に巨額な富が集中していった。

4　アメリカの富裕層と貧困層

　『超・格差社会アメリカの真実』（2006年）の著者の小林由美（経営戦略コンサル

タント・アナリスト）によれば、アメリカ社会は、「特権階級」、「プロフェッショナル階級」、「貧困層」、「落ちこぼれ」の四つの階層に分かれた社会であると次のように指摘する。

　アメリカ社会の最上層の「特権階級」とは、アメリカ国内に400世帯前後いるとされる純資産10億ドル以上（1200億円以上）の「ビリオネアー」と5000世帯強と推測される純資産1億ドル以上の人々、すなわち特権的富裕層（privileged wealth）の人々である。経済的にも政治的にも、アメリカ社会の頂点に立つ彼らの影響力は計り知れない。その下に位置するのが、35万世帯前後と推測される純資産1000万ドル以上（12億円以上）の富裕層と、純資産200万ドル（2億4000万円以上）でかつ年間所得20万ドル以上（2400万円以上）のアッパーミドル層からなる「プロフェッショナル階級」である。彼らは高給を稼ぎ出すための高度な専門的スキルやノウハウ、メンタリティを持っている。この「特権階級」と「プロフェッショナル階級」の上位二階級を合わせた500万世帯前後、総世帯の上位5％未満の層に、全米の60％の富が集中されている。アメリカ国内の総世帯数は1億1000万世帯だが、経済的に安心して暮らしていけるのは、この5％の「金持ち」たちだけであろう。[29]

　アメリカの経済雑誌『フォーブス』2008年3月発表の記事によれば、2008年の世界の億万長者、いわゆる「ビリオネアー」（10億ドル以上＝1000億円以上の資産を持つ人々）の数は世界で1125人、その総資産額は前年より9000億ドル増加して4兆4000億ドルであった。そのうち、アメリカには469人がその世界の「ビリオネアー」に入っていた。第1位はアメリカのウォーレン・バフェット（投資家）の620億ドル（約6兆8000億円）、第3位は前年まで13年間も首位の座にいたビル・ゲイツ（マイクロ・ソフト会長）の580億ドル（約6兆4000億円）であった。[30]

　また、『フォーブス』2008年9月発表の記事「フォーブス400」（アメリカの400人の億万長者）によれば、アメリカの400人の富豪の総資産額は1兆5700億ドル（約173兆円）であり、その400人の平均総資産額は1人当たり390億ドル（約4兆3000億円）であった。[31]

　この400人の億万長者の総資産額1兆5700億ドルという金額がどのくらい

の大きな金額なのか、他のいくつかの事例を挙げて比較すると、2008年のアメリカ連邦政府支出は2兆9786億ドルであり、それは国家支出の53％に相当する金額であった。同年の公表国防費（「対テロ戦争」費は含まない国防総省予算）は6240億ドルであり、それは国防費の2.5倍の金額であった。同年のメディケア支出（高齢者と障害者の医療費）は3907億ドルであり、それはメディケア支出の4倍の金額であった。[32]

次の表Ⅱ-2-6は、2008年におけるアメリカの上位400人の億万長者のリストである。第1位はもちろん世界第1位にランクされたウォーレン・バフェット（投資家）である。第2位がマイクロソフト会長のビル・ゲイツであった。（ビル・ゲイツは2007年まで13年連続第1位を維持していたが、2008年の発表ではその順位が変わり話題となった。しかし、2009年の発表では再び世界第1位の座に戻っている。）上位10人のなかにはウォールマートの4人の富豪、カジノ・ホテルの2人の富豪も入っている。

たとえば、その中の一人のビル・ゲイツの2005年の資産は440億ドル（5兆2800億円）であったが、これに対して、同年のアメリカの資産額下位40％の人々、1億2000万人のアメリカ人の資産総額は950億ドル（11兆4000億円）であった。[33]

前にみたように、1970年代以降、アメリカの上位富裕層1％の人々（2004年時点で約150万世帯に相当する）が国富に占める割合は倍増した。1976年には彼らは国富の約20％を所有していたが、1998年の数値では、彼らは国富の約3分の1を所有した。これは下位90％の人々が所有する財産全体よりも多かった。[34]

しかしながら、毎年公表される『フォーブス』による億万長者のリストであるが、そのリストにはアメリカの有名な巨大財閥一族の資産はほとんど目立たないか、あるいは非常に小さくしか出てこない。たとえば、ロックフェラー、モルガン、デュポン、メロン財閥一族の資産などである。[35]このように、このリストの資産推計は限界を持っているが、それでもアメリカの億万長者の資産の一部の実態を明らかにしていることは確かである。

さて、2008年世界金融危機の発生によって、アメリカの多くの人々は経済的

表Ⅱ-2-6　アメリカの億万長者（2008年）

		年齢	単位：10億ドル	
第1位	ウォーレン・バフェット	77	62.0	投資家
第2位	ビル・ゲイツ	52	58.0	マイクロソフト
第3位	シェルダン・アデルソン	74	26.0	カジノ、ホテル
第4位	ローレンス・エリソン	63	25.0	オラクル
第5位	クリスティ・ウォルトン一族	53	19.2	ウォールマート
第5位	ロブソン・ウォルトン	64	19.2	ウォールマート
第5位	ジム・ウォルトン	60	19.2	ウォールマート
第8位	アリス・ウォルトン	58	19.0	ウォールマート
第9位	サーゲイ・ブリン	34	18.7	グーグル
第10位	ラリー・ペイジ	35	18.6	カジノ、ホテル
第11位	チャールズ・コーク	72	17.0	製造業、エネルギー
第11位	デヴィット・コーク	67	17.0	製造業、エネルギー
第13位	ミシェル・デル	43	16.4	デル
第14位	ポール・アレン	55	16.0	マイクロソフト、投資家
第14位	カーク・コーキエン	90	16.0	投資家、カジノ
第16位	スティーヴン・バールマー	52	15.0	マイクロソフト
第16位	アビゲール・ジョンソン	46	15.0	金融
第18位	カール・アイカーン	72	14.0	投資家
第18位	ジョン・マース	71	14.0	食品、ペットフード
第18位	ジャック・テイラー一族	85	14.0	レンタカー
第18位	フォレスト・マース・ジュニア	76	14.0	食品、ペットフード
第18位	ジャクリーン・マース	68	14.0	食品、ペットフード

出所）forbes 400, forbes のホームページより作成。
（http://www.forbes.com/list/2008/10/billionaires08/）

に苦況に立たされた。

　現在のアメリカの家計部門の資産と負債状況をみると、全体の所得の上位1％の人々の家計の資産や財務内容はとても安全である。次の上位9％の人々も安全である。その次の上位40％の人々は若干のリスクに直面している。だが、下位50％以下の人々の家計は大きなリスクにさらされている。上位1％の人々の保有資産は合わせて18兆6000億ドル、資産に対する負債の比率は4.2％である。次の上位9％の人々は23兆1000億ドルを保有し、負債比率は9.3％である。その次の上位40％の人々は同じく23兆1000億ドル保有するが、

負債比率は 28.8％に高まる。下位 50％の人々となると、保有資産は 4 兆 3000 億ドルに過ぎなく、負債比率は実に 82.1％となっている。[36]

保有する金融資産だけの数字をみても、2001 年時点においてさえも、上位の階層へのその集中が明らかであった。上位 1％の人々が全体の金融資産のほぼ 4 割を占め、上位 5％の人々で全体の 3 分の 2 を占めていたので、残り 95％の世帯の持ち分はさらに小さくなる。これは残り 95％の大半の世帯の主要資産が持ち家であることを反映していた。したがって、上位 20％の人々の金融資産のシェアーは 91.3％に達し、次の 20％の人々の持ち分 7.8％を足すと全体の 99.1％になる。つまり、全世帯の上位 40％の人々がほぼすべての金融資産を持っていることになり、残る 60％の人々には金融純資産はまったくなく、あるのは借金のみということになる。[37] 実際、2007 年のサブプライム問題と 2008 年世界金融危機の発生はその事実を証明することになった。

さて、戦後アメリカ社会における貧困層をもう少し詳しくみると、ジョン・アイスランドの著書『アメリカの貧困問題』（2003 年）によれば、アメリカの貧困率は、1953 年（貧困に関する政府統計が入手できるようになった最初の年）と 1973 年の間は着実に低下したが、その後はその低下率が止まったと指摘している。すなわち、1959 年にはアメリカの人口の 22.4％が貧困であったが、1973 年にはそれはわずか 11.1％に落ちた。しかし、1990 年代のアメリカの経済成長と貧困の減少にもかかわらず、公式貧困率は 2000 年には依然として 11.3％であり、このことは 3110 万人のアメリカ人が貧困状態にあることを意味している。アメリカの貧困率の 1970 年代以降の変化をみると、1973 年には 11.1％まで下がったにもかかわらず、1979 年の第二次石油危機後の 1980-82 年の世界不況によって 15％まで上昇し、1991 年の世界同時不況によってまた再び 15％まで上昇した。1980 年代後半と 1990 年代後半はアメリカ経済の好景気によって貧困率はやや低下するが、それでも 11％の水準を下回ることはなかった。[38]

1990 年代の「IT 革命」と「ニューエコノミー」、2000 年代の「住宅バブル」と呼ばれるアメリカ経済の長期の好景気は、途中に 1987 年 10 月の「ブラック・マンデー」や 2000 年の「IT バブル」崩壊などの一時的短期的停滞があったにもかからず、2008 年世界金融危機まで続いた。しかしながら、前の 2008 年の

第2章 日本・アメリカの拡大する貧富の格差

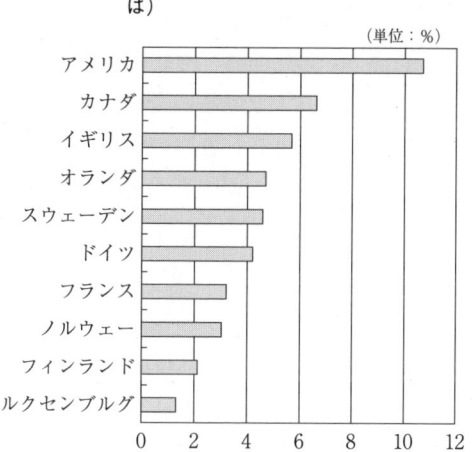

図Ⅱ-2-4 富裕国の相対的貧困率（1990年代半ば）

(単位：％)

- アメリカ
- カナダ
- イギリス
- オランダ
- スウェーデン
- ドイツ
- フランス
- ノルウェー
- フィンランド
- ルクセンブルグ

注）貧困ラインは各国における実質個人可処分所得の中央値の40％とする。
出所）John Iceland, *Poverty in America : A Handbook*, University of California Press, 2003, Figure 4.7. より作成。

OECDの分析にもあるように、この20年間のアメリカの貧困率は停滞したまま推移し、大きな改善はなかった。

上の図Ⅱ-2-4と次の表Ⅱ-2-7は、前者が1990年代半ばのいくつかの富裕国の相対的貧困率、後者が1990年代半ばの児童の相対的貧困率の国別比較をそれぞれ示したものである。

図Ⅱ-2-4が示しているように、1990年代半ばのアメリカは他の先進国と比較して、高い水準の貧困、高い貧困率を保持している。すなわち、アメリカが10.7％、カナダが6.6％、イギリスが5.7％、オランダが4.7％、スウェーデンが4.6％、ドイツが4.2％、フランスが3.2％、ノルウェーが3.0％、フィンランドが2.1％、ルクセンブルグが1.3％である。その貧困率がアメリカで高い理由は、多くの職場でフルタイム雇用であっても低い賃金しか支払われず、また公的福祉も限られているからである。アメリカでは政府による福祉が低いので世界共通のたとえば児童手当のような政府移転支出からの純福祉給付、食糧切符や片親の子どもに対する支援のような目標を絞った社会的支援のための支

第Ⅱ部　グローバル資本主義と世界の貧富の拡大

表Ⅱ-2-7　児童の相対的貧困率の国際比較（1990年代半ば）

（単位：％）

ロシア	26.6
アメリカ	26.3
イギリス	21.3
イタリア	21.2
オーストラリア	17.1
カナダ	16.0
アイルランド	14.8
イスラエル	14.7
ポーランド	14.2
スペイン	13.1
ドイツ	11.6
ハンガリー	11.5
フランス	9.8
オランダ	8.4
台湾	6.3
スイス	6.3
ルクセンブルグ	6.3
ベルギー	6.1
デンマーク	5.9
オーストリア	5.6
ノルウェー	4.5
スウェーデン	3.7
フィンランド	3.4
スロバキア	2.2
チェコ	1.8

注）貧困ラインは各国の所得中央値の50％とする。
出所）John Iceland, *Poverty in America : A Handbook*, 2003, Figure 4.9.より作成。

出効果は、他の先進国よりも小さい。実際に、国民総生産に占める社会福祉のための政府支出の比率は、西ヨーロッパ諸国の方がアメリカよりかなり高い。特に、表Ⅱ-2-7が示しているように、各国の所得中央値の50％を貧困ラインとしたときの児童の相対的貧困率については、アメリカはわずかロシアだけが上にいるという非常に悪い状況にある。1990年代半ばの数字では、児童の相対的貧困率の国別比較（25ヵ国中）によれば、最悪の第1位がロシアの26.6％であり、それに次いで第2位がアメリカの26.3％であった。以下、その統計の主要国（日本を除く25ヵ国）をみると、第3位がイギリスの21.3％、第4位がイタリアの21.2％、第5位がオーストラリアの17.1％、第6位がカナダの16.0％、第11位がドイツの11.6％、第13位がフランスの9.8％、第19位がデンマークの4.6％、第21位がスウェーデンの3.6％、第23位がフィンランドの2.6％であった。アメリカは1人当たりGNPでは実質世界一であるにもかかわらず、北欧、西欧の先進国に比べて、絶対的、相対的貧困率はたいへん高い。またアメリカはヨーロッパ全体と比べても、相対的貧困率ではより高い国である。[39]

さらにまた、アメリカは「移民社会」「多民族社会」であり、貧困は民族的社会層の違いにも反映されるとして、アイスランドは次のように説明する。

アメリカにおいてはいくつかの少数民族グループは白人に比べて多くの社会的、経済的指標で低い水準に置かれている。平均すると、少数民族は白人に比

べ教育水準、雇用水準、賃金が低く、慢性的健康問題を抱えている傾向があり、これらはすべて、高い貧困率に伴う特徴である。たとえば、2000年におけるアフリカ系アメリカ人の公式貧困率は22.1％であった。この数字は歴史的にみると低いが、それでも全米平均の11.3％の約2倍である。2000年現在、アフリカ系アメリカ人はアメリカ総人口の13％を占めるが、長い間強烈な差別と不平等と闘わざるをえなかった。また、ラテン系アメリカ人（ヒスパニック）とアジア系アメリカ人はいくつかの共通性をもっているが、似たような歴史にもかかわらず、両者の間の貧困率はかなり異なっている。2000年のアジア系アメリカ人の貧困率は10.8％であったのに対して、ラテン系アメリカ人の貧困率はそれの約2倍の21.2％であった。さらに、アメリカ先住民の経験は他のすべてのグループと異なる。1998-2000年におけるアメリカ先住民の貧困率は25.9％であった。しかし、アメリカ先住民についての数量的調査は、その数が比較的少ないことから他のグループに比べると制約がある[40]。

　さて、橘木俊詔・浦川邦夫の二人の研究によれば、アメリカの貧困状況についての人口動態の特徴を次の六つにまとめている。第一に、子どもと高齢者の貧困率が高く、成人者のそれは低い。第二に、人種でみれば、アフリカ系とラテン系が非常に高く、アジア系はやや低く、白人はもっとも低い。第三に、女性が男性よりもやや高い。第四に、女性片親（母子家庭）の貧困率は30％前後以上であり、あらゆる層の中で最高の貧困率である。特に、少数民族の母子家庭は非常に高く、アフリカ系が38.4％、ラテン系が37.1％である。男性片親（父子家庭）も相当高い。夫婦のそれは非常に低い。第五に、学歴でみれば、中学卒が非常に高く、高校卒、大学卒と低くなる。第六に、移民の貧困率がアメリカ出生市民よりかなり高い[41]。

　また、アメリカ社会の貧困の実態について報告した話題の著書、堤未果『ルポ貧困大国アメリカ』（2008年）によれば、2005年においてアメリカ国内で「飢餓状態」を経験した人口は3510万人（全人口の12％）であり、うち2270万人が成人（全人口の10.45％）、1240万人が子どもであったこと、2006年においておよそ6000万人のアメリカ国民が1日7ドル以下の収入で暮らしていること、2007年において4700万人が無保険者であり、そのうち900万人が子どもであ

ったことなどが指摘されている。[42]

このように、アメリカ社会の内側をみると、現代のアメリカ資本主義は経済的に非常に大きな「格差社会」であるとともに、アメリカ社会の人種的・民族的・階級的に分裂した姿がみえてくる。

5 日本とアメリカの共通点

最後に、日本とアメリカの共通点について考察してみよう。結論を最初に示すと、日本とアメリカの共通点は、第一に、他の先進国と比較して両国政府の社会保障関連支出のその比率の低さであり、第二に、両国が「新自由主義」の経済政策を強力に推進したこと、特に企業が利潤追求および労働コストの削減のために労働者の「非正規雇用」を推進したことである。

最初に、第一の結論について考察する。次の表II-2-8は、2005年における社会保障財政の対名目GDP比の国際比較を示したものである。

この表II-2-8からわかるように、日本の社会保障関連支出（年金・介護、医療、福祉の合計）における対GDP比は18.6％であるが、それは主要先進国の中では、アメリカの15.9％、カナダの16.5％よりはその比率は多少大きいものの、イギリスの23.3％、ドイツの26.7％、フランスの29.2、スウェーデンの29.4％よりかなり小さい数字である。したがって、この社会保障関連支出のその比率の低さこそ、日本とアメリカの大きな共通点の一つであり、両国の人々の貧困率の高さの大きな要因の一つとなっていることが明らかである。

この点について、内閣府『平成21年度経済財政報告』によれば、日本の所得再分配効果は国際的には低めであるとして次のように説明している。

所得格差と再分配効果について、OECD加盟国の中で再分配前と再分配後のジニ係数の水準を比べると、次の二つの特徴が明らかになる。第一に、再分配前所得でみると、上位にイタリア、ドイツ、フランスなどの大陸欧州諸国があり、続いてアングロサクソン諸国が続き、日本はその次に位置し、OECD平均をやや下回る程度である。日本よりも小さいジニ係数となっているのは、北欧諸国など欧州の小国や韓国である。第二に、再分配後の所得で見ると、所得格

表Ⅱ-2-8　社会保障財政の対名目 GDP 比の国際比較（2005年）

(単位：%)

	年金・介護	医療	福祉	合計
日本	8.6	6.3	3.7	18.6
カナダ	3.7	6.8	6.0	16.5
アメリカ	5.3	7.0	3.6	15.9
イギリス	8.1	7.0	8.2	23.3
ドイツ	11.2	7.7	7.8	26.7
フランス	10.9	7.8	10.5	29.2
スウェーデン	9.6	6.8	13.0	29.4

出所）内閣府『平成21年度経済財政報告』263頁、第3-3-12図より作成。

差が大きいのは、南欧、東欧諸国に続き、アングロサクソン諸国となっている。その次に日本が位置し、OECD 平均をやや上回った水準である。OECD 平均よりも格差が小さいのは、韓国、続いて西欧や北欧の諸国となっている。ここから、国際的にみると、日本の所得格差は再分配前では比較的小さいが、再分配後は相対的に格差が大きい状態となっており、再分配効果はそれほど強くないことがわかる。実際、再分配効果の大きさをジニ係数の改善幅で諸外国と比較すると、年を経るにしたがい強まってはいるものの、英国やカナダなどアングロサクソン諸国と同程度であり、OECD ベースのデータで見る限り、日本の所得再分配機能は高いものではないことがわかる。国民負担率や、社会保障給付の対 GDP 比率が相対的に低いことが背景の一つとして考えられる[43]。

　次に、第二の結論について考察すると、1990 年代以降のグローバリゼーションによる世界資本主義の変化について早い段階から深く検証したものとしては、アメリカの代表的な近代経済学者の一人であるレスター・C・サローの研究がある。彼の著書『資本主義の未来』（1996 年）のアメリカ資本主義の分析によれば、特に 1990 年代以降、業種、職業、学歴、年齢、性別、人種、地域などで分けたグループ間およびグループ内でも、すべて不平等が急速に拡大しはじめ、そのなかでも最も急激な影響を受けたグループは男性の実質賃金の減少であったと指摘する[44]。アメリカではその男性の実質賃金の減少は企業の「ダウンサイジング」と呼ばれる企業の労働コストの削減、すなわち企業の「人減らし」あるいは「正社員の削減」がその最大の要因となった。サローは、次のように

説明する。

　1980年代後半から1990年代初めにかけ、「ダウンサイジング」の波が二回、経済を襲い、約250万人が職を奪われた。大企業が発表した人員整理の合計は、1990年の30万人から91年に55万人に増え、92年は少し減って40万人であった。第1波はそれほど意外ではなかった。景気が悪いときに人員を整理するのは、アメリカ企業の昔からのやり方であった。しかし、今までと違う点が二つあった。一つには、レイオフ（一時帰休）ではなく、完全な解雇を発表した企業が多かったことである。二つには、景気後退から脱し、高水準の利益を上げている企業、利益が増えている企業が実施したことであった。その後、「ダウンサイジング」の第2波が訪れたが、この波は明らかに、1991-92年の不況とは関係がなかった。発表された人員整理の総数は1993年に60万人に急増し、94年1月には10万4000人と月間の過去最高を記録し、その年全体では51万6000人となった。解雇の嵐は吹き止まない。1995年には、60万人近くになると予想されている。その一方で企業は過去25年間で最高の利益を上げている。「ダウンサイジング」の嵐はアメリカばかりではなく、ヨーロッパにも広がり、日本をも襲おうとしている。ダウンサイジングの過程で、アメリカ企業は、不本意のパートタイマー、臨時雇用者、契約社員、以前にレイオフされ以前よりはるかに安い賃金を受け入れた「自営」のコンサルタントからなる臨時の労働力を組織しつつある。ヒューレット・パッカードのように世界の一流企業でさえ、現在、従業員の8％は正社員ではない。企業は臨時社員を増やして、労働コストを抑え、人員配置の柔軟性を高めている。臨時社員は、正社員より賃金も付加給付も有給休暇も少なく、大きな経済的リスクと将来への不安を受け入れざるをえない。パートタイマーの場合、企業の年金や医療保険に加入できる確立は正社員の3分の1以下であり、技能に応じた賃金ははるかに安く、与えられる仕事の大半は昇進の道がふさがれている。男性の臨時社員は、正社員なら受け取れるはずの賃金の半分しかもらえない。[45]

　このように、サローは、アメリカ資本主義の現状分析よりアメリカにおいては企業の「ダウンサイジング」と呼ばれる「非正規雇用」による労働コストの削減に注目した。その後、実際に労働分野での「規制緩和」が推進されるなか

でその「非正規雇用」が進行し、同時に人々の貧困化も進み、ワーキング・プアと呼ばれる多くの人々が出現した[46]。

アメリカでの「コンティンジェント・ワーカー」(contingent worker) と呼ばれる非正規労働者は、一つには直接雇用 (パートタイム労働者、アルバイト、契約社員など)、二つには派遣労働者 (常用型と登録型)、三つにはインディペンデント・コントラクター (個人請負の形態をとった労務提供) という三つの形態に分けられる。これらの非正規労働者の大多数は、一部の例外を除けば、雇用が不確実で不安定であり、賃金が著しく低く、付加価値がほとんどないという特徴がある。特に、アメリカでは、インディペンデント・コントラクターでの就業者は、2005年現在で1030万人 (全労働力の7.4％) を占めている。2007年現在では、アメリカ連邦政府の定義で3728万人 (総人口の12.5％) の貧困人口がいるが、その約7割は日々の労働によって社会に不可欠な財・サービスを提供しながら、低過ぎる所得により豊かさから取り残されたワーキング・プアと呼ばれる人々である[47]。

ところで、日本においても、その後、サローのその「予想」通りに事態が進行した。すでに前にみたように、1995年に日経連が発表したこれまでの日本的経営を見直すための「提言」により、労働コストの削減のために「非正規雇用」の政策が強力に推進されたのである。それはまた日本における「新自由主義」経済学を基礎とする一連の経済政策の一つであり、その強力な「新自由主義」の推進の流れであった。その結果、今日では、日本においてもアメリカにおいても、非正規労働者の数は全労働者の約3分の1前後に達するようになった。

6 小　括

1980年代以降、先進国においては、イギリスのサッチャー政権 (1979-90年)、アメリカのレーガン政権 (1981-89年)、日本の中曽根政権 (1982-87年) によって、また2000年代のアメリカのブッシュ政権 (2001-09年)、日本の小泉政権 (2001-06年) などによって「新自由主義」経済学を基礎とした一連の経済政策が強力に実行された。

その結果、イギリス、フランス、ドイツなどのヨーロッパ先進国のみならず、日本、アメリカにおいてもかつては「中流社会」あるいは「福祉国家」と呼ばれたものが崩壊し、多くの先進国で人々の貧富の格差が急速に拡大し、多くの国では「格差社会」が生み出されてきた。特に、今日の日本とアメリカは先進国のなかでも人々の貧困率が上昇し、労働者の実質賃金が低下し、共にその「格差社会」のトップ・グループを形成している。

　日本とアメリカの「格差社会」を形成した共通の要因は、政府支出のなかでも社会保障関連支出がヨーロッパ先進国と比較して、非常に小さいという点にあった。同時に、アメリカが主導したグローバリゼーションと「新自由主義」の一連の経済政策の実行であった。特に、日本はそのアメリカ資本主義を「お手本」としてその経済政策を実行した。

　しかし、2008年世界金融危機の発生は人々への「新自由主義」に対する大きな警告となり、2009年におけるアメリカと日本の「政権交代」は人々の「新自由主義」批判の顕著な現れとなった。

　ここで、1980年代以降、現代資本主義の近代経済学の主流となった「新自由主義」経済学の果たした役割とそれがもたらした結果を歴史的に振り返って経済分析することは非常に重要である。特に、日本とアメリカ資本主義においてもたらされた「格差社会」の実態を深く知ることは、これからの将来を考える意味で重要なことである。

1）　橘木俊詔・浦川邦夫『日本の貧困研究』東京大学出版会、2006年、59頁。
2）　OECDのホームページより入手。OECD, Growing Unequal ? Income Distribution and Poverty in OECD Countries, 2008.
3）　2009年10月20日、長妻昭厚生労働相は低所得者の占める割合を示す「貧困率」について、2007年は15.7％だったと明らかにした。政府として貧困率を公表するのは初めてであった。公表されたのは国民生活基礎調査をもとに算出した「相対的貧困率」であり、所得を世帯人数に振り分けて高い順に並べたときに真ん中の所得（228万円）を基準に、その半分に満たない人が占める割合を示す。今回は、1998年以降の3年ごとの数値も公表された。1998年時点では14.6％、2001年は15.3％、2004年は14.9％だった。（『朝日新聞』2009年10月20日付。）
4）　2009年11月13日、厚生労働省は日本の一人親世帯の「相対的貧困率」（2007年）が

54.3％に上るとの調査結果を発表した。母子家庭や父子家庭などの半数以上が貧困状態にあることになり、経済協力開発機構（OECD）の集計では、加盟30ヵ国中で最も高い。同省は10月に国民全体の相対的貧困率を15.7％と発表したが、一人親世帯が貧困率を押し上げていることがうかがえる結果となっている。相対的貧困率は、国民の所得を順番に並べた時に、真ん中の人のさらに半分の額を「貧困線」と定め、それに満たない人の割合を示したもの。今回貧困線は、2007年の国民生活基礎調査を基に114万円とされた。今回は、世帯主が18歳以上65歳未満で子どもがいる家庭を調べた。一人親世帯の貧困率は1998年の63.1％よりも8.8ポイント、2004年の58.7％からは4.4ポイント改善したが、記者会見した山井和則政務官は「労働者全体の賃金が下がっており、相対的に貧困率が改善しているだけ」と説明した。大人が2人以上いる世帯の場合の貧困率は10.2％で、一人親世帯との差が大きかった。2007年の母子世帯数は約71万7000世帯、父子世帯数は約10万世帯であった。（『読売新聞』2009年11月16日付。『朝日新聞』2009年11月19日付。）

5） 橘木俊詔『格差社会』岩波新書、2006年、17-20頁。
6） 厚生労働省『平成20年版厚生労働白書』、51-57頁、図表2-2-2。
7） 内閣府『平成20年度年次経済財政報告』、第1-3-13図。
8） 同上書、5-6頁。
9） 森永卓郎『年収崩壊』角川新書、2007年、60-61頁。
10） 朝日新聞「分裂にっぽん」取材班『分裂にっぽん』朝日新聞社、2007年、129-130頁。橋本健二『貧困連鎖』大和書房、2009年、148-152頁。
11） 森永卓郎、前掲書、61頁。その一方で、2009年度に1億円以上の役員報酬を受け取った経営者は165社、283人であった。（『読売新聞』2010年7月5日付。）
12） 同上書、86頁。
13） http://www.forbes.com/2008/03/05　フォーブスのホームページより。
14） http://www.forbes.com/2009/02/18　フォーブスのホームページより。
15） 野村総合研究所『新世代富裕層の「研究」』東洋経済新報社、2006年、32頁。
野村総合研究所のホームページより入手。
http://www.nri.co.jp/news/2006/060905_1.html
16） 橘木俊詔・森剛志『日本のお金持ち研究』日本経済新聞社、2005年、7-12頁。
17） 同上書、90頁。
18） 『朝日新聞』1995年5月17日付。
19） 橋本健二、前掲書、59-67頁。森岡孝二『強欲資本主義の時代とその終焉』桜井書店、2010年、323-326頁。
20） 同上書、178-181頁。
21） 中野洋一『新版　軍拡と貧困の世界経済論』梓出版社、2001年、55-66頁。
22） Paul Krugman, The Conscience of a Liberal, W. W. Norton, 2008, pp16-17. ポール・ク

ルーグマン（三上義一訳）『格差はつくられた』早川書房、2008 年、23-24 頁。
23) Ibid, pp. 47-48. 同上書、39-40 頁。
24) Ibid, p. 142. 同上書、102 頁。
25) Robert B. Reich, *Supercapitalism*, Vintage Books,2008, p. 107. ロバート・ライシュ（雨宮寛・今井章子訳）『暴走する資本主義』東洋経済新報社、2008 年、144 頁。
26) Ibid, pp. 108-109. 同上書、147-148 頁。
27) Ibid, pp. 110-111. 同上書、151 頁。
28) Ibid, pp. 113. 同上書、153 頁。
29) 小林由美『超・格差社会アメリカの真実』日経 BP 社、2006 年、14-15 頁。
30) http://www.forbes.com/2008/03/05/
31) http://www.forbes.com/2008/09/16/
32) *Economic Report of the President 2009* よりの数字。
http://www.gpoaccess.gov/eop/table09.html
33) Robert B. Reich, op.cit., p. 113. ロバート・ライシュ、前掲書、155 頁。
34) Ibid, p. 114. 同上書、156 頁。
35) この点について、赤間剛は次のように指摘している。アメリカの法律では遺産相続の限定相続人を禁止している。しかし、「連続的な相続人限定」という手段で、この禁止は無効である。つまり三代目の資産所有者は、その資産を次の三代目まで手のつけられない信託にするという規定をつくればよい。ボストンはこういう連続相続信託のメッカである。1964 年現在で商業銀行の信託部門は、約 1500 億ドル、個人信託が 1350 億ドルであった。銀行を代理人としない管財人もいるので信託基金はもっと大きい。信託基金は少数の大銀行に集中されている。現在のアメリカは、永久的財産相続人が作られる社会である。さらに、同族持株会社が、信託基金以上の働きをする。内務歳入局規定では、個人持株会社は、5 人以上の株主が株式の 50％以上を所有し、主として一定の投資から利益を得る会社と定義されている。デュポン家とメロン家はこれに相当する。1958 年の統計では、個人持株会社は 6285 社であった。それゆえ、ロックフェラー、モルガン、デュポン、メロン財閥一族の個人資産は『フォーブス』による億万長者のリストには登場しないのである。（赤間剛『巨大財閥の秘密　ロックフェラーからロスチャイルドまで』三一新書、1994 年、136-137 頁。）

また、アメリカのビリオネアーに占めるアメリカ・ユダヤ人の割合について佐藤唯行は次のように指摘している。2003 年 3 月時点で、世界のビリオネアー（資産 10 億ドル以上の人々）の数は 477 人であったが、このうち 55 人、全体の 11.5％をアメリカ・ユダヤ人が占めていた。また、同年のアメリカ国内にはビリオネアーの数は 222 人であったが、そのうち、ユダヤ人は 55 人、アメリカ国内の 24.8％を占めていた。たとえば、その上位リストによれば、世界第 6 位のオラクル創業者、ラリー・エリソン、166 億ドル、同第 16 位のマイクロソフトのスチーブン・バルマー、111 億ドル、同第 24 位のデル・コンピュータの

マイケル・デル、98億ドル、同第38位の投資家のジョージ・ソロス、70億ドル、同第48位の投資家のカール・アイカーン、58億ドル、同第63位の金融情報サービスのマイケル・ブルームバーグ、48億ドルなどが入っていた。(佐藤唯行『アメリカのユダヤ大富豪』PHP、2004年、26頁、28-31頁。)

　さらにまた、ロスチャイルド家などのユダヤ金融(家系・人脈調査)について多数の著作がある広瀬隆によれば、近年の世界およびアメリカの「金融物語」あるいは「国際金融マフィア」で主役を演ずる大物の大半がユダヤ人という共通点があると指摘している。たとえば、ロバート・ルービン(クリントン政権財務長官)、サンフォード・ワイル(シティグループ創立者・会長)、アラン・グリーンスパン(FRB議長)、ヘンリー・キッシンジャー(キッシンジャー・アソシエーツ会長)、ポール・サミュエルソン(デリバティブの源となったノーベル経済学賞受賞者)、ローレンス・サマーズ(クリントン政権財務副長官、ブッシュ政権財務長官)、リチャード・ファルド(リーマン・ブラザーズを破綻させたCEO)、ジェームズ・ウォルフェンソン(世界銀行総裁)、マイケル・デヴィッド=ウェイル(ウォール街長者第1位のラザール・フレール会長)、ペニー・プリッツカー(オバマの金庫番)、ジョージ・ソロス(ヘッジファンドの王様)、ティモシー・ガイトナー(オバマ政権財務長官)などである。ここでいうユダヤ人は金融界の大物であり、ユダヤ人全体を代表するものではないが、世界最大の金融財閥ロスチャイルド家の息がかかった人脈である。(広瀬隆『資本主義崩壊の首謀者たち』集英社新書、2009年、170-184頁。)

　なお、今回の2008年世界金融危機の主役であるアメリカの5大投資銀行のうち、第1位のゴールドマン・サックス(銀行へ転換)、第3位のメリル・リンチ(バンク・オブ・アメリカに買収)、第4位のリーマン・ブラザーズ(破綻)、第5位のベア・スターンズ(JPモルガン・チェースに買収)の4社がユダヤ系資本といわれている。

36)　滝田洋一『世界金融危機　開いたパンドラ』日本経済新聞出版社、2008年、218頁。
37)　小林由美、前掲書、51-52頁。
　また、2001年のアメリカでは富裕層の上位10％が全株式の85％近くを保有し、上位1％がアメリカのすべての富の3分の1を支配していた。(David Rothkoph, *Superclass*, Farrar, Straous and Giroux, 2009, p. 36. (Paperback)　デヴィッド・ロスコフ(河野純治訳)『超・階級』光文社、2009年、88頁。)
38)　John Iceland, *Poverty in America : A Handbook*, University of California Press, 2003, pp. 39-40, Figure 4.1.　ジョン・アイスランド(上野正安訳)『アメリカの貧困問題』シュプリンガー・フェアラーク東京、2005年、68-69頁。
39)　Ibid, pp. 61-69.　同上書、101-110頁。
40)　Ibid, pp. 80-89.　同上書、127-138頁。
41)　橘木俊詔・浦川邦夫『日本の貧困研究』、31頁。
42)　堤未果『ルポ貧困大国アメリカ』岩波新書、2008年、27-30頁、73頁。
43)　内閣府『平成21年度経済財政報告』、241頁。

44) Lester C. Thurow, *The Future of Capitalism*, Penguin Books Ltd., 2007, pp. 21-23. レスター・C・サロー（山岡洋一・仁平和夫訳）『資本主義の未来』TBS ブリタニカ、2006 年、36-39 頁。
45) Ibid, pp. 26-29. 同上書、42-46 頁。
46) デヴィッド・K・シプラー（森岡孝二・川人博・肥田美佐子訳）『ワーキング・プア　アメリカの下層社会』岩波書店、2007 年。
47) 森岡孝二、前掲書、133-135 頁。

第3章

中国の拡大する貧富の格差

　第3章では、1979年以降の改革開放政策によって急激に発展してきた中国経済の「格差社会」の実態を分析することである。特に、経済成長に伴い拡大した人々の貧富の格差に焦点を当てる。最初は、国際統計数字を基礎にして他の国と比較しながら、中国の「格差社会」の国際的な位置づけを分析する。第二には、「赤い富豪」と呼ばれている富裕層およびその富について分析する。第三には、それとは対照的な中国の貧困層および底辺労働者の実態について分析する。最後には、胡錦濤政権が取り組んでいる「和諧社会」実現のための課題について考察する。

1　改革開放路線による経済発展

　1949年10月1日に毛沢東が中華人民共和国の誕生を宣言して以来、中国共産党が支配する中国は「社会主義」と「計画経済」を基礎とする経済体制を維持してきた。しかし、1978年12月の中国共産党第11期中央委員会全体会議（第11期三中全会）において「四つの現代化路線」（農業、工業、国防、科学技術の現代化）が確認され、それによって改革開放が開始され、1984年の第12期三中全会の「経済体制改革に関する決定」によって市場経済化がさらに進められることになった。途中、1989年の天安門事件によって、海外からの投資などが一時停滞するが、1992年の鄧小平の大胆に市場経済を押し進めることを内容とする「南巡講話」と同年10月の中国共産党第14回大会における「社会主義市場

経済」路線の確認によって中国の市場経済化政策と対外開放政策はいっそう促進された。いわゆる「先富論」によって市場経済の競争原理が公然と認められた。2001年12月には中国はWTO（世界貿易機関）への正式加盟が認められ、同年の中国共産党大会において総書記の江沢民はこれまでの労働者階級と農民階級の二つの代表ではなく、「三つの代表」論（先進的な生産力の代表、先進的文化の代表、人民の利益の代表）を提起した。

こうして、中国は、1979年以後、改革開放路線によって、ひたすら市場経済の競争原理を導入し、市場経済化を推進した。その結果、2007年の中国のGDPは24兆9530億元（3兆2800億ドル）、同年の1人当たりGDPは2483ドル、同年の輸出額は1兆2177億ドルとなり、ついにGDPではドイツを抜き、アメリカ、日本に続き、世界第3位の経済大国となった。[1]

特に、2001年12月のWTO加盟後の中国の経済成長と貿易の伸びは著しいものがあった。それは中国の1人当たりのGDPの急激な成長をもたらした。中国の1人当たりのGDPが1000ドルを超えたのは2003年であったが、2006年には2042ドルとなり、わずか3年で2000ドルを超えた。ちなみに、アジア地域をみると、1人当たりのGDPが1000ドルから2000ドルに上昇するのに、シンガポール、韓国、台湾、香港のいわゆるアジアNIEsは8年から10年かかった。[2]

しかし、同時に、今日の中国社会においてはそのような急激な経済成長に伴ってかつての社会主義の貧しい「平等社会」は消滅し、市場経済の目覚ましい発展の上に「格差社会」を形成することとなった。

関志雄（カン・シュウ）は著書『中国経済革命最終章』（2005年）において、中国は社会主義から資本主義へと移行しているとの見解を示している。1970年代末、改革開放政策に転換してから、中国は高度成長期に入っているが、これは社会主義を堅持したのではなく、それを放棄した結果である。計画経済から市場経済への移行にとどまらず、民営化の進展に象徴されるように、社会主義から資本主義への移行もいよいよ最終段階を迎えている。[3] また、民営企業が国有企業に取って代わって中国経済の主役になってきたが、民営企業の成長と民営化が進行する一方で、貧富の格差がいっそう拡大している。したがって、中

国経済の現状は、共産党と政府の公式見解である「社会主義の初期段階」というより、「原始資本主義の段階」(資本の本源的蓄積期)と言ったほうが似つかわしい。その行き着くところは、社会主義の高級段階ではなく、成熟した資本主義であることは明らかである。しかし、成熟した資本主義は、市場経済と私有財産はもとより、所得の再分配による貧富の拡大を是正するための制度の整備と、政治面における法治と民主化を前提としており、その道は必ずしも平坦ではない。

また、デヴィッド・ハーヴェイは、中国のこの1979年から実質的に開始される一連の市場経済への改革は中国独自なネオ・リベラリズム(新自由主義)の出現であったと次のように指摘した。1976年の毛沢東の死による政治状況の混乱と何年か続いた経済不況という二重の難局に直面していた鄧小平以下の中国指導部は1978年12月に経済改革プログラムを発表した。偶然にもこれは、世界の歴史において重要性を持つ出来事がこうして重なることはまさに偶然としか思えないわけだが、イギリスやアメリカでネオ・リベラルな解決へと舵が切られた時期と一致する。中国ではその結果、独自な形での権威主義的な中央集権と組み合わされたネオ・リベラリズムが出現した。しかし、こうした独裁的な支配とネオ・リベラル経済との結びつきは、東アジア、東南アジア、特に、韓国、台湾、シンガポールではすでにおなじみのものであったともいえる。チリが最初に事例を提供したように、独裁とネオ・リベラリズムが相容れないなどということは決してないのである。平等を最終目標とする中国の姿勢は完全に放棄された訳ではないが、鄧小平は生産性を上げ、経済成長を促進するためには、個人と地方の現場が主導権をとるべきだと論じた。結果として生じるある程度の不平等は避けられず、それは我慢すべきものとされ、あらゆる市民に一定の富がいきわたる社会という理念を表す「小康」というスローガンの下で、鄧小平は「四つの現代化」に焦点を置いた。この改革は、中国経済の内部で市場の力を発揮させようとするものであった。

2　中国の「格差社会」

　現代の中国経済は、他の先進国、新興国、途上国と比較して、どの程度の「格差社会」となっているかを検証してみよう。次の表Ⅱ-3-1は、世界の格差社会を比較するために、最貧困層10％と最富裕層10％の所得または消費に占める割合、両者の格差（倍率）、ジニ係数、2004年の1人当たりのGNI（国民総所得）をそれぞれ示したものである。所得の不平等を示すジニ係数の大きい順位で整理したものである。

　この表Ⅱ-3-1をみると、中国は、それら主要国においては、その表からみる限り第3番目に位置し、貧富の格差が大きい国に分類される。中国より貧富の格差が大きい国は、一つはかつて白人支配が合法化されアパルトヘイト政策（人種隔離政策）があった南アフリカ共和国、ジニ係数0.578であり、もう一つはブラジル、ジニ係数0.570の二つの国である。それゆえ、南アフリカとブラジルは世界のなかでも貧富の格差がもっとも大きい国に分類され、世界の「格差社会」の第一グループを形成している。

　ジニ係数が0.4以上の第二グループには、中国の0.469、メキシコの0.461、フィリピンの0.445、タイの0.420、アメリカの0.408が入る。かつて中国同様に「社会主義」であったロシア、ジニ係数0.399もまたほとんどそのグループに近い。それゆえ、中国、メキシコ、フィリピン、タイ、アメリカ、ロシアが世界の「格差社会」の第二グループを形成している[7]。

　中国、ロシア、ベトナムはかつて「社会主義革命」を実行し、徹底的に封建的な地主制度を廃止した国である。それに対して、ブラジル、メキシコ、フィリピン、タイ、インド、インドネシアなどではその「社会主義革命」がなかった国であり、もともと貧富の格差の大きな途上国であった。しかしながら、中国、ロシア、ベトナムはその後の市場経済化政策によって、再び貧富の格差が大きくなった。

　たとえば、中国では、1980年代半ばまではジニ係数は0.2台の「平等社会」であったが、80年代後半からの対外開放政策と市場経済化政策による経済成長

第3章　中国の拡大する貧富の格差

表Ⅱ-3-1　世界の格差社会の比較

	HDIランク	調査年	所得または消費に占める割合（%）			ジニ係数	2004年の1人当たりGNI
			最貧困層10%	最富裕層10%	両者の格差（倍）		
南アフリカ	第121位	2000年	1.4	44.7	33.1	0.578	3,630
ブラジル	第70位	2004年	0.9	44.8	51.3	0.570	3,090
中国	第80位	2004年	1.6	34.9	21.6	0.469	1,290
メキシコ	第52位	2004年	1.6	39.4	24.6	0.461	6,770
フィリピン	第90位	2003年	2.2	34.2	15.5	0.445	1,170
タイ	第78位	2002年	2.7	33.4	12.6	0.420	2,540
アメリカ	第12位	2000年	1.9	29.9	15.9	0.408	41,400
ロシア	第67位	2002年	2.4	30.6	12.7	0.399	3,410
インド	第128位	2004-5年	3.6	31.1	8.6	0.368	620
イギリス	第16位	1999年	2.1	28.5	13.8	0.360	33,940
ベトナム	第104位	2004年	4.2	28.8	6.9	0.344	550
インドネシア	第107位	2002年	3.6	28.5	7.8	0.343	1,140
フランス	第10位	1995年	2.8	25.1	9.1	0.327	30,090
日本（*）	第8位	2005年			10.0	0.321	37,180
韓国	第26位	1998年	1.9	22.5	7.8	0.316	13,980
ドイツ	第22位	2000年	3.2	22.1	6.9	0.283	30,120
スウェーデン	第6位	2000年	3.6	22.2	6.2	0.250	35,770
日本	第8位	1993年	4.8	21.7	4.5	0.249	37,180

注）2004年の1人当たりGNI（国民総所得）の数字は、World Bank, World Development Report 2006 からの数字。
　　HDI（人間開発指数）は、出生平均余命、初等教育就学率、1人当たり国内総生産（ドルの購買力平価）などを総合したもの。
　　日本（*）の数字は、OECD報告書（2008年）からの数字。
出所）UNDP, *Human Development Report 2007/2008*, Table 15より作成。

とともにそれは急上昇し、1994年には0.43となり、2002年には0.46となった[8]。

　次に、中国における「格差社会」の実態をみるために社会階層と所得について検証してみよう。中国の社会階層について分析した注目される報告書がある。それは中国社会科学院がまとめた陸学芸編『当代中国社会階層研究報告』（2002年）である。この報告書は、1年にわたって全国でアンケート調査を行った結果にもとづいて、まず所得水準から、中国の全人民を、社会上層、中上層、中中層、中下層、低層という五つの「社会的地位の等級」に分けた。次に、職業と社会的資源の占有状態から、全人民を次の10の社会階層に分類した。すなわち、①国家および社会管理者階層（全体の2.1%）、②企業の高中級管理職

階層（1.5％）、③私営企業家階層（0.6％）、④技術者階層（5.1％）、⑤事務職員階層（4.8％）、⑥個人工商業者階層（4.2％）、⑦第三次産業従業員階層（12.0％）、⑧産業労働者階層（22.6％）、⑨農業労働者階層（44.0％）、⑩無職・失業者・半失業者階層（3.1％）である。[9]

上記の⑥個人工商業者階層（4.2％）と⑦第三次産業従業員階層（12.0％）と⑧産業労働者階層（22.6％）と⑨農業労働者階層（44.0％）の合計（82.8％）は、全体の5分の4を占めているが、社会階層としては、⑩無職・失業者・半失業者階層（3.1％）を含め、その大部分は中国社会階層の下層を占めている。また、①国家および社会管理者階層（全体の2.1％）と②企業の高中級管理職階層（1.5％）と③私営企業家階層（0.6％）の合計（4.2％）は、中国の社会階層の最上層を形成している。そして、④技術者階層（5.1％）と⑤事務職員階層（4.8％）の合計（9.9％）は、中間層を形成している。

ここでの大きな問題は、①国家および社会管理者階層（2.1％）のような特定な階層が国有資産（土地、企業資産など）の操作、取得を通じて高所得を得る構造が存在することであり、こうした特権がまた腐敗の温床となっていることである。[10]

次の表Ⅱ-3-2は、社会階層と所得についての別の調査報告である。社会階層（社会階級）として五つ（雇用主階級、新中産階級、労働者階級、自営業階級、農民階級）に分類し、それぞれの月所得に占める割合を示している。

この表Ⅱ-3-2によれば、最上層の雇用主階級の3％の人々は全体の16％の所得を占めているのに対して、最下層の農民階級の47％の人々はそのわずか18％の所得を占めるに過ぎないことがわかる。また、上層の雇用主階級と新中産階級の合計、11％の人々は全体の33％、約3分の1の所得を占めている。しかし、これらの階級には隠された所得がある可能性が高いために、実際の所得の割合はそれ以上に高いとみられる。労働者階級は全労働人口に占める割合が31％であり、全所得に対する割合は36％である。自営業階級は全労働人口に占める割合は12％であり、全所得に対するそれは14％である。[11]

それゆえ、農民階級が人口の多数を占める地方と開発と経済発展が著しい沿海部の都市との所得格差が大きな問題となっている。また、それは「三農問題」

表Ⅱ-3-2　中国の各階級の所得の割合

(単位：%)

	就労人口に占める割合	月所得に占める割合
雇用主階級	3.15	15.94
新中産階級	7.76	16.59
労働者階級	30.61	35.67
自営業階級	11.51	13.89
農民階級	46.96	17.91

資料）「2006年中国社会状況調査」
出所）薛進軍・荒山裕行・園田正編著『中国の不平等』日本評論社、2008年、150頁、表10-3より作成。

（農民問題、農村問題、農業問題）と呼ばれているものの一部でもある。[12]

　特に、1997年以降、農村と都市の住民の収入格差が急速に拡大している。都市住民の収入の伸びは加速しているのに対して、農村住民の収入の伸び率は都市住民の3分の1から2分の1になっている。たとえば、2002年の前者の1人当たりの純収入の伸び率は4.61％であったのに対して、後者の1人当たりの可処分所得の伸び率は12.29％であった。[13] 2006年の前者の1人当たりの純収入は3587元であったのに対して、後者の1人当たりの可処分所得は1万1759元であった。すなわち、都市住民と農村住民のその所得格差は3.3倍となっている。[14]

　また、中国においては地域経済格差も大きな問題である。東部地域と中西部地域の経済発展の格差は一段と大きくなっている。経済活動においては、東部沿海地域に集中する傾向がみられる。2000年以降の中国の地域別生産総額（GRP）の割合をみると、東部10省市の全国に対するその割合は年々高くなる一方、その他の地域の占める割合は下がる傾向にある。たとえば、2004年における東部10省市のその割合は全体の54.2％、東北3省が9.3％、中部6省が19.7％、西部12省市区が16.9％であった。[15]

　同様に、2000年から2005年にかけての全国GDPに占める割合を地域別にみると、東部が57.3％から59.6％へと上昇し、中部が25.6％から23.4％に低下し、西部が17.1％から16.9％へと低下した。東部と中部の1人当たり平均GDPの格差は1.89倍から2.1倍に上昇し、東部と西部では2.42倍から2.5

倍に上昇した。[16)]

こうして、1979年以後の改革開放政策によって、積極的に外国資本と市場経済を導入して経済成長を追求した結果、中国の「社会主義市場経済」において大きな「格差社会」が形成されたのである。

3　中国の富裕層=「赤い富豪」

市場経済となった中国には「赤い富豪」と呼ばれる巨万の富を手にした少数の人々が存在する。中国は「社会主義市場経済」を公式に認め、共産党の一党独裁を守りつつ、市場経済化を推し進めた結果、驚異的な経済成長がもたらされた。しかし、一党独裁と市場経済の基礎である「公正な競争」とは本来、両立しない。権力者や権力に近い者が情報や便宜をいち早く手にして大儲けして、巨万の富を手にした。そのなかで生まれたのが一握りの「赤い富豪」と呼ばれる人々であった。

アメリカの経済雑誌『フォーブス』2008年3月発表の記事によれば、世界のビリオネアー1125人のうち、中国の億万長者は香港を除いて46人、香港は26人であった。このビリオネアー1125人はこれまでの『フォーブス』の最多記録であった。[17)]

また、『フォーブス』の2004年のその番付では、その上位100位の1人当たりの平均資産額は24億元（約336億円）であった。同じ2004年の番付のトップであった中信泰富集団の栄智健会長の資産総額は124億元（約1736億円）であり、中国各地で不動産開発などを手がけた。彼の父の栄毅仁は国家副主席も務めた大物であった。彼は、1970年代末の改革開放以後、外資導入を先導した中国政府直属の中国国際信託公司初代会長であり、「赤い資本家」との異名を取った人物であった。中国富豪番付の第1位から第10位までの資産総額の合計は701億元（約9800億円）であった。第1位から第100位までの平均年齢は45歳で、最年少は23歳の李兆会で第25位にランクされていた。彼は山西省の鉄鋼グループを引き継いだ二世であった。中国の富豪の最大の特徴は、不動産関連が6割を占めることであった。同年の世界の富豪番付では不動産業は1割に満

たない。中国は明らかに「不動産偏重型」であった。こうして「赤い富豪」たちは土地をテコにして、巨万の富を手に入れた[18]。

　この傾向は2007年もほぼ同じであった。2007年10月発表の『フォーブス』の記事によれば、2桁の経済成長と株式市場の繁栄により中国ではかつてない富の増加があり、億万長者の上位400人のリストの保有総資産は前年（2006年）より1640億元も増加し、2880億ドルであった。2005年の世界の億万長者のリストにおいては15人であったが、今回は一気に66人となり、世界でも億万長者が多い国の一つとなった。また、中国の富豪400人とアメリカの富豪400人を比較すると、中国は平均年齢が46歳であり、アメリカのそれは64歳であり、中国は年齢が若いのが特徴である。地域別にみると、広東が79人、北京が49人、浙江が46人であった。中国にそのリストの上位10位のうち、6人が不動産業であった。そのリストによれば、上位10人は次のとおりである。第1位は、楊恵妍、女、26歳、保有資産1211.5億元、碧桂宵（会社名）、広東悌山（本社所在地）、不動産（主要産業）であり、以下それぞれ同じ項目順で、第2位が、許栄正、男、57歳、544.3億元、世茂集団、上海／香港、不動産、第3位が、郭広昌、男、40歳、362.3億元、複星国際、上海、鉄鋼・不動産等、第4位が、張力、男、54歳、358.8億元、富力集団、広東広州、不動産、第5位が、張近東、男、44歳、336.1億元、蘇寧電器、江蘇南京、家電小売、第6位が、彭小峰、男、32歳、286.6億元、賽維LDK太陽能、江西新余、太陽エネルギー、第7位が、張欣、女、42歳、285.3億元、SOHO、北京、不動産、第8位が廬志強、男、56歳、279.8億元、中国芝海控股集団、北京、金融・不動産、第9位が栄智健、男、65歳、272.2億元、中信泰富、香港、建設・特殊鋼等、第10位が、黄光裕、男、38歳、271.5億元、鵬潤投資、北京、家電小売であった[19]。

　また、中国においては『フォーブス』と並んで有名な民間研究機関「胡潤百富」の「胡潤富豪」リストとして知られているルパート・フーゲワークの番付リストがある。次の表Ⅱ-3-3は、2007年の「胡潤富豪」リストである。

　この表Ⅱ-3-3にあるように、2007年の「胡潤富豪」リストにおいても、上位の億万長者の特徴は業種としては不動産が多いことが確認できる。そのリストの半分以上が不動産の富豪である。

表Ⅱ-3-3　2007年の中国の億万長者（胡潤富豪リスト）

ランク	資産(億元)	姓名	所属企業	本社所在地	業種	年齢	出身地	2006年ランク	2006年資産(億元人民元)
1	1,300	楊惠妍	碧桂園	広東	不動産	26	広東	281	12
2	770	張茵一族	玖竜紙業	香港、米国	包装紙	50	黒竜江	1	270
3	550	許栄茂	世茂集団	上海	不動産	57	福建	4	160
4	450	黄光裕	鵬潤投資	北京	家電小売、不動産	38	広東	2	200
5	420	張力	富力地産	広東	不動産	54	広東	9	108
6	400	彭小峰	江西賽維	江西	太陽エネルギー	32	江蘇	-	0
6	400	栄智健	中信泰富	香港	綜合	65	上海	6	145
6	400	許家印	恒大集団	広東	不動産	49	広東	10	100
9	380	張近東	蘇寧電器	江蘇	家電小売、不動産	44	安徽	20	65
10	360	郭広昌	復星集団	上海	綜合	40	浙江	11	90
11	330	盧志強	汎海集団	北京	不動産、金融	56	山東	51	41
12	310	陳卓林一族	雅居楽	広東	不動産	45	広東	7	136
13	300	朱孟依	合生創展	広東	不動産	48	広東豊順	3	165
14	290	劉永好家族	新希望	四川	金融、飼料、不動産、乳製品	56	四川	18	68
15	280	史玉柱	巨人集団	上海	オンラインゲーム、金融	45	安徽懐遠	30	55
16	270	張欣、潘石屹夫婦	SOHO中国	北京	不動産	44、42	甘粛天水	251	13
16	270	鍾声堅	仁恒房地産	上海	不動産	49	広東	8	110
18	260	宗慶後一族	娃哈哈	浙江	飲料、子供服	62	浙江	14	80
19	250	黄偉	新湖集団	浙江	不動産、金融	48	浙江	56	40
19	250	童錦泉	長峰房地産	上海	不動産	52	江蘇	20	65
21	230	張桂平	蘇寧環球	江蘇	不動産	56	安徽	-	0
22	225	楊二珠	碧桂園	広東	不動産	56	広東	405	9
23	215	朱炳洋	恒豊永業	北京	保険	-	広東	47	42
24	205	梁穏根	三一集団	湖南	重機械	51	湖南	137	22
25	200	陳麗華	富華国際	北京	北京不動産、紫檀博物館	66	北京	25	60
25	200	黄俊欽	新恒基	北京	北京、瀋陽不動産	41	広東	20	65
25	200	黄文仔	宏宇集団	広東	不動産、木材業	54	広東番禺	123	25
25	200	施正栄	尚徳太陽能	江蘇	太陽エネルギー	44	江蘇	5	155
29	180	陳発樹	新華都	福建	小売、金鉱、観光	47	福建安渓	38	48
29	180	李彦宏	百度	北京	検索サイト	39	山西	73	35
29	180	劉永行一族	東方希望	上海	飼料、アルミ電解、PVT	59	四川新津	56	40

出所）http://economy.enorth.com.cn/system/2007/10/10/002121074.shtml

　しかし、2008年においては、前年の上海株式市場（60％の下落）と香港株式市場（50％の下落）における株価と不動産市場の大暴落によって、少し状況が変化した。

　2009年3月発表の『フォーブス』の記事によれば、2008年世界金融危機後の世界的な株価と不動産価格の下落と世界貿易の低迷によって世界の多くのビリ

オネアーが資産を減少させた。昨年（2008年）3月発表の世界のリストには過去最高の1125人のビリオネアーが掲載されたが、今回はそれから3割減の332人がそのリストから名前が消えて、793人のビリオネアーの数となった。中国本土の富豪の数は前回の46人から28人に減少した。中国についてのまとめでは、中国本土が28人、香港が19人、台湾が5人、合計52人であった。このうち、中国でトップ（世界第16位）となったのは、香港最大の企業集団である長江実業有限公司の李嘉誠、総資産162億ドル（1兆5700億円）であった。第2位は、新鴻基地産発展有限公司の創業者の郭炳一族で、総資産108億ドル、第3位が恒基兆業集団の李兆基で、総資産90億ドルであった。中国本土での第1位は、東方希望集団の劉永行で、総資産30億ドルであった。[20]

また、2008年10月『フォーブス』の「中国の400人の億万長者」の記事によると、中国の400人の億万長者の総資産は、株式市場での株価の暴落によって前年の2880億ドル（2兆1577億元、約32兆円）から1730億ドル（1兆1744億元、約19兆円）へと大幅に減少した。したがって、2008年10月における中国の400人の富豪の1人当たりの平均総資産は4.3億ドル（約480億円）であった。また、前年（2007年）は66人が世界のビリオネアー（資産10億ドル以上）のリストに入っていたが、2008年10月にはそれは24人に減少した。第1位は劉永行（東方希望集団）の26億5000万ドル（204億元、約2900億円）であった。前年の第1位の楊恵妍は、不動産市場と株式市場での暴落のために資産を大きく損失し、22億ドル（151億元）で第3位となった。[21]

次の表Ⅱ-3-4は、2008年の『フォーブス』の中国の億万長者リストである。このリストによれば、第1位の劉永行（東方希望集団）の資産額が30億ドルに増加しているが、いずれにせよ中国経済もバブルがはじけて株価と不動産価格の暴落により、前年とは異なり、不動産の富豪が減少し、状況が少し変化したことが読みとれる。[22]

中国の億万長者の保有する資産の大きさを確認するために、他のいくつかの数字を示すと、2007年の中国のGDPは24兆9530億元（3兆4000億ドル、1ドル＝7.3元）であり、同年の1人当たりのそれは2460ドル（約1万8000元）であり、2008年の政府公表の国防予算は4099億元（562億ドル）であった。[23]

第Ⅱ部 グローバル資本主義と世界の貧富の拡大

表Ⅱ-3-4 中国のフォーブスによる億万長者（2008年）

順位	姓名	企業名	本社所在地	業種	年齢	出身地	資産(10億ドル)
第1位	劉永行	東方希望	上海	飼料、アルミ電解、PVT	60	四川新津	3.0
第2位	黄光裕	鵬潤投資	北京	家電小売、不動産	39	広東	2.7
第3位	楊惠妍	碧桂園	広東	不動産	27	広東	2.2
第4位	劉永好	新希望	四川	金融、飼料、不動産、乳製品	57	四川	2.2
第5位	周成建一族	美特斯邦威	浙江	服装	43	浙江	2.0
第6位	張近東	蘇寧電器	江蘇	家電小売、不動産	45	安徽	1.8
第7位	李彦宏	百度	北京	検索サイト	40	山西	1.7
第8位	杜双華	京華創新集団 日照鉄鋼集団	河北	鉄鋼	43	河北	1.6
第9位	馬化騰	騰訊	広東	ポータルサイト	37	広東	1.6
第10位	周福仁一族	西洋集団	遼寧	耐火材料	57	遼寧	1.6
第11位	盧志強	汎海集団	北京	不動産、金融	57	山東	1.5
第12位	施正栄	無錫尚徳	江蘇	総合	45	香港	1.5
第13位	彭小峰	江西賽維	江西	太陽エネルギー	33	江蘇	1.4
第14位	史玉柱	上海建特 征途網絡	上海	総合	46	安徽	1.4
第15位	朱林瑶	華宝国際	香港	貿易商社	39		1.4
第16位	宗慶後	娃哈哈	浙江	飲料、子供服	63	浙江	1.3
第17位	丁磊	網易	広東	ポータルサイト	37	浙江	1.3
第18位	許栄茂	世茂集団	上海・香港	不動産	58	福建	1.2
第19位	張欣、潘石屹夫婦	SOHO中国	北京	不動産	45 43	甘粛天水	1.2
第20位	何享健	美的集団	広東	家電	66	佛山	1.2

出所）The 400 Richest Chinese, Forbes のホームページより作成。
（http://www.forbes.com/list/2008/74/chinarichest08）

このように、中国においては『フォーブス』リストのわずか400人の億万長者だけでも1兆1744億元（1730億ドル）もの総資産を保有しており、それを2007年の中国のGDPは24兆9530億元（3兆4000億ドル）と比較すると、その対GDPは4.7％にもなる。また、その400人の総資産額は同国の公式国防予算の2.9倍の規模となっている。

さらに、2009年4月の新しい「胡潤富豪」リストによれば、資産が1億元（約14億円）以上ある大富豪は中国全体で5万1000人にのぼると発表した。このリストによれば、その数は『フォーブス』リスト以上の桁違いに大きな数字となっている。加えて、資産が1千万元（約1億4000万円）以上の富裕層は中国全体で82万5000人いるとも指摘した。中国の富豪は大都市に偏っており、第1

位の北京には14万3000人、全体の17％、第2位の広東省には13万7000人、第3位の上海には11万6000人で、この三地域で全体のほぼ5割を占め、富豪の割合は、中国全体では1700人に1人、北京では113人に1人であった。同規模の資産家の割合はイギリスが150人に1人、アメリカが100人に1人であり、北京や上海はそれに肩を並べる形となった。[24]

また、有名なコンサルティング会社ベイン・アンド・カンパニーと招商銀行が2009年3月30日に共同発表した「2009年中国個人財産報告」によれば、2008年度においては1千万元以上（約1億4000万円）の投資可能資産を持つ中国大陸部の個人は約30万人におり、これらの人々の投資可能資産総額は8兆8000億元（約1兆2300億ドル、約123兆円）に達する。すなわち、これら「赤い富豪」たちの投資可能資産総額は、2008年度の中国のGDPの29％に相当する金額となっている。[25]つまり、言い換えれば、これは中国の全人口13億人の0.03％以下のほんの一握りの人々（約30万人）によってGDPの3割にも相当する富が集中していることを意味している。

したがって、実際には、中国の貧富の拡大は想像する以上に大きく、中国の大富豪の資産保有額は『フォーブス』の発表よりはるかに大きいものと推測される。

また、中国の報道記事の「中国富豪排出大学ランキング」によれば、1999年から2008年までの中国富豪ランキングのリストに入った1500人ほどの出身校に関する調査の結果、そのなかの30％は大学教育を受けており、その他が国内140あまりの大学・高等専門学校を卒業し、一部の人は海外留学の経験があり、そして億万長者をもっとも排出した大学は北京大学の35人であった。第2位が浙江大学の23人、第3位が清華大学の22人であり、以下、第4位が復旦大学、第5位が中国人民大学、第6位が中南大学、第7位が華南理工大学、第8位が上海交通大学であった。[26]

中国で有名な民間研究機関「胡潤百富」のルパート・フーゲワークは著書『中国の赤い富豪』（2006年）のなかで中国の億万長者の特徴について次のように指摘している。米国や英国では、トップ富豪である企業家の3分の1から4分の1は財産を親から継承しているが、中国の富豪企業家は大多数がゼロからスタ

ートしている。改革開放が始まってから現在に至るまでわずか20年しか経過していないのに、彼らの富の蓄積の速さは想像を超えるものがあった。1999年、富豪番付の第50位の資産は5000万元だったが、2000年の第50位の資産は4億元に急増し、2001年では第100位でも5億元の資産を持っていた。[27]

中国における個人の資産は1978年から28年間の間に蓄積されたが、この間、おおよそ三種類の富豪が出現している。第一類の富豪は、1980年代においては独占体制を背景にしたり、闇商売に手を染めたりした人物が多く、その大部分は特権を手にしていたが、企業の経営者ではなく、今ではすでにこの種の人物はほとんどみかけない。第二類の富豪は、1980年代から1990年代に勃興した人々だ。最初の元手はいわゆる「原罪」的手段で蓄えたが、後年次々と正しい道を歩むようになり、次第に正常な経営によって富を蓄積していき、その企業も着実に成長を遂げている。第三類の富豪は、新しいタイプの企業家である。ポータルサイトの「捜狐」（ソーフ・ドットコム）や「網易」（ネットイーズ・ドットコム）のように、創業者がその考え方や理念によってベンチャー投資を引き寄せ、その後上場していく。これらの人々は株式市場の受益者であり、「正々堂々」と富を手にしている。これに道義的な疑念を抱く人はいないだろう。今日社会的な問題となっているケースの大半が第二類の富豪たちである。[28]

中国は伝統的に長い歴史を持つ官僚社会、学歴社会であるが、短期間に急激に経済成長を遂げたために、大学教育を受けた富豪が30％という数字は予想より多いとは言えないが、中国社会における「赤い富豪」たちの巨万の富は、いずれにせよ、政府官僚、共産党幹部など権力に近い人脈と政治力なしには形成できなかったことは明らかである。特に、中国では株式の3分の2が「非流通株」なので優良大企業・国有企業の株式の有利な取得などはそれらの人脈と政治力なしにはあり得ないことである。[29]

また、大規模な不動産売買についても同じことがいえる。そこで中国におけるさまざまな社会問題のうちでも、とりわけ官僚と党幹部の「腐敗」が大きな問題となっている。[30]

この官僚と党幹部の「腐敗」については、新中国建国から1970年代までは汚職事件としていわゆる高級幹部が捜査の対象となるケースはあまり多くはなか

ったが、1980年代以降、改革開放政策と経済成長に伴いその状況が大きく変わり、中央から地方まで高級幹部が汚職の罪に問われるケースが加速度的に増えてきた。大規模な汚職事件は毎年のように世間を騒がせ、今世紀に入ってからも毎年のように大物政治家や大官僚が腐敗・汚職事件に関与したとされ、共産党規則や法律によって裁かれている[31]。

4　中国の貧困層

　巨万の富を手にした一握りの「赤い富豪」が存在する一方で、中国国内に多くの貧しい人々が存在する。

　世界銀行の 2008年8月26日発表の報告によれば、現在 (2005年時点) においても中国の農村部を中心にして1日1.25ドル未満で生活する貧困層が2億人以上も存在している。世界銀行のその発表によれば、世界銀行は「新たな貧困基準」(1日1.25ドル未満) で生活する人々を「貧困」と定義し直すことにしたとして、中国の貧困状況に関しては 1979年以降の改革開放政策と経済成長によって中国が貧困削減に大きな成果を上げたのは確かであるとしながらも、中国では、1日1.25ドル未満 (2005年価格) で暮らす人口は 1981年の8億 3500万人から、2005年には2億 700万人に低下した。ただし、1993年の PPP (購買力平価) に基づいた世銀の 2004年の貧困推計では、1日1ドル未満で生活する中国人は1億 3000万人とされていたので、今回の測定 (2005年) でこれまでの推計を上回る2億 700万人の貧困人口が明らかになった[32]。

　また、王文亮は著書『格差大国中国』(2009年) のなかで、中国における農村地域の貧困線の政府公式基準においては1日0.29ドルに過ぎないと、次のように指摘している。

　2004年、中国農村地域の貧困線は 668元 (約 9352円) であった。年間所得 668元というのは、仮にそれを全部生活費に回したとしても、1日あたりではせいぜい 1.83元 (約 0.23ドル) に過ぎない。果たしてこれで、貧困から脱却できたと言えるのだろうか。668元では、1キロ1.6元の小麦を購入する場合、417.5キロしか買えない。1年 365日に割り当てると、1日あたりはわずか

1.14キロしかない。ほとんどが肉体労働である農村住民にとって、1日あたり食糧1.14キロの生活とはどのようなものなのか、想像に難くないだろう。さらに、もし1日1ドル未満という国際共通基準（世界銀行基準）で測れば、農村貧困者の数は1億人を優に超えていると予測される。この点については、2003年3月に発足したばかりの温家宝新政権も当惑を隠し切れなかった。同年3月18日、北京の人民大会堂で開催されていた第10期全国人民代表大会第1回会議は幕を下ろしたが、温家宝は会議閉幕後の記者会見に臨み、「現在の中国で最も憂慮すべきデータは何か」という質問に対し、「人口13億人のうち9億人が農民。1人あたりの年収が628元以下という、貧困から脱却していない層が3000万人にのぼることだ」と答えた。さらに、628元という基準は低過ぎるという意見もあるとし、「もし825元を基準にしたとしたら、農村の貧困人口は9000万人になる」とコメントした。当時、825元は100ドルに相当し、1年365日で計算しても、1日あたり0.27ドルであり、1日1ドル未満の国際共通基準を大幅に下回っている。中国の首相もよく知っているように、中国の貧困線はあまりにも低過ぎる。貧困脱却に成功したとみなされる人々は、いまだに貧しい生活から抜け出していない可能性が十分にある。それにもかかわらず、中国政府が発表した2007年の農村地域貧困線は、年間785元である。1ドル＝7.5元とすると、785元＝104.6ドルであり、1日＝0.29ドルとなる。このように中国の農村貧困層の生活基準は、1日0.29ドルに過ぎない[33]。このような状況は、今も中国で続いている。

5　「社会主義市場経済」の底辺労働者

　中国のこうした貧困状況を背景に、貧しい地方の農村部から都市へと仕事を求めて多数の出稼ぎ労働者が生まれた。農村からの出稼ぎが本格化したのは、1980年代半ばであった。1982年に「人民公社」解体が決まり、内陸部の農民があてのないまま都市部に続々と流れ込んだ。彼らは当時「盲流」とさげすまされて呼ばれた。主な仕事先は建築現場や工場であった。都市部で建築ブームが始まった1990年代半ばになると、彼らは「農民工」と呼ばれ始めた。工業化に

必要な労働力として認められた。「農民工」は年々増えて、1994年の4400万人から、2004年には1億4600万人に達した。彼らは、経済成長を支える「安い労働力」、貧しい農村への「富の移転」、都市への流出で農業規模を適正化する「調整材」の三つの役割を担っている。多くの「農民工」は劣悪な労働環境で3K労働（きつい、汚い、危険）に汗を流している。[34]

　中国は今日では「世界の工場」と呼ばれ、世界中に低価格の商品、「チャイナ・プライス」と呼ばれる競争力ある商品を大量に輸出して大きな貿易黒字、すなわち外貨と富を稼ぎ出し、驚くべき経済成長を達成した。その結果、巨万の富を手にした「赤い富豪」が誕生した。しかし、輝かしい「赤い富豪」たちの成功の影には、貧しい労働者と出稼ぎ労働者たちが働く輸出工場などにおいてはイギリス産業革命の時代にもあった労働組合のない無権利状態での低賃金・長時間労働があり、また中国の主要なエネルギー産業である炭鉱などにおける過酷な労働条件のもとで汗を流す労働者たちの存在があることを忘れることはできない。アレクサンドラ・ハーニーは著書『中国貧困絶望工場』（2008年）においてそのような労働者や出稼ぎ労働者たちの実態について詳しく分析し、次のように報告している。[35]

　中国では輸出部門が世界最速の経済成長を引っ張る力強い機関車の役割を担ってきた。特に、製造業に関しては、中国は約1億400万人という世界最大の労働力を抱えており、これはアメリカ、カナダ、日本、フランス、ドイツ、イタリアおよびイギリスの労働力を合計した人数の約2倍である。このうちの相当数は内陸部の農村地帯から流れてきた労働者である。過去20年以上にわたり、中国では歴史上最大規模の人口移動がみられた。これには様々なデータがあり、現在では中国の各都市に1億2000万人から2億人の出稼ぎ労働者がいるのではないかとみられている。この出稼ぎ労働者がすべて製造業に従事している訳ではないが、かなりの部分がそれに従事していることは間違いない。1日当たりの労働時間は8時間から16時間であり、週7日勤務という場合もある。一旦故郷から出ると、数年間は戻らない。彼らの賃金は家族を貧困の淵から引き上げ、自宅の建築費、医療費の支払い、子どもの教育費に回される。1994年から2004年までの経済成長を分析すると、その60％が製造業の功績で

あるという調査結果もある。製造業向けの投資は1990年代から急増したが、出稼ぎ労働者の最低賃金はかなり低い水準に抑えられたままであった。これにより、中国は労働集約型製品の生産拠点としての魅力を増していったのである。中国の賃金水準は先進諸国に比べると極端に低い。中国の製造業労働者の平均時給は0.57ドル（2002年）であったが、これはアメリカなどの先進諸国の場合の約3％に過ぎなかった。中国の労働コストはメキシコ、ブラジル、およびアジアの先進諸国の何分の1というレベルである。一方、中国の労働者の賃金はアフリカや東南アジアの国々よりは高いので、中国が生産拠点として魅力的なのは賃金の安さだけではない。すなわち、格安の土地賃貸料、政府の寛大な優遇措置、安定した政治体制、整備された道路網や通信体系、頻繁に発着するコンテナ船などのインフラ要因も外国からの投資を誘い込むことに成功し、輸出産業の成長を促した。中国の輸出製品は付加価値が必ずしも大きい訳ではない。付加価値（労働、中国国内で調達した部材、外資企業が得た利益など）は、輸出加工産業全体では生産高の3分の1しかないという見方もある。それでも、中国の工場が極めて効率的に仕事をこなしているのは確かである。このように、中国の輸出工場のような製造業においては、1億人以上の貧しい労働者や出稼ぎ労働者の労働があった。それによって中国は「世界の工場」と呼ばれるようになり、「チャイナ・プラス」として安く大量の輸出製品が作り出されてきたのである[36]。

　また、中国においては、1600万社で働く2億人の従業員が危険な労働条件の下で働いている。2005年末現在、中国には職業病の事例が合計66万5043人と記録されており、そのうちの約90％に相当する60万6891人が塵肺症（肺機能を弱らせる病気の総称）であった。もっとも代表的な病気は「黒塵肺症」であり、炭坑労働者の間によく見受けられる。塵肺症患者は100万人を超えているという推定もある[37]。

　特に、中国の場合は、エネルギー産業の中心的存在である石炭産業による環境破壊と労働災害は非常に深刻である。

　1979年以降の改革開放政策に基づく中国経済の高度成長によって、エネルギー産業に対する爆発的な需要が作り出された。とりわけ、中国の場合は、エネ

ルギー需要の4分の3を現在でも石炭に依存している。比較的クリーンなエネルギーである天然ガスや水力は総エネルギー消費のそれぞれ2.5％と6.9％に過ぎない。比較のために、日本、アメリカ、インドをみると、その石炭の占める割合は、日本が約17％、アメリカが約23％、インドが約51％である。石炭の燃焼は、空気中の煙と煤塵の70％と二酸化硫黄の90％の原因である。中国の経済改革は環境問題を悪化させるだけであった。改革期を通じて、中国の石炭使用量は年間6億トン強から12億トン以上へと倍増し、中国は世界最大の石炭消費国になった。その結果、大気汚染がひどい都市の世界ワースト20には中国の都市が16も入っている。2002年に国家環境保護総局が、国内300以上の都市の空気を検査したところ、約3分の2が世界保健機関（WHO）の設定した総浮遊粒子状物質（TSP）の許容値を超えていた。TSPは呼吸器および肺疾患の最大の犯人である。この超微粒子に加えて、酸性雨を引き起こす二酸化硫黄の放出量は現在世界最高であり、酸性雨は漁場を汚染し、耕地を荒廃させ、建造物を腐食する。[38]

　中国環境保護総局の発表によると、二酸化硫黄の排出量は1999年までは低下傾向をしめしていたものの、2003年以降増加し始め、2005年には約2549万トンと1999年に比べ、27.8％も増えてしまった。中国は現在、世界最大の二酸化硫黄排出国である。これに伴って、全土の3分の1の地域で酸性雨の影響を受け、長江以南の浙江省や江西省、湖南省、広西チワン族自治区、広東省では被害がひどく、呼吸器系の重度の疾患患者も出ているという。こうした環境悪化は、急速な経済成長で電力需要が高まったためである。中国では自前で賄える石炭火力発電が全発電容量の約7割を占める。2002年から顕在化した電力不足で、脱硫設備などが不十分なうえ、エネルギー効率の悪い小規模火力発電所が各地で盛んに建設されたことも汚染拡大に拍車をかけた。[39]

　このように、中国の大気汚染はエネルギー供給の4分の3を占める石炭利用と近年のモータリゼーションによる自動車の急激な増加によって非常に深刻になっている。また、それから排出される二酸化硫黄の増加による酸性雨の広がりは、中国国内ばかりでなく、韓国や日本にも大きな影響をもたらしている。この酸性雨問題は典型的な越境型環境汚染の一つである。

石炭産業、特に炭坑での労働災害も深刻である。ハーニーは次のように報告している。中国には炭鉱が約2万8000カ所あり、その内の約2万4000カ所が小規模炭鉱である。これらの小規模炭鉱が中国の石炭の約3分の1を産出しているが、危険な職場でもある。大規模な国有炭鉱は次第に近代化を果たし、労働力の代わりに機械を導入したり、安全措置を整備したりしてきた。だが、小規模な民間炭鉱の多くは、危険性が高い旧来の運営手法に依存したままである。その結果、中国では炭鉱事故による死者の70％以上が小規模炭坑で発生している。加えて、全世界の炭鉱の中で最多の犠牲者を出しているのも中国の小規模炭鉱である。具体的には、中国は全世界の石炭産出量の35％を占めているが、炭鉱事故による死者数（報告ベース）の80％も中国で発生している。2006年、中国の炭鉱では4746人が事故で亡くなっている。同年で比較してみると、米国の炭鉱事故死者数は合計47人だったが、これでも最近10年間では最悪レベルの死者数なのである。小規模炭鉱も国家の旺盛な石炭需要を満たすことに貢献したという意味で役に立っていた時代はあったのだが、1980年代後半になると、厄介者扱いされるようになった。無許可炭鉱の場合、すでに満杯状況の貨物列車の運行体制に介入して大手国有炭鉱会社の積載部分を減らし、自分の石炭を密かに輸送させるのである。もちろん、違法行為である。無許可の炭鉱主は低品質の石炭を非効率的に採掘し、1990年代になっても、好ましからざる余剰石炭を積み増していった。しかも、その作業現場は依然として危険な状態のままである。その後、中国はこのような無許可炭鉱を閉山させようと努力を続けている[40]。

加えて、国有企業改革に伴う労働者の大量のリストラも大きな問題である。計画経済時代の「負の遺産」でもある労働生産性の低い国有企業の改革によって、全国の国有企業は、1998年の23万8000社から大幅に減少し、2004年時点で13万7800社となった。しかし、国有企業の2004年の売上高は前年比で約15％増の約12兆3300億元（約172兆6200億円）で、純利益は前年比で52％増の約7525億元に上った。1997年の共産党第15回大会では、株式制の本格導入と「戦略的再編」が提唱され、国有企業改革は本格化した。政府は2005年、「国有企業閉鎖・破産の最終段階」として、向こう4年間で新たに2167社の閉鎖・

破産を行う方針を表明した。これにより、労働者366万人がリストラされる見込みである[41]。

その背景には、中国政府は、中国企業の対外投資を奨励する「走出去戦略」を積極的に展開すると同時に、2010年までに「中央企業」と呼ばれる大型国有企業を80から100社に再編し、重要産業ごとに国際競争力の強い有力企業群をつくる方針を打ち出していることがある[42]。

また、急速な中国の経済発展を支えている労働市場においては、最近のアメリカや日本と同様に、非正規労働者の存在の大きさに注目する必要がある。

中国の労働者の就業方式は多様化しており、正規部門の就業人員の全国従業員総数に占める割合は、1990年の21.9％から2006年の14.6％へと低下した。非正規就業が主な就業形態となり、大量の契約作業要員とともに大量の非契約要員も存在し、大量のフルタイム作業要員とともに大量のパートタイム作業員もいる。非正規就業者が都市就業に占める割合は、1995年の21.7％から2006年の60.6％に上昇し、それは正規就業を上回った[43]。

2006年においては、中国の非正規就業者、失業者および一時帰休者の人口は少なくとも1億5000万人前後に達し、正規就業者の数（約1億5000万人）に並ぶか、それを追い越しつつある。労働力市場に新たに出現した大量の非正規就業者は安定した収入源を持たず、社会保障もなく、生活状態は極めて脆弱で緊張した状態にある[44]。

6 「和諧社会」実現のための課題

今日の中国は急激な経済成長によって、GDPの規模は大きくなり、2007年にはついにドイツを抜いて、世界第3位の経済大国となったが、同時に「格差社会」が形成され、1979年以後の経済成長第一の改革開放政策の限界も見えてきた。中国では失業者や農民の経済的な不満が高まり各地でデモや暴動が頻繁となりつつあり、いろいろな社会問題が発生し、中国の社会的安定が揺らいでいるのも事実である[45]。

そこで、中国政府と共産党は経済成長の矛盾とさまざまな社会問題の発生に

対して対応を迫られている。中国当局にとっても今日の「格差社会」の現状は容認できないところまできている。

胡錦濤政権は2005年10月にそれらの問題に対して第11次5カ年長期計画（2006-2011年）を提起した。その計画は、①経済の安定した、比較的速い発展の維持、②経済成長方式の転換、③自主革新能力の向上、④都市・農村の釣り合いの取れた発展、⑤和諧社会（調和社会）の建設、⑥改革開放の深化の六つの原則を提起した。また、それを実現するために七つの目標も示した。そのなかの、第5項目「教育・雇用、社会保障」、第6項目「国民生活の改善」、第7項目「和諧社会（調和社会）構築」の目標の実現は重要である[46]。

このように、胡錦濤政権が現在の中国の「格差社会」に直面して、「和諧社会」（調和社会）あるいは「小康社会」の実現を提起したことによって今後の動向が注目される。すなわち、それによって本当に中国の「格差社会」が解消され、特に貧困層と地方の農民たちの生活の向上がどのように実現されることになるか、注目されるところである[47]。

また、2007年10月の共産党第17回大会においては、胡錦濤総書記は「中国の特色ある社会主義の偉大な旗印を高く掲げ、小康社会前面建設の新たな勝利を勝ち取るために奮闘しよう」という報告をし、「格差社会」に対して「小康社会」の実現を訴えた[48]。

仲大軍（民間シンクタンク・北京大軍経済観察研究中心）の著書『中国は世界恐慌にどこまで耐えられるか』（2009年）によれば、2008年の世界金融危機による輸出産業への大きな打撃（外部要因）と中国国内の不動産価格と株価の下落（内部要因）によって、現在、中国経済は大きな転換点を迎えていると指摘されている。そのなかで、中国のこれまでの急激な経済市場化による経済発展によって次の五つの問題（代償）がもたらされたとしている。すなわち、第一にはアンフェアな所得配分と格差の拡大の問題、第二にはレントシーキング（「尋税」、権力を利用した超過利潤の追求）による巨額の不正所得の問題、第三には企業の腐敗と役人天国の問題、第四には失業の増大と悪化する就業情勢の問題、第五には重い税金と中小企業の苦境の問題である[49]。

もちろん、中国の経済発展の「代償」という意味で、もう一つそれに付け加

えるならば、それは急激な経済開発に伴う中国の深刻な環境汚染と環境破壊の問題である[50]。かつて同様に日本の1960年代の経済成長期においても当時は「公害」と呼ばれた環境問題があり、それは経済成長を追求した政策の大きな負の副産物であった。

また、仲大軍は、これまでの中国の経済発展のあり方が、輸出産業を中心とする行き過ぎた外向型の発展モデルと外貨（基軸通貨としてのアメリカ・ドル）を稼ぐことを目的としたような重商主義の思考であると批判し、中国の経済政策の転換を次のように提起している。

2008年の中国経済は、資本主義の生産過剰の法則がすでに中国で発生していることを証明している。中国の前に示された主要な問題は、一部の人々に消費力がない一方で、大半の業種で生産能力が過剰になっていることだ。これこそ資本主義が抱える弊害の特徴である。資本主義の弊害は中国に現れただけでなく、アメリカで金融危機を引き起こす要因となった。中国社会は過去30年、経済的に発展してきたが、その不均衡の度合いや貧富の格差は日本や韓国などの近隣諸国をはるかに上回る。それゆえ、巨大な生産力を始動させるには人民に消費のためのお金を持たせなければならない。そのお金はどこから来るのか。それは富裕層の富を奪って貧困者を救済することしかない。したがって、中国の経済問題はこの面から考え練らねばならない。富裕層の富を奪って貧困層を救済することを、中国の新たな歴史的段階における重要な研究課題とするべきである。救済手段としては、たとえば、財産税、相続税、消費税を徴収する、社会保障の水準を引き上げる、労働の権利をより完璧なものにする等々である。さらに国債を発行するとか、豊富な資金を利用して、財政を貧困層の救済のために移し替えて支出する方法もある。こうすれば、経済を活性化させることができるし、弱者階層の生活水準を改善することもできる[51]。

これまでみてきたように、中国経済は、1979年以降の改革開放政策、外資導入による経済市場化政策、輸出産業を中心とした外貨獲得政策、貿易黒字によるドル債券の積極的な購入政策（米中の経済的相互依存関係の深化）によって、急激な経済成長を成し遂げてきた。しかし、それによって、中国経済は大きな問題も同時に抱えることになった。その大きな問題の一つが中国の人々の貧富の

拡大であり、非常に大きな「格差社会」の形成であった。

その「格差社会」の是正と「和諧社会」実現のために必要不可欠なものは、社会保障制度の充実である。中国は「社会主義市場経済」という用語にあるように「社会主義」を看板にしている割には、その社会保障制度の実態は非常に遅れた現状にある。最近の中国の急激な経済成長にもかかわらず、中国政府予算の社会保障支出は 2003 年以降において停滞傾向がみられる。たとえば、その具体的な数字を示すと、2003 年の社会保障支出は 2655 億元、政府支出の 10.8％、2004 年が 3116 億元、10.9％、2005 年が 3698 億元、10.9％、2006 年が 4361 億元、10.8％である。2006 年の日本の政府支出における社会保障関連支出の割合の 25.5％と比較すると、中国は日本の半分以下の水準となっている。[52]

また、中国の軍事費については第Ⅲ部第 2 章において詳しく検証するが、政府公式発表の軍事費ではなく、実際の軍事費と比較すると、中国の社会保障費はその軍事費よりも小さく、現実には軍事費優先の政策となっていると指摘できる。たとえば、2006 年の中国の政府公式発表の「国防費」は 2807 億元、政府支出の 6.9％であり、それは同年の社会保障費 4361 億元、10.8％より低い数字となっている。しかし、実際には中国の軍事費が政府の公式発表より 1.7 倍（イギリスの国際戦略研究所の試算を基礎とする）大きいとすれば、同年の軍事費は 4772 億元、11.8％となる。その結果、中国の実際の軍事費は社会保障費より大きな数字となる。

さて、2008 年の世界金融危機の発生は、市場経済となった中国経済にも大きな影響を与え、主要な輸出先であったアメリカ、ヨーロッパ、日本などの先進国経済の冷え込みにより、輸出産業を中心にして大きな打撃を受けた。加えて、2007 年からの国内の株式市場と不動産市場における価格の暴落によって経済危機を深めた。

これに対して、中国政府は、2008 年 11 月 9 日、2010 年までに総投資額 4 兆元（約 54 兆円、GDP 比 15.5％）にも上る大型景気刺激策を行うことを公表した。また、2008 年末までに中央政府による追加投資 1000 億元を含む総額 4000 億元（約 5 兆 4000 億円）の投資を行うことも併せて発表した。中国政府は 2009 年の経済政策の目標として経済成長率 8％の達成を目指す。[53]

中国の直面する経済危機と「格差社会」からの脱出のためにはどのような経済戦略と経済政策が実際に実行されるのか、今後も注目されるところである。

7 小 括

　現代の中国経済の最大の課題の一つは、1979年以降の改革開放政策によって急激な経済発展を達成したが、その経済成長の成果を少数の「赤い富豪」と呼ばれる人々によって独占されていることである。この間の中国の経済成長政策は、鄧小平の「先富論」あるいは「社会主義市場経済」論を基礎とする経済政策であったが、それは皮肉にも、1980年代以降のイギリス・アメリカ・日本などの先進国における「新自由主義」経済学を基礎とした経済政策といくつかの点で共通するものがある。それはある意味で「新自由主義」の「市場原理主義」であった。その結果、中国の場合には、その経済成長のおかげで「パイ」は巨大になったが、その分配に大きな問題を残した。今日の中国の「格差社会」が形成された。そればかりか、その経済成長は中国の大きな環境破壊を伴うものであった。

　加えて、2007年のサブプライム問題と2008年の世界金融危機の発生に伴い中国国内の株価および不動産価格の暴落(バブル崩壊)によって、消費者物価指数が上昇し、中国の経済成長に急激なブレーキがかかった。これまでの「外需依存」(貿易依存)によって急激に発展してきた中国経済は大きな転換期を迎えている。[54]

　また、このような最近の中国経済の悪化(特に消費者物価の上昇、食糧品価格の高騰)を背景にして、チベット自治区や新疆ウイグル自治区などの中国の周辺地域での少数民族の深刻な問題の発生があったことも事実である。[55]

　いずれにせよ、今日の中国政府が直面する大きな問題の一つが「格差社会」すなわち人々の貧富の拡大であり、それに対してどのような方向で問題を解決するかが今後とも注目される。

1) http://www.jetoro.go.jp/world/asia/cn/stat_01　ジェトロのホームページより。『朝日

新聞』2009年1月15日付。2007年の第1位のアメリカのGDPは、13兆8000億ドル、第2位の日本のそれは、4兆4000億ドルであった。

　なお、中国政府が公表する経済統計数字（GDP統計数字あるいは貿易統計数字）の信憑性に関しては、いくつかの疑問や問題が指摘されている。『朝日新聞』2009年5月20日付。三橋貴明『本当にヤバイ！中国経済』彩図社、2008年、20-28頁。同著『中国経済・隠された危機』PHP研究所、2009年、第1章。野口悠紀雄『世界経済が回復するなか、なぜ日本だけが取り残されるのか』ダイヤモンド社、2010年、197-211頁。

2）　野村総合研究所・此本臣吾編著『2015年の中国　胡錦濤政権は何を目指すのか』東洋経済新報社、2008年、28-29頁。

　2008年の新しい数字を示すと、中国のGDPは4兆4020億ドルで世界第3位であり、同年の一人当たりGDPは3315ドルであり、次の3000ドルラインをわずか2年で超えていた。（関志雄『チャイナ・アズ・ナンバーワン』東洋経済新報社、2009年、38頁。）

3）　関志雄『中国経済革命最終章』日本経済新聞社、2005年、11-12頁。

4）　同上書、17-19頁。

5）　改革開放の開始から1年後の1979年12月、鄧小平は訪中した大平正芳首相と会談した際、20年後の20世紀末の時点で、中国は「小康」レベルに達しているだろうと述べている。「小康」とは儒家の経典の一つである『礼記』に由来する言葉で、衣食がほぼ足りた「温飽」の次の段階、いくらかゆとりのある状態を意味している。豊かな状態の「富裕」に至る前の段階でもある。鄧小平は1980年12月の共産党中央工作会議でも、20世紀末には中国の近代化水準を「小康」レベルまでに引き上げると語っている。（荒井利明『現代中国入門　共産党と社会主義はどう変わったか』日中出版、2009年、186-187頁。）

6）　David Harvey, *A Brief History of Neoliberalism*, Oxford, 2005, pp. 120-121.　デヴィッド・ハーヴェイ（渡辺治監訳）『新自由主義　その歴史的展開と現在』作品社、2007年、170-171頁。同著（本橋哲也訳）『ネオリベラリズムとは何か』青土社、2007年、40-41頁。

　また、関志雄は、中国においては新自由主義（ネオ・リベラリズム）が政府の政策への影響力も大きく、学界でも主流派を形成していることを指摘した。計画経済から市場経済への移行が進むにつれて、経済学者の影響力が強まると同時に、彼らの分析の枠組みも、これまで中国の経済学で支配的な地位を占めていたマルクス主義の「政治経済学」から「近代経済学」に変わってきている。なかでも、「新自由主義」の伝統を持つ、シカゴ大学で形成された新制度学派のアプローチは中国経済の分析に広く応用されるようになった。このアプローチは制度を与えられた新制度学派の与えられた前提とする「新古典派」と違い、制度そのものを分析するため、中国が経験している「市場経済への移行」という制度変遷を考える際、ふさわしい方法論を提供するものである。また、新制度経済学が信奉している新自由主義は、小さな政府や私有財産、経済の自由を理想とするなどの点において、市場経済を目指す中国に多くの示唆を与えている。実際、中国では「社会主義」の看板とは裏腹に、新自由主義者は政策への影響力が強く、学界でも主流派として君臨している。し

かし、貧富の格差が拡大しているなか、公平性を重視するという旗を掲げる新左派が学界では非主流派の地位に甘んじながらも、庶民の間では人気を集めている。むろん新自由主義者は、公平性より効率性を重視する傾向が強いが、完全に公平性を無視している訳ではない。ただ、公平性の基準として、新左派は「結果の平等」を重んじるに対して、彼らは「機会の平等」を強調しているのである。中国で活躍している経済学者たちは、効率性と公平性を軸に分類することができる。「新自由主義」と「新左派」の両陣営に属している彼らの間では多くの論争が展開されている。(関志雄『中国を動かす経済学者たち』東洋経済新報社、2007年、6-7頁。関志雄・朱建栄・日本経済研究センター・清華大学国状研究センター編『中国の経済大論争』勁草書房、2008年、2-16頁。)

7) 中南米諸国とフィリピンは、大部分が過去の歴史においてはスペイン植民地あったが、その植民地制度の特徴の一つは大土地所有制度であった。そのために、それらの国はもともと人々の経済格差の大きな地域であったが、1980年代の一連の債務危機により、IMF主導のもとに新自由主義に基づく「構造調整」が導入されて、公営企業の民営化、金融の自由化などが押し進められた。また、ロシアについても「社会主義」崩壊後、同様にIMF主導のもとに新自由主義に基づく「構造調整」が導入され、「ショック療法」と呼ばれる一連の政策によって急激に資本主義市場経済へと移行した。その結果、人々の貧富の格差が急激に大きくなった。ロシアの億万長者の数は、『フォーブス』のリストによれば、2003年イラク戦争後の石油価格の高騰の影響も加わり、2007年が53人（世界第3位）、2008年が87人（世界第2位）であった。

そのなかでも、メキシコは、デヴィッド・ハーヴェイによれば、開発途上国のなかでも「新自由主義化の最前線」の一つとして位置づけられている。1982年のメキシコの債務危機を契機にアメリカ、IMF、世界銀行の「ワシントン・コンセンサス」は広範な一連の新自由主義改革を要求し、それらを実現させた。その結果、人々の経済格差はますます拡大し、1994年の『フォーブス』のリストには24人もの世界の億万長者が登場することになった。2005年までにはメキシコは億万長者の数の点で、サウジアラビアより多い世界第9位の国となった。その筆頭が、カルロス・スリムであり、メキシコの大企業上位25社のうち4社を支配し、彼の事業はメキシコの国境を越え、ラテンアメリカ全土ならず、アメリカの電気通信事業においてもメジャー・プレイヤーになった。(David Harvey, *A Brief History of Neoliberalism*, pp. 98-104. デヴィッド・ハーヴェイ（渡辺治監訳）『新自由主義　その歴史的展開と現在』作品社、2007年、139-146頁。)

8) 薛進軍・荒山裕行・園田正編著『中国の不平等』日本評論社、2008年、13頁。
9) 関志雄『中国経済革命最終章』、14-15頁。朱建栄『中国第三の革命』中公新書、2002年、8頁。園田茂人『不平等国家中国』中公新書、2008年、4-5頁。
10) 大西康雄編『中国胡錦濤政権の挑戦』アジア経済研究所、2006年、8頁。
11) 薛進軍・荒山裕行・園田正編著、前掲書、150-151頁。
12) 王文亮『9億農民の福祉』中国書店、2004年。同著『格差で読み解く現代中国』ミネル

ヴァ書房、2006年、第3章。陳桂棣・春桃『中国農民調査報告』文藝春秋、2005年。
13) 大西康雄編『中国胡錦濤政権の挑戦』、54-55頁。
14) 大西康雄編『中国調和社会への模索　胡錦濤政権二期目の課題』アジア経済研究所、2008年、9頁。
15) 大西康雄編『中国胡錦濤政権の挑戦』、91頁。
16) 関志雄・朱建栄・日本経済研究センター・清華大学国状研究センター編『中国は先進国か』勁草書房、2008年、48頁。
17) http://www.forbes.com/2008/03/05/
18) 読売新聞中国取材団『膨張中国』中公新書、2006年、49-54頁。
19) http://www.forbes.com/2007/10/08/
20) http://www.forbes.com/2009/03/11/
21) http://www.forbes.com/2008/10/29/
22) 2009年5月8日の中国の経済誌『新財富』によれば、2009年度の富豪の第1位は鉄鋼メーカー、沙鋼集団の沈文栄総裁（63歳）が総資産200億元（約28億ドル）で首位となったと発表した。香港市場での株式上場によって一気に資産が増加して、「史上もっとも早い首位交代劇」であった。（『産経新聞』2009年5月11日付。）
23) http://www.mofa.go.jp　数字は日本の外務省のホームページより。
24) 『朝日新聞』2009年4月18日付。
25) http://j.people.com.cn/94476/6628465.html「中国人民網日本語版」2009年4月2日付。
　　メリルリンチとキャップジェミニが発表した合同報告書によれば、2005年、中国の百万長者（資産100万ドル以上10億ドル未満の富豪）は6.8％増えて32万人に達し、資産の平均は500万ドルだった。（デヴィッド・ロスコフ（河野純治訳）『超・階級』光文社、2009年、552-553頁。）
26) http://j.people.com.cn/94475/6562794.html　「中国人民網日本語版」2008年12月26日付。
27) ルパート・フーゲワーク（漆嶋稔訳）『中国の赤い富豪』日経BP社、2006年、161頁。
28) 同上書、164-165頁。
29) 張志雄・高田勝巳『中国株式市場の真実』ダイヤモンド社、2007年、7-11頁。
30) 加藤弘之によれば、中国の資本主義は、第一に政府が市場に介入する強大な権限をもつこと、第二に地域間、企業間、個人間で激しい競争が繰り広げられていること、第三に政府や政府組織内部で有効的なインセンティブ・メカニズムが存在することの三つの特徴を持っているが、特にその第三の特徴が政府の汚職・腐敗の経済成長に対する悪影響を制約したと次のように指摘している。
　　通常、政府が任意に経済活動に介入するようなケースでは、市場調整に任せた場合よりも経済効率が低下する可能性が大きい。その典型的な事例が政府の汚職・腐敗の問題である。世界銀行の調査によれば、政府の汚職・腐敗の程度と経済成長率とは負の相関がある。

すなわち、政府の汚職・腐敗が著しい国では経済成長は起きないということだ。しかし、中国はこの例外である。政府の汚職・腐敗が相当程度激しいにもかかわらず（ただし、腐敗の程度は発展途上国平均並みである）、高い成長率が維持された。なぜ中国は成功したのか。この謎を解くカギは、政府と政府組織内部の効率性の高さである。政府（とりわけ地方政府）が競い合うように経済成長を追求した独特の発展モデルにおいて、政府官僚に競争させる有効なインセンティブ・メカニズムが働いたと考えられる。（加藤弘之・久保亮『進化する中国の資本主義』岩波書店、2009年、209-210頁。）

31) 王文亮『格差大国中国』旬報社、2009年、53頁。

「国家統計局などの統計によれば、検察機関が取り締まった贈収賄事件のほとんどは公金絡みである。それは各領域に幅広く浸透し、とくに成長産業に集中する傾向が見られる。近年は贈収賄の手法も多様化し、金額もうなぎ登りに上昇している。2003年の1年間で、全国の地方裁判所で結審した公務員職務犯罪事件の裁判は2万2986件で、そのうち県・処クラスの幹部が458人、地区・庁クラスが73人、省・部（中央省庁）クラスが6人であった。全国の検察機関は、職務犯罪の事件として3万9562件（4万3490人）を立件、捜査し、2万2761件（2万6124人）を起訴。事件処理によって、直接被害額のうち43億元（約602億円）以上を取り戻した。汚職、収賄、横領などの重大事件では計1万8515件を立件、捜査したが、不正金額が1000万元（約1億4000万円）を超える案件は123件もあった。容疑者として立件され、捜査を受けた県クラス以上の政府幹部は2728人で、うち地・庁クラスは167人、省・部クラスは4人であった。それから6年経ったいま、はたして状況は改善されているのだろうか。日本の国会にあたる第11期全国人民代表大会第1回会議（2008年3月開催）での全国最高人民検察院活動報告によると、2003年からの5年間、全国の検察機関が立伴および捜査した汚職事件は17万9696件、容疑者は20万9487人に及んだ。有罪判決を受けたのは11万6627人で、5年前より30.7％も増えた。そのうち、07年有罪判決数と立件件数の比率は、03年より29.9％も上昇した。この5年間で最高人民検察院は重大・重要案件に対する捜査と処理を大幅に強化した。その結果、横領・収賄10万元以上、公金流用100万元以上の案件5万5255件を立件、捜査した。容疑者のうち県・処クラス以上の政府幹部は1万3929人いた（庁・局クラス930人、省・部クラス以上35人）。また、立件数のうち重大案件と重要案件の占める割合は、2003年の46・8％と6.3％から、07年の58.3％と6.6％にそれぞれ上昇した。さらに、海外に逃亡した容疑者に対する追跡を強め、5724人の容疑者のうち、すでに4547人を逮捕した。押収した金品等は244億8000万元（約3427億2000万円）以上に達した。政府職員による職権乱用事件に対する立件、捜査も強化され、5年間で3万4973件・4万2010人にのぼった。すでに有罪判決を受けたのは1万6060人で、前の5年間の2.3倍になる。この最高人民検察院の報告を見るかぎり、政府官僚による腐敗汚職は取り締まりの大幅な強化にもかかわらず、依然として減ることがない。」（王文亮『格差大国中国』、50-51頁。）

32) 世界銀行のホームページより入手。

第Ⅱ部　グローバル資本主義と世界の貧富の拡大

　　　http://web.worldbank.org/WBSITE/EXTERNAL/NEWS/0,,contentMDK:21881807~pagePK:64257043~piPK:437376~theSitePK:4607,00.html
33)　王文亮『格差大国中国』、63-64 頁。
34)　読売新聞中国取材団、前掲書、60 頁。
　　　1950 年代以降の中国には「幹部」、「工人」、「農民」という事実上の三大身分が存在する。「幹部」とは行政機関や国有企業などの管理業務に携わる、一定の要件（学歴、資格など）を満たすホワイトカラーまたは役員を、「工人」とは工場などの一線で働くブルーカラーまたはワーカーをそれぞれ指していうが、非農業戸籍を持つことが両者の共通点である。他方、農業戸籍を持つすべての人は「農民」と呼ばれる。改革開放の 30 年間に、所有制の多元化、企業形態の多様化が進み、「幹部」、「工人」という身分は限られた範囲でしか意味を持たなくなった一方、従来存在しなかった新しい身分が出現した。「農民」でありながら、農業とまったく関係ない仕事に従事し、常住する場所も農村ではなく、大都市だったりする人々がそれである。中国では彼らのことを「農民工」と呼ぶが、民工、流動人口、外来人口、外労、打工仔または打工妹といった名前も周知されている彼らの別称である。現代の「農民工」は、従来都市労働者しか従事できなかった分野の仕事をやれる人たちのことに過ぎないが、農民でもなく、工民でもない、しかし、両者の特質を併せ持つという意味で、「農民工」は現代中国社会で新たに形成された一つのインフォーマルの身分とみてよい。「農民工」の総数は 2000 年以降 1 億人を超え、その家族を含めると、1 億 5000 万人に達する。（厳善平『農村から都市へ　1 億 3000 万人の農民大移動』岩波書店、2009 年、はじめに、5 - 6 頁。）
35)　Alexandra Harney, *The China Price*, Penguin Books Ltd, 2008.　アレクサンドラ・ハーニー（漆嶋稔訳）『中国貧困絶望工場』日経 BP 社、2008 年。
36)　Ibid, pp. 8-9.　同上書、27-29 頁。
37)　Ibid, p. 57.　同上書、97 頁。
38)　エリザベス・エコノミー（片岡夏実訳）『中国環境レポート』築地書館、2005 年、74-75 頁。
39)　藤野彰編『中国環境報告　増補改訂版』日中出版社、2007 年、123-124 頁。
　　　中国は二酸化硫黄を年間 2300 万トン排出する。日本の 30 倍近い量で、世界一の排出量だ。中国のエネルギー源の 75％は石炭である。石炭に含まれる硫黄分が燃焼後、二酸化硫黄になる。脱硫装置は高額のためほとんど普及していない。重慶や貴州省貴陽市など、南西部では硫黄分の多い低質の石炭を使用するため、特に汚染が深刻だ。（同上書、109 頁。）
40)　Alexandra Harney, op.cit., p. 90.　アレクサンドラ・ハーニー、前掲書、142-143 頁。
　　　「新中国建国後、近代化と工業化のテンポがそれほど速いものではなかったこともあり、大規模な産業災害は比較的少なかった。ところが、改革・開放の直後から産業災害が急激に増え始め、その規模も大きくなっていった。とくに 2004 年下半期以降、国有炭坑を含む

悲惨な炭鉱事故が頻発する。2004年10月と11月、2005年2月に河南省の鄭州大平炭坑、陳西省の銅川陳家山炭坑、遼寧省の阜新孫家湾炭坑で相次ぐ大規模なガス爆発事故が起き、それぞれ148人、166人、214人が犠牲となった。国家安全生産監督管理総局が2007年7月10日に公表した報告によると、上半期に全国で起きた炭鉱事故による死亡者数は前年同期比14.3％減の1799人だったものの、大規模な事故による死亡者数はむしろ増加した。そのうち、1回10人〜29人の死者を出すいわゆる「重大事故」が15件も発生し、死者は計251人（前年同期比19.5％増）に達した。また、死者が30人以上を出す「特別重大事故」は2件で、死者と行方不明者は61人（同49.2％減）にのぼった。では、なぜ炭鉱事故が後を絶たないのか。最大の要因は、官僚と業者の癒着にあるとされる。もぐり炭鉱（未許可の違法採掘炭鉱）の閉山は地方利害に直結しており、行政サイドの取り締まりは多くの困難をともなう。地方幹部のなかにはもぐり炭鉱の株を入手したり、経営に参画したりしている者までおり、官民結託の状況が多く見られる。官僚は、事故の偽装や検査逃がれなどにも手を貸している。炭鉱の採掘権を得るためには、炭鉱採掘許可書、石炭生産許可書、安全生産許可書、営業許可書、鉱山長資格証明書が必要である。そのうち、営業許可書は地元工商局が発行するが、その他の四つは省政府の関係部門が最終的に許可を与える。一方、省政府の関係部門は、郷・鎮、県・市の推薦にもとづいて判断することになっており、地方行政の推薦にあたって大きな裁量権を持つ。これが腐敗・汚職を生むことになる。炭鉱採掘者は、政府関係者に株を提供したり、賞与を与えたりすることによって庇護を得ようとする。その結果、違法炭鉱はいくら潰されても、すぐにまた新しいものが簡単にできてしまうのである。」（王文亮『格差大国中国』、54-55頁。）

41）　読売新聞中国取材団、前掲書、78-79頁。
42）　真家陽一『米金融危機が中国を変革する』毎日新聞社、2009年、106-108頁。
43）　関志雄・朱建栄・日本経済研究センター・清華大学国状研究センター編『中国は先進国か』、15頁。
44）　仲大軍（坂井臣之介訳）『中国は世界恐慌にどこまで耐えられるか』草思社、2009年、119-120頁。
45）　荒井利明『現代中国入門　共産党と社会主義はどう変わったか』日中出版、2009年、182-185頁。

　　分配の視点からみると、今までの開発路線は権力者、経営者、知識人ら「エリート同盟」への利益の配分を優先し、開発のコストを弱者に大きく負担させることが特徴である。持続的な経済発展を実現したにもかかわらず、弱者を中心に人々の間で「相対的な剥奪感」がむしろ強まっている。それは政治社会の安定性を大きく脅かしている。中国政府によると、集団抗議活動は1993年の1万件から2003年の6万件に、参加者は70万人から300万人以上に急増している。2005年の集団抗議活動は、前年比6.6％増の8万7千件に達し、一部は暴力事件に発展した。（唐亮「民主化の基盤となる調和社会」関志雄・朱建栄・日本経済研究センター・清華大学国状研究センター編『中国は先進国か』、195-196頁。）

46)　大西康雄編『中国胡錦濤政権の挑戦』、10-11頁。
47)　2006年10月の第16期六中全会において胡錦濤政権は「社会主義和諧社会建設に関する若干の重要問題に関する中共中央の決定」を採択し、これまでの「経済建設優先」の国家戦略を継ぐものとして「和諧社会」を正式に打ち出し、改革開放の先にある国家戦略の新たな枠組みを模索している。(野村総合研究所・此本臣吾編著『2015年の中国　胡錦濤政権は何を目指すのか』、33頁。)
48)　大西康雄編著『中国調和社会への模索　胡錦濤政権二期目の課題』、10頁。
49)　仲大軍、前掲書、114-121頁。
50)　井村秀文『中国の環境問題　今なにが起きているのか』化学同人、2007年。藤野彰編、前掲書。エリザベス・エコノミー、前掲書。
51)　仲大軍、前掲書、191-192頁。
52)　谷口洋志・朱珉・胡水文『現代中国の格差問題』同友館、2009年、270-271頁。
53)　真家陽一、前掲書、48-58頁。
54)　中国のGDP増加分の内訳をみると、2004年までは純輸出の貢献がせいぜい5％前後であったが、2005年、2006年はいきなり20％に跳ね上がった。(三橋貴明『本当にヤバイ！中国経済』、118-119頁。)また、中国経済のアメリカ依存についてみると、2006年においては、中国の輸出額の21％、貿易黒字の81％をアメリカ一国で占めていた。(同上書、134頁。)

　1970年代末以降、中国の貿易、特に輸出が一貫して名目GDPの成長率より高い伸び率を示したため、中国の貿易依存率は上昇した。1978年のそれは9.8％であったが、1990年代後半に40％台へと急上昇し、2007年には1978年の約7倍に当たる66％を記録した。ちなみに、2006年の各国の貿易依存率、輸出依存率を示すと、それぞれ、中国が67.0％、36.9％、日本が28.2％、14.9％、韓国が71.5％、36.7％、インドが32.4％、13.2％、ブラジルが21.9％、12.9％、ロシアが49.2％、30.9％、アメリカが22.3％、7.8％、ドイツが70.5％、38.8％、イギリスが40.8％、17.9％、フランスが45.6％、21.7％であった。(馬成三『図でわかる中国経済』蒼蒼社、2009年、206-207頁。)

　これからわるように、中国は日本と比較して、貿易依存率および輸出依存率ともかなり高い。それに対して、日本は主要国のなかではアメリカに次いで貿易依存率および輸出依存率が低い国となっている。したがって、主要国のなかで比較すると、日本は「外需依存」型の国ではなく、アメリカと同様に実際には「内需依存」型の国となっている。中国、韓国、ドイツは貿易依存率が70％前後もあり、次いで、ロシア、フランス、イギリスが40％台である。
55)　真家陽一、前掲書、32-33頁。
　この点について、横山宏章は「多民族国家である中国のアキレス腱は民族問題である」と中国における民族問題の重要性を指摘した。(横山宏章『中国の異民族支配』集英社新書、2009年、8頁。)

第Ⅲ部

グローバル資本主義と世界の軍拡

第1章

冷戦後の世界の軍事費

　1991年は戦後史の一つの大きな転換期であった。湾岸戦争の勃発、ソ連「社会主義」の崩壊、1991年世界同時不況の発生によって、世界は大きく動き出した年でもあった。その頃から、グローバリゼーション、「IT革命」、「ニューエコノミー」などの新しい言葉が登場し、日本経済が「バブル経済」崩壊後の長期不況に入り「失われた10年」と呼ばれる一方で、世界経済においてはアメリカ経済の「一人勝ち」の様相が明確となってきた。それと同時に再び注目され出した言葉がパクス・アメリカーナ（Pax Americana）であった。

　1990年代以降のパクス・アメリカーナの特徴は、戦後世界経済の「高度成長」を支えたケインズ経済学ではなく、「小さな政府」の実現を政治的スローガンにした新自由主義経済学とセットとなり登場し、世界の市場経済による一体化、すなわちグローバリゼーションのなかで進行していることである。戦後の冷戦期のパクス・アメリカーナ（第1期）であれ、現在のパクス・アメリカーナ（第2期）であれ、いずれにしても、それを支えている軍国主義（Militarism）の現実に注目せざるを得ない。特に、現在のグローバリゼーションの時代における世界の軍事費についての分析が重要である。

　そこでここでは、世界の軍事費についての分析にあたって、世界的に有名な三つの軍事資料、すなわち一つはアメリカ国務省の資料、二つはスウェーデンのストックホルム国際平和研究所（SIPRI）の資料、三つにはイギリスの国際戦略研究所（IISS）の資料を使い分析する。

1 アメリカ国務省資料による世界の軍事費

　1991年のソ連「社会主義」の崩壊によって第二次世界大戦から半世紀近く続いたアメリカとソ連の二大軍事超大国による世界の「冷戦体制」は消滅した。戦後長く続いた冷戦期においては米ソの超大国によって発展途上諸国をも巻き込み1950年代と1980年代の二度の大軍拡期があった。特に、1980年代においては世界の軍事費は年間1兆ドルの水準を超えるなかで途上国においてはアジア地域を除いて一人当たりのGDP成長率がゼロあるいはマイナス成長となり、人々の貧困化が進行し、いわゆる「失われた10年」と呼ばれる時期であった。[1]

　そこでここでは最初に、世界の軍事費の動向についてアメリカ国務省の軍事資料から冷戦期からポスト冷戦期についてみることにする。

　表Ⅲ-1-1は1989年から1999年までの世界の軍事費について示したものである。1989年は東ドイツやルーマニアなどの東欧「社会主義」が崩壊した年であり、冷戦の末期でもある。1989年の世界の軍事費は1兆3100億ドルにも達し、先進国においては1兆1100億ドル、84.7％であり、途上国においては2080億ドル、15.9％であった。また、同年の世界の軍事費の対GNP比率は4.7％であり、先進国のそれは4.8％、途上国のそれは4.1％であり、さらに、同年の世界の対中央政府支出比率は16.9％であり、先進国のそれは16.8％、途上国のそれは17.4％であった。[2]

　しかし、冷戦後の1999年になると、世界の軍事費は大幅に減少して8520億ドルとなった。同年の軍事費は先進国においては6070億ドル、71.2％であり、途上国においては2450億ドル、28.8％であった。また、1999年における世界の軍事費の対GNP比率は2.4％であり、先進国のそれは2.3％、途上国のそれは2.7％であり、さらに、同年の世界の対中央政府支出比率は10.1％であり、先進国のそれは9.0％、途上国のそれは14.5％であった。[3]

　ここで注目すべきことは、先進国における軍事費の絶対額の減少が顕著であるが、それとは対照的に途上国においては軍事費の絶対額が増加し、それにと

第1章　冷戦後の世界の軍事費

表Ⅲ-1-1　世界の軍事費（冷戦から冷戦後）

(単位10億ドル)

	1989年		1999年		1989-99年成長率
世界	1310	100.0%	852	100.0%	-4.6%
先進国	1110	84.7%	607	71.2%	-6.2%
途上国	208	15.9%	245	28.8%	0.8%

注）1999年固定ドル表示。
出所）U. S. Department of State, *World Military Expenditures and Arms Transfers 1999-2000* より作成。

もなって相対的な構成比も大きくなったことである。ここにポスト冷戦期の1990年代における重要な特徴をみることができる。

次に、同じアメリカ国務省の軍事資料から、1989年から1999年までの世界の軍事費の地域別構成率の変化をみてみよう。

表Ⅲ-1-2より1989年から1999年までの変化の特徴をみると、第一には、ロシアを含む東ヨーロッパがその間の成長率でマイナス19.3％で推移し、1989年には34.4％のシェアーを占めていたのが1999年には7.3％まで低下し、その結果全ヨーロッパのシェアーも50.5％から29.2％まで激減したことが確認できる。しかし、その間の成長率がマイナスを示したのにもかかわらず、北アメリカ、西ヨーロッパ、中東が1999年時点でのシェアーが、それぞれ、30.0％から34.3％、16.2％から22.1％、5.4％から6.5％へと上昇している。第二には、その間の成長率がプラスを示した東アジア、南アメリカ、南アジア、南部アフリカ、北アフリカ、全アフリカの途上国地域が、それぞれ、10.0％から21.4％、1.3から2.6％、0.8％から2.0％、0.7％から1.3％、0.4から0.7％、0.2％から0.5％、1.4％から2.4％へと構成率を上昇させた。すなわち、表18で確認したように、上記の途上国地域においては軍事費の絶対額が増加し、それにともなって相対的な構成比率も大きくなったことがあらためて認められるのである。特に、東アジアの急増が注目される。

次の表Ⅲ-1-3は、同じアメリカの軍事資料より、1989年と1999年における主要国の軍事費、軍事費の対GNP比率、軍事費の対中央政府支出比率を示したものである。

表Ⅲ-1-2　世界の軍事費の地域別構成率（冷戦から冷戦後）

（単位：％）

	1989年	1999年	1989-99年成長率
世界全体	100.0	100.0	-4.6
北アメリカ	30.0	34.3	-3.1
西ヨーロッパ	16.2	22.1	-1.7
東アジア	10.0	21.4	3.4
東ヨーロッパ	34.4	7.3	-19.3
中東	5.4	6.5	-5.4
南アメリカ	1.3	2.6	4.3
南アジア	0.8	2.0	4.7
南部アフリカ	0.7	1.3	0.5
オセアニア	0.5	0.9	1.1
北アフリカ	0.4	0.7	1.9
中央アフリカ	0.2	0.5	1.2
中央アジア		0.5	
中央アメリカ・カリブ海	0.2	0.1	-6.3
全ヨーロッパ	50.5	29.2	-9.9
全アフリカ	1.4	2.4	11.1

出所）U.S. Department of State, *World Military Expenditures and Arms Transfers 1999-2000* より作成。

　右の表Ⅲ-1-3からわかるように、冷戦後においてはアメリカとロシアが大きく軍事費を減らし、さらにイギリス、フランス、ドイツも減少している。しかし、アメリカの世界の軍事費に対するシェアーをみると、1989年の29.2％から1999年の33.0％へと増大させており、アメリカ一国が冷戦後の世界において唯一の「超軍事大国」となっている。また、日本、中国、台湾、韓国などの東アジアとインドなどの南アジアは、ロシアやヨーロッパとは逆に軍事費を増加させていることが確認できる。

　さらに、冷戦後の1999年における対中央政府支出比率をみると、それが二桁以上の国、アメリカ、ロシア、中国、インド、韓国、サウジアラビア、イスラエルなどが依然として軍事費負担が大きい「軍事国家」であることも確認できる。

表Ⅲ-1-3　主要国の軍事費の動向（冷戦から冷戦後）

(単位：10億ドル)

	1989年			1999年		
	軍事費	対GNP比	対中央政府支出比	軍事費	対GNP比	対中央政府支出比
アメリカ	382.0	5.5	25.5	281.0	3.0	15.7
ロシア	72.9	8.0	28.0	35.0	5.6	22.4
イギリス	48.3	4.1	11.9	36.5	2.5	6.9
フランス	43.5	3.6	8.6	38.9	2.7	5.9
ドイツ	42.9	2.8	9.5	32.6	1.6	4.7
イタリア	23.2	2.3	4.7	23.7	2.0	4.7
日本	36.2	1.0	5.8	43.2	1.0	6.1
中国	54.4	3.4	19.1	88.9	2.3	22.2
台湾	7.5	4.7	34.6	15.2	5.2	
インド	7.7	3.0	13.7	11.3	2.5	14.6
韓国	9.2	4.1	23.8	11.6	2.9	11.0
サウジアラビア	18.4	15.9	38.5	21.2	14.9	43.2
イスラエル	7.7	13.2	25.0	8.7	8.8	18.5
世界	1310.0	4.7	16.9	852.0	2.4	10.1

出所）U. S. Department of State, *World Military Expenditures and Arms Transfers 1999-2000* より作成。

2　ポスト冷戦期における世界の軍事費

　さて、今度はスウェーデンのストックホルム国際平和研究所（SIPRI）の軍事資料に基づいてポスト冷戦期の世界の軍事費の動向についてみてみよう。次の図Ⅲ-1-1は、1994年から2003年までの世界の軍事費の動向について示したものである。

　この図Ⅲ-1-1からわかるように、ポスト冷戦期においては、1991年のソ連「社会主義」崩壊以降、着実に世界の軍事費の総額が1990年代半ばごろまで減少し、1990年代の後半においては7000億ドル前後の水準を維持し、横ばいの状態が続いた。しかしながら、世界の軍事費は、2000年以降、特にニューヨークのテロ事件が発生した2001年以降は再び急増したことが確認できる。すなわち、2001年には、世界の軍事費は、1994年の7420億ドルとほぼ同じ7430億ドルであったが、2002年には7920億ドル、前年比6.5％増、2003年には8790

第Ⅲ部　グローバル資本主義と世界の軍拡

図Ⅲ-1-1　世界の軍事費の動向（1994-2003年）
（単位：10億ドル）

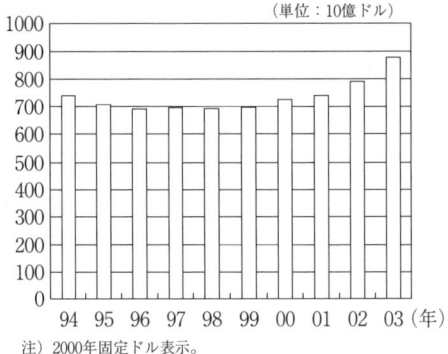

注）2000年固定ドル表示。
出所）SIPRI, *SIPRI Yearbook 2004* より作成。

億ドル、前年比 11.0％増と急増した。

そこでここでは、特にポスト冷戦期における最近の動向に注目しながら SIPRI の軍事資料を基礎にもう少し詳しくみてみよう。

次の表Ⅲ-1-4は、1994年から2003年までのグループ別の軍事費と対外債務額（2001年）、国数、人口（2001年）を示したものである。

まず、表Ⅲ-1-4から、世界の軍事費がほぼ同額であった1994年と2001年を比較すると、先進国が中心の高所得国の軍事費が5890億ドルから5550億ドルへと減少しているのに対して、途上国の方はすべて増加している。すなわち、多くのアフリカ諸国とインドなどが含まれる低所得国が299億ドルから334億ドルへ、中国などが含まれる下位中所得国が586億ドルから756億ドルへ、上位中所得国が657億ドルから796億ドルへとそれぞれ増加している。加えて、指摘しておかなければないないことは途上国の膨大な対外債務の存在である。2001年の数字で、低所得国で対外債務額が5330億ドル、下位中所得国のそれが9180億ドル、上位中所得国のそれは8820億ドルである。

次に、同じ表Ⅲ-1-4から、世界の軍事費が7430億ドルから8790億ドルへと急激に増加した2001年と2003年を比較すると、アメリカを含む高所得国が5550億ドルから6720億ドルへ、低所得国が334億ドルから361億ドルへ、下位中所得国が756億ドルから909億ドルへとそれぞれ増加していることが確認できる。特に、2001年以降の変化は高所得国と下位中所得国の増加が目立っている。

さて、次の表Ⅲ-1-5は、同じ SIPRI の軍事資料から、表Ⅲ-1-4と同じ期間の地域別の世界の軍事費を示したものである。

第1章 冷戦後の世界の軍事費

表Ⅲ-1-4 世界の軍事費、対外債務額、国数、人口（グループ別）

(単位：10億ドル)

	1994年	2000年	2001年	2002年	2003年	対外債務額	国数	人口
世界の軍事費	742.0	727.0	743.0	792.0	879.0		158	6,130
低所得国	29.9	32.7	33.4	34.3	36.1	533.0	58	2,505
下位中所得国	58.6	66.8	75.6	82.0	90.9	918.0	41	2,164
上位中所得国	65.7	76.1	79.6	78.9	79.5	882.0	27	504
高所得国	589.0	551.0	555.0	597.0	672.0		32	957

注1）2000年固定ドル表示。
注2）低所得国は一人当たり755ドル以下、下位中所得国は756－2995ドル、上位中所得国は2996-9265ドル、高所得国は9266ドル以上。
注3）人口は2001年。単位100万人。
注4）対外債務額は2001年。
出所）SIPRI, *SIPRI Yearbook 2004* より作成。

表Ⅲ-1-5 世界の軍事費（地域別）

(単位：10億ドル)

(年)	94	00	01	02	03
アフリカ	9.2	10.3	10.5	11.3	11.4
北アフリカ	4.1	4.7	4.8	5.4	5.5
サハラ以南アフリカ	5.1	5.7	5.8	5.9	5.9
アメリカ	365.0	334.0	339.0	376.0	451.0
北アメリカ	344.0	310.0	313.0	350.0	426.0
中央アメリカ	3.5	3.5	3.6	3.4	3.3
南アメリカ	17.6	20.7	22.6	22.9	21.8
アジア・オセアニア	120.0	133.0	140.0	146.0	151.0
中央アジア	0.4		0.5		
東アジア	101.0	110.0	115.0	121.0	125.0
南アジア	12.0	15.2	15.8	15.9	16.9
オセアニア	7.3	7.7	8.0	8.3	8.5
ヨーロッパ	200.0	191.0	191.0	194.0	195.0
中央・東ヨーロッパ	26.4	20.0	21.5	22.2	24.5
西ヨーロッパ	174.0	171.0	170.0	172.0	171.0
中東	47.1	58.0	63.1	63.8	70.0
世界全体	742.0	727.0	743.0	792.0	879.0
前年比(%)		4.0	2.3	6.5	11.0

注）2000年固定ドル表示。
出所）SIPRI, *SIPRI Yearbook 2004*, Table 10.1より作成。

第Ⅲ部 グローバル資本主義と世界の軍拡

　この表Ⅲ-1-5から、まず、世界の軍事費がほぼ同額であった1994年と2001年を比較すると、軍事費が減少した地域は、アメリカ（全域）とヨーロッパ（全域）であることがわかる。それとは対照的に、軍事費が増加した地域は、アフリカ、アジア・オセアニア、中東である。その中でも特に注目されるのはアジア・オセアニアが1200億ドルから1400億ドルへと200億ドルも増加していることである。とりわけ、東アジアが1010億ドルから1150億ドルへと140億ドルも増加している。

　次に、同じ表Ⅲ-1-5から、世界の軍事費が急激に増加した2001年と2003年を比較すると、もっとも注目されるのは、アメリカ（全域）での増加が顕著であり、特に北アメリカが3130億ドルから4510億ドルへと1380億ドルも急増したことである。これは2001年のテロ事件を契機にその後のアメリカ軍によるアフガニスタン戦争、イラク戦争の発生が大きな要因であると容易に推測できる。実際、同じSIPRIの資料によれば、2001年においてはアメリカ一国の軍事費は3041億ドルで、世界シェアーの40.5％を占め、2003年においてはアメリカ一国のそれは4173億ドルで、世界シェアーの47.4％をも占めていた。また、この間において、アジア・オセアニア、特に東アジアが1150億ドルから1250億ドルと100億ドルも増加し、中東も631億ドルから700億ドルへと69億ドルも増加している。

　さて、この2001年と2003年との比較を今度はイギリスの国際戦略研究所（IISS）の軍事資料を使ってみてみる。次の表Ⅲ-1-6は、2001年と2003年の世界の軍事費を、アメリカとヨーロッパの軍事同盟であるNATO（北大西洋条約機構）、地域、および主要国に分類して示したものである。

　表Ⅲ-1-6から、まず、2001年の軍事費の数字をみると、世界の軍事費が7980億ドルであり、NATOが4748億ドル、59.5％を占め、アメリカが主要国では最大の3055億ドル、38.3％を占め、他の諸国を大きく引き離している。続いて、主要国では第2位のロシアが461億ドル、5.8％、第3位の中国が435億ドル、5.5％、第4位の日本が404億ドル、5.1％、第5位のイギリスが349億ドル、4.4％、第6位のフランスが333億ドル、4.2％、第7位のドイツが274億ドル、3.4％となっている。

表Ⅲ-1-6　世界の軍事費（2001年・2003年）

（単位：100万ドル）

	2001年		2003年	
NATO	474,816	59.5%	626,033	62.8%
アメリカ	305,500	38.3%	404,920	40.6%
カナダ	8,566		10,118	
フランス	33,369	4.2%	45,695	4.6%
ドイツ	27,497	3.4%	35,145	3.5%
イタリア	22,147		27,751	
イギリス	34,943	4.4%	42,782	4.3%
トルコ	7,220		11,649	
非NATOヨーロッパ	24,658		30,148	
ロシア	46,100	5.8%	65,200	6.5%
中東・北アフリカ	54,849		54,148	
イスラエル	10,938		10,325	
サウジアラビア	21,055		18,747	
中央・南アジア	22,515	2.8%	24,388	2.4%
インド	14,368		15,508	
東アジア・太平洋	137,545	17.2%	164,379	16.5%
オーストラリア	7,028		11,758	
中国	43,551	5.5%	55,948	5.6%
日本	40,496	5.1%	42,835	4.3%
韓国	11,919		14,632	
カリブ海・ラテンアメリカ	30,452		25,145	
サハラ以南アフリカ	7,140		7,716	
世界全体	798,076	100.0%	997,158	100.0%

出所）IISS, *The Military Balance 2004/2005* より作成。

　次に表Ⅲ-1-6から、2003年の軍事費の数字をみると、世界の軍事費は9971億ドルとなり、わずか2年間で約2000億ドルも増加した。NATOが6260億ドル、62.8％を占め、2001年と同様にアメリカが主要国では最大の4049億ドル、40.6％を占め、さらに大きく他の諸国を引き離している。この2年間においてアメリカ一国で約1000億ドルの軍事費を増加させた。すなわち、アメリカ一国でこの間の世界の軍事費の増加分の半分を占めている。

　また、これらの数字はアメリカが現代世界において唯一の「超軍事大国」となっていることを証明している。言い換えると、それはポスト冷戦期の世界が

「パクス・アメリカーナ第二幕」(Pax Americana Part II) となったことを示している。

続いて、2003年の主要国の数字をみると、第2位のロシアが652億ドル、6.5％、第3位の中国が559億ドル、5.6％、第4位のフランスが456億ドル、4.6％、第5位の日本が428億ドル、4.3％、第6位のイギリスが427億ドル、4.3％、第7位のドイツが351億ドル、3.5％となっている。

2003年の軍事費を地域別でみると、アメリカが含まれるNATOと北アメリカを除くと、東アジア・太平洋が1643億ドル、16.5％を占めている。その数字は、サウジアラビア、イラク、イラン、クウェート、UAE、リビア、アルジェリアなど主要な産油国が含まれる中東・北アフリカの541億ドル、5.4％より約3倍の大きさである。かつて、冷戦末期の1988年においては、アジアと中東の二つの地域は途上国の約80％の軍事費を占めており、それぞれ同額の約40％の軍事費であった。[4]

しかし、ポスト冷戦においては時代が変わり、アジアの軍事費は急増しはじめた。そして、2001年から2003年のこの2年間で、東アジア・太平洋は268億ドルも軍事費を増大させたのである。とりわけ、中国一国でこの2年間で124億ドルもの軍事費を増大させた。すなわち、ここで注目すべきことは、東アジア・太平洋の軍拡はポスト冷戦期のもう一つの重要な特徴を示しているということである。

3 為替レートと購買力平価による世界の軍事費の比較

さて、次は、もう一度、SIPRIの軍事資料から2003年における世界の軍事費上位15ヵ国についてみてみる。次の表III-1-7は、世界の軍事費上位15ヵ国の為替レートと購買力平価による軍事費の比較と一人当たりの軍事費および軍事費の対GDP比（2002年）を示したものである。

表III-1-7から、まず、為替レートによる軍事費の順位は、第1位のアメリカ、第2位の日本、第3位のイギリス、第4位のフランス、第5位の中国と続いている。

第1章 冷戦後の世界の軍事費

表Ⅲ-1-7 上位15ヵ国の為替レートと購買力平価による軍事費の比較(2003年)

		為替レートに よる軍事費 (10億ドル)	一人当た りの額 (ドル)	軍事費の 対GDP比 (%)			購買力平価に よる軍事費 (10億ドル)
第1位	アメリカ	417.4	1,419	3.4	第1位	アメリカ	417.4
第2位	日本	46.9	367	1.0	第2位	中国	151.0
第3位	イギリス	37.1	627	2.4	第3位	インド	64.0
第4位	フランス	35.0	583	2.5	第4位	ロシア	63.2
第5位	中国	32.8	25	2.5	第5位	フランス	38.4
第6位	ドイツ	27.2	329	1.5	第6位	イギリス	35.0
第7位	イタリア	20.8	362	2.1	第7位	日本	32.8
第8位	イラン	19.2	279	4.0	第8位	ドイツ	30.4
第9位	サウジアラビア	19.1	789	9.8	第9位	イタリア	26.4
第10位	韓国	13.9	292	2.7	第10位	サウジアラビア	25.6
第11位	ロシア	13.0	91	4.0	第11位	韓国	25.0
第12位	インド	12.4	12	2.3	第12位	イラン	23.7
第13位	イスラエル	10.0	1,551	9.2	第13位	トルコ	22.5
第14位	トルコ	9.9	139	4.9	第14位	ブラジル	21.0
第15位	ブラジル	9.2	51	1.6	第15位	パキスタン	15.0
	小計	723.8				小計	991.4
	世界全体	879.0					

注)軍事費のGDP比は2002年。
出所)SIPRI, *SIPRI Yearbook 2004*, Table 10.4より作成。

　まず、はじめに、この表Ⅲ-1-7とイギリスの国際戦略研究所(IISS)の軍事資料を基礎にした前の表Ⅲ-1-6の上位15ヵ国(主要国)と比較すると、いくつかおもしろいことに気づく。第一に、表Ⅲ-1-6のIISSでは、2003年の上位7ヵ国がアメリカ、ロシア、中国、フランス、日本、イギリス、ドイツと並んでいたのに、表Ⅲ-1-7のSIPRIの為替レートによる順位では、アメリカ、日本、イギリス、フランス、中国、ドイツ、イタリアとなっている。IISSとSIPRIでは、ロシアの評価に大きな差がある。第二に、前の表Ⅲ-1-6では、カナダとオーストラリアが上位国のリストに入っていたが、表Ⅲ-1-7ではその二国の代わりに第8位のイランと第15位のブラジルが入っている。特に、IISSとSIPRIでは、現在、核兵器製造疑惑が問題となっているイランの評価が大きく異なっている。

次に、**表Ⅲ-1-7**の各国の物価水準で調整した購買力平価による軍事費の上位国の順位をみると、第1位のアメリカ、第2位の中国、第3位のインド、第4位のロシア、第5位のフランスとなり、為替レートの順位とはこれまた大きく異なっている。特に、為替レートでは第5位の中国、第11位のロシア、第12位のインドの3ヵ国は、購買力平価ではそれぞれ順位を大きく上げ、第2位の中国、第3位のインド、第4位のロシアとなっている。また、インドと対立する欄外のパキスタンまでが第15位に登場している。逆に、日本、イギリス、フランス、ドイツ、イタリアの先進国の5ヵ国はその順位を下げている。

いずれにせよ、この軍事費の上位国に登場する中国、インド、ロシア、イラン、パキスタン、ブラジルなどの国は低所得国あるいは下位中所得国に属しており、1人当たりの国民所得からみると軍事費の負担は相当に大きい。具体的には、2002年の一人当たりの国民所得をみると、インドが480ドル、パキスタンが410ドルで低所得国に属し、中国が940ドル、ロシアが2140ドル、イランが1710ドル、ブラジルが2850ドルでいずれも下位中所得国に属している。[5]特に、インドとパキスタンは世界の二大貧困地域の一つである南アジアの代表的な国であり、国民の3割以上が貧困に苦しんでいる国である。

また、表Ⅲ-1-7に登場した国の中央政府支出に対する軍事費比率をみると、1999年の数字で、サウジアラビアが43.2％、パキスタンが27.9％、ロシアが22.4％、中国が22.2％、イスラエルが18.5％、アメリカが15.7％、インドが14.6％、トルコが13.9％、イランが11.2％、韓国が11.0％、オーストラリアが7.6％、イギリスが6.9％、日本が6.1％、フランスが5.9％、イタリアとドイツが4.7％となっている。[6]

4 世界の軍事費と教育費・保健医療費の比較

人類にとって巨額な軍事費の支出は資源的経済的な意味で最大の世界的な浪費であり、軍事費の莫大な負担は国民生活のあらゆる犠牲の上に成立している。そこで、次の表Ⅲ-1-8は、SIPRI資料からの2002年における軍事費の対GDP比の上位国のリストであり、教育費、保健医療費との比較が示されている。

表Ⅲ-1-8　軍事費の対 GDP 比の上位国（2002年）

高所得国				低・中所得国			
	教育費	保健医療費	軍事費		教育費	保健医療費	軍事費
クウェート		2.6	10.4	エリトリア	4.8	2.8	23.5
イスラエル	7.3	8.3	9.2	オマーン	3.9	2.3	12.3
ブルネイ	4.8	2.5	7.0	サウジアラビア	9.5	4.2	9.8
シンガポール	3.7	1.2	5.2	ヨルダン	5.0	4.2	8.4
ギリシャ	3.8	4.6	4.3	ブルンジ	3.4	1.6	7.6
UAE	1.9	2.5	3.7	リベリア			7.5
アメリカ	4.8	5.8	3.4	イエメン	10.0		7.1
フランス	5.8	7.2	2.5	シリア	4.1	1.6	6.1
イギリス	4.5	5.9	2.4	エチオピア	4.8	1.8	5.2
台湾			2.3	トルコ	3.5	3.6	4.9
（参考）日本	3.5	6.0	1.0				

出所）SIPRI, *SIPRI Yearbook 2004*, Table 10.3より作成。

　表Ⅲ-1-8から、まず、高所得国の軍事費の高い上位10ヵ国をみると、第1位のクウェート、第2位のイスラエル、第3位のブルネイ、第4位のシンガポール、第5位のギリシャと並んでいる。これら上位国をみると、途上国からは、クウェート、ブルネイ、UAE の豊かな産油国と中東問題の一つの焦点であるイスラエルに加え、アジア NIES のシンガポール、台湾が入り、先進国からはアメリカ、フランス、イギリスが入っている。

　次に、表Ⅲ-1-8から、低・中所得国をみると、第1位のエリトリア、第2位のオマーン、第3位のサウジアラビア、第4位のヨルダン、第5位のブルンジと並んでいる。これら低・中所得国の上位国をみると、オマーン、サウジアラビア、ヨルダン、シリア、イエメンなど中東および産油国、エリトリア、ブルンジ、リベリア、エチオピアのアフリカ諸国となっている。つまり、低・中所得国の上位国は、国際紛争あるいは内戦が絶えない不安定な地域でもある中東とアフリカの二つに集中している。特に、エリトリア、ブルンジ、エチオピアなどの「軍事国家」は、人々の貧困がもっとも深刻なアフリカの象徴的な「貧困国」でもある。本来ならば、貧しい国ほど、軍事費よりは教育費や保健医療費にこそより良い国民生活のために国家支出が必要であるということは強調するまでもないことである。

第Ⅲ部　グローバル資本主義と世界の軍拡

表Ⅲ-1-9　低・中所得国の対外債務残高（2004年）

	対外債務残高 （単位：100万ドル）	対外債務残高／GNI （％）
エリトリア	681	75
オマーン	3,872	17
サウジアラビア		
ヨルダン	8,175	70
ブルンジ	1,385	216
リベリア	2,706	687
イエメン	5,488	46
シリア	21,521	92
エチオピア	681	75
トルコ	161,595	54

注）GNI（国民総所得）に対する対外債務残高の比率
出所）The World Bank, *Global Development Finance 2006* より作成。

　また、上の表Ⅲ-1-9は、表Ⅲ-1-8の軍事費の対GDP比率が高い低・中所得国についての2004年における対外債務残高を示したものである。

　この表Ⅲ-1-9からわかるように、産油国のサウジアラビアとオマーンを除くと、それらの国に共通していることは、軍事費も大きいが、同時に国民総所得（GNI）に対する対外債務残高比率も大きいことが確認できる。特に問題なのは、アフリカの「最貧国」であるエリトリア、ブルンジ、リベリア、エチオピアである。その4ヵ国の国民総所得（GNI）に対する対外債務残高比率は、順に、75％、216％、687％、75％であり、軍事費に加えて対外債務もまた大きな負担となっていることが明確である。また、中東の非産油国のヨルダン、シリアが、それぞれ70％、92％となっており、トルコ、イエメンも、それぞれ54％、46％である。それゆえ、特に「最貧国」にとっては、軍事費と対外債務の二つの項目の負担が非常に大きく、それが人々の貧困の最大の経済的要因である。まずは、平和が維持できる環境を整えると同時に、軍事費を大幅に削減し、対外債務を削減することが重要である。

　一般的に、先進国では、教育費と保健医療費の合計は軍事費と比較してもはるかに多いのが普通である。たとえば、フランスの場合は、教育費（5.8％）と保健医療費（7.2％）の合計は軍事費（2.5％）の5.2倍であり、イギリスの場合

は、教育費（4.5％）と保健医療費（5.9％）の合計は軍事費（2.4％）の4.3倍であり、また、日本の場合は、教育費（3.5％）と保健医療費（6.0％）の合計は軍事費（1.0％）の9.5倍である。さらに、あの世界最大の「軍事国家」でもあるアメリカでさえもその例外ではなく、教育費（4.8％）と保健医療費（5.8％）の合計は軍事費（3.4％）よりも3.1倍も大きい。

このように、世界最大の「軍事国家」であるアメリカの3.1倍を一つの基準として考えれば、表Ⅲ-1-8のリストに登場した低・中所得国のすべての国は、そのアメリカよりも軍事費の負担が大きい「超軍事国家」となっている。特に、エリトリア、オマーン、ブルンジ、シリアなどは教育費と保健医療費の合計より軍事費のほうが大きくなっている。すなわち、それは軍事費の負担のために国民生活が犠牲となっている典型的な事例である。

たとえば、国連開発計画（UNDP）の資料によれば、人間開発指標として177ヵ国のリストを公表しているが、そのうちの36ヵ国が「人間開発低位国」として分類されている。そのなかには、第142位のパキスタン、第149位のイエメン、第156位のエリトリア、第170位のエチオピア、第173位のブルンジが含まれている。具体的に数字をみると、エリトリアの出生児平均余命が52.7歳、成人識字率が56.7％、初・中・高等教育の総就学率が33％であり、ブルンジは以下それぞれ、40.8歳、50.4％、33％、イエメンは以下それぞれ、59.8歳、49.0％、53％、エチオピアが以下それぞれ、45.5歳、41.5％、34％となっており、またパキスタンは以下それぞれ、60.8歳、41.5％、37％という数字になっている[7]。

これらの数字から、上記の「人間開発低位国」においては巨額な軍事費と対外債務の負担のために国民の教育や保健医療などが犠牲となっている事実がはっきりと確認できる。

5　グローバリゼーションと軍拡

ここで最後に、この論文のまとめとしてグローバリゼーションと軍拡について少しだけ言及してみたい。

第一には、グローバリゼーションの展開に伴う軍拡と貧困の問題である。

国際政治ではソ連「社会主義」崩壊後においてはポスト冷戦期と呼ばれ、また国際経済では世界市場における資本主義対資本主義の「大競争の時代」とも呼ばれる1990年代以降のグローバリゼーションについては、実に多くの論者の研究がある。

たとえば、そのなかでも注目されるものは、今日のグローバリゼーションを肯定的にとらえようとする立場から書かれたGATTやWTOの要職において活躍したインド人経済学者ジャグディシュ・バグワティの著作『グローバリゼーションを擁護する』である。彼はその著作のなかで今日のグローバリゼーションを全面的かつ多角的な視点から検証し、いろいろな意味で非常に参考になる貴重な考察をしている。しかしながら、彼の考察においてはグローバリゼーションが持つ負の側面、特にグローバリゼーションと軍拡に関する現実の分析がほとんど欠落しており、加えて途上国の貧困問題の背景にある膨大な累積債務について深い検証がなされていない。それが彼の著作の大きな特徴であり、また同時にそれが大きな問題点でもある。

実際、彼の母国であるインドについてみると、インドは10億人の人口大国であると同時に、これまでみたように中国と同様に核兵器を持つ世界的な「軍事大国」の一つでもある。しかしながら、インドの人々の生活水準をみると、UNDPの『人間開発報告書2004』によれば、以下主に2002年時の数字において、人間開発指数はリストの177ヵ国において第94位の中国より低い第127位であり、1日1ドル未満の「貧困」の人々の数は3億人以上の34.7％、出生時平均余命が63.7歳、成人識字率が61.3％、初・中・高等教育の総就学率が55％、5歳未満幼児死亡率が93人（分母1000人）である。また、GDPに対する軍事費の構成比が2.3％、以下同様に教育費のそれが4.1％、保健医療費のそれが0.9％、債務元利支払総額のそれが2.6％となっている。

このような具体的な数字をみると、インド政府が最優先に実行すべき政策は国民生活を改善するための教育、保健医療、貧困削減などの政策であり、決して軍事費の増大、軍拡ではないはずである。10億人の国民のうち3人に1人が「貧困」状況にあるなかで、なぜ核兵器開発をはじめとする軍拡政策が推進さ

第1章 冷戦後の世界の軍事費

れなければならいのであろうか。その同じ批判は南アジアのもう一つの「軍事大国」のパキスタンにも妥当する。実際、パキスタンの数字をみると、GDPに対する軍事費の構成比が4.7％、以下同様に教育費のそれが1.8％、保健医療費のそれが1.0％、債務元利支払総額のそれが4.8％となっている。[11]

このように、パキスタンはインド以上に国民の生活を犠牲にしながら核兵器開発と軍拡を推進していることがわかる。いずれにせよ、インド、パキスタンを含む南アジアはサハラ以南アフリカと並んで世界の二大貧困地域であり、多くの国民が「貧困」状況にある。それゆえに、軍拡と貧困はある意味で一枚のメダルの表裏の関係にある。

第二には、グローバリゼーションの展開に伴う軍拡とパクス・アメリカーナの再建の問題である。

これまでみたように、1990年代以降、特に2001年ニューヨーク・テロ事件以降の最近の軍拡は、グローバリゼーションの進展と深く関係し、それを強力に推進するアメリカの「新自由主義」(Neo-liberalism)がその基礎にある。[12]

それゆえ、1980年代は、戦後の冷戦期のパクス・アメリカーナ（第1期）と現代のパクス・アメリカーナ（第2期）への過渡期として位置づけられる。1980年代における先進国の三大政権、すなわちアメリカのレーガン政権、イギリスのサッチャー政権、日本の中曽根政権はともに「小さな政府」の実現を政治スローガンとして登場し、新自由主義の経済政策を次々と実行した。特に、1980年代において展開されたアメリカの「巻き返し」戦略の展開、すなわちレーガン政権の世界戦略と軍拡はパクス・アメリカーナの再建にとって非常に重要な役割を果たしたのである。[13]

その結果、1990年代においてアメリカは新自由主義とそれを基礎とするグローバリゼーションとその世界戦略の展開によってパクス・アメリカーナの再建に成功したのである。言い換えるならば、今日のパクス・アメリカーナ（第2期）は、1991年のソ連「社会主義」の崩壊を出発点として、新自由主義を基礎とする新たな軍拡によって再編・強化されているのである。

第Ⅲ部　グローバル資本主義と世界の軍拡

6　小　括

　20世紀は人類にとって世界戦争を二度も経験したという意味で「戦争の世紀」であった。1991年のソ連「社会主義」崩壊により、戦後世界における米ソの軍事超大国によるいわゆる「冷戦体制」が終焉し、21世紀は「平和の世紀」となるかもしれないという人々の大きな希望があった。しかしながら、その希望は実現することなく21世紀に突入した。2001年9月11日のニューヨーク・テロ事件を契機にして、アメリカはその報復としてアフガニスタン戦争を開始し、続いて「大量破壊兵器の保有」を口実にイラク戦争も仕掛けた。

　残念ながら、今後の世界情勢の展開によってはふたたび21世紀が「戦争の世紀」ともなりかねない状況がわれわれの前に出現している。1990年代以降のグローバリゼーションの進行は、一方には少数の「勝ち組」の人々を生み出してはいるが、他方では圧倒的多数の「負け組」の人々をも創出している。この世界には10億ドル以上の巨万の富を手にしたわずか数百人の「億万長者」＝ビリオネアー（Billionaires）がいる一方で、1日1ドル未満で生活する「貧困」の人々が12億人、1日2ドル未満で生活する「貧困」に近い人々が28億人も存在する。[14]

　このようなグローバリゼーションの時代と呼ばれるなかで現代世界においては「軍拡」と「貧困」がまた同時に進行しているのである。

1） 中野洋一『新版　軍拡と貧困の世界経済論』梓出版社、2001年、第2部。
2） 同じアメリカ国務省の軍事資料によれば、世界の軍事費の名目ドル表示では、1989年には1兆500億ドルであった。いずれにせよ、世界の軍事費は冷戦期においては年間1兆ドルを超える水準であったものが、ポスト冷戦期においては大幅に減少している。正確には、名目ドル表示では、1995年の7720億ドルを底として、1996年以降再び徐々に増加し、1999年の8520億ドルへと変化した。U.S. Department of State, *World Military Expenditures and Arms Transfers 1999-2000*, p. 51.
3） Ibid, p. 51.
4） 中野洋一、前掲書、98-100頁。

5) The World Bank, *World Development Report 2004*, Table 1.
6) U. S. Department of State, World Military Expenditures and Arms Transfers 1999-2000, p. 42.
7) UNDP, *Human Development Report 2004*, pp. 139-142.
8) 今日のグローバリゼーションをめぐる研究は非常に多数あるが、たとえば、そのなかでも次のものはグローバリゼーションの持つ意義とともにその負の側面についても焦点を当て問題提起をしている。土生長穂編著『開発とグローバリゼーション』柏書房、2000 年。勝俣誠編著『グローバル化と人間の安全保障』日本経済評論社、2001 年。スーザン・ジョージ vs マーティン・ウルフ（杉村昌昭訳）『徹底討論 グローバリゼーション賛成反対』作品社、2002 年。野口真・平川均・佐野誠編著『反グローバリズムの開発経済学』日本評論社、2003 年。西川潤『世界経済入門 第三版』岩波書店、2004 年。
9) Jagdish Bhagwati, *In Defense of Globalization*, Oxford University Press, 2004. ジャグディシュ・バグワティ（鈴木主税・桃井緑美子訳）『グローバリゼーションを擁護する』日本経済新聞社、2005 年。
10) UNDP, *Human Development Report 2004*, pp. 141-2, pp. 204-5.
11) Ibid, pp. 204-5.
12) 藤岡惇『グローバリゼーションと戦争——宇宙と核の覇権をめざすアメリカ——』大月書店、2004 年。山本美彦『「帝国」と破綻国家——アメリカの「自由」とグローバル化の闇——』ナカニシヤ出版、2005 年。
13) 中野洋一、前掲書、137-141 頁、173-174 頁。
14) たとえば、アメリカの経済雑誌『フォーブス』によれば、2005 年の「世界の億万長者（The World's Billionaires）」（資産総額 10 億ドル以上の富裕層の人々）は、アメリカのビル・ゲイツ（資産総額 510 億ドル）を筆頭に、総勢 691 人（その総資産総額 2 兆 2000 億ドル）である。そのリストの主な内訳は、アメリカ人が 300 人以上、ドイツ人が 57 人、ロシア人が 30 人、日本人が 24 人、フランス人が 14 人、中国人（香港を除く）が 2 人などとなっている。http://www.forbes.com/lists/2005/03/09/bill05land.html
　　また、この世界の貧困者の数については世界銀行『世界開発報告 2000-2001』による数字である。(The World Bank, *World Development Report 2000/2001*, p. 3.)

第Ⅲ部　グローバル資本主義と世界の軍拡

第2章

9.11事件後の世界の軍拡

　第2章では、最初に冷戦後の世界、1990年代の世界の軍事費の動向について分析し、次に2001年9月11日ニューヨークテロ事件後の世界の軍事費の動向についてさらに詳しく分析する。9.11事件後においては、1980年代に続き、再び世界の軍拡が発生していることを明らかにする。

1　1990年代における世界の軍事費

　最初に冷戦後の世界、すなわち1990年代の世界の軍事費について示すことにする。
　次の表Ⅲ-2-1と図Ⅲ-2-1は、1990年代の世界の軍事費についてのSIPRI（ストックホルム国際平和研究所）統計である。
　その表Ⅲ-2-1と図Ⅲ-2-1においては、1991年についてはソ連「社会主義」崩壊のため、同年のそれら諸国の正確な統計数字が不明のため空白となっている。そのソ連「社会主義」崩壊直前の1990年の世界の軍事費は1兆70億ドルであったが、冷戦体制の崩壊後においては世界の軍事費は急激な減少となり、1999年においては7190億ドルまで減少した。その間の減少率は、年平均でマイナス3.7％、その間の全体の軍事費ではマイナス28.6％の減少であった。特に、ソ連「社会主義」崩壊直後の1992年の軍事費の減少はマイナス18.8％であり、1996年までは著しい減少であった。1996年以降の世界の軍事費はほぼ7000億ドル余りとなり、横ばいの状態が続いた。

第2章 9.11事件後の世界の軍拡

表Ⅲ-2-1 1990年代の世界の軍事費

(単位：10億ドル)

(年)	90	91	92	93	94	95	96	97	98	99	90-99変化（％）
世界	1007.0		818.0	787.0	763.0	724.0	708.0	718.0	704.0	719.0	−28.6
変化(%)	−4.6		−18.8	−3.8	−3.0	−5.1	−2.2	1.4	−1.9	2.1	−3.7

注）1995年固定ドル
出所）SIPRI, *SIPRI Yearbook 2000*, Table 5.1より作成。

図Ⅲ-2-1 1990年代の世界の軍事費

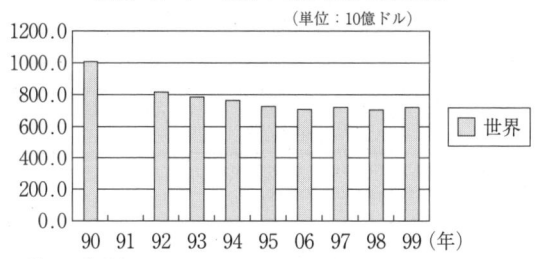

(単位：10億ドル)

注）1995年固定ドル
出所）SIPRI, *SIPRI Yearbook 2000*, Table 5.1より作成。

　次の表Ⅲ-2-2は、1990年代の世界の軍事費を地域別に示したものである。
　その表Ⅲ-2-2より軍事費を地域別にみて分析すると、ソ連「社会主義」崩壊によりヨーロッパ地域でマイナス49.0％とその減少率が著しく、特にその直接的な影響を受けた旧ソ連（CIS）諸国地域はマイナス50.0％となり、その軍事費が半減したことがわかる。さらに、アメリカ合衆国を含む北アメリカ地域でも、その間の減少はマイナス27.0％であり、1990年の3690億ドルから1999年の2690億ドルまで減少した。こうして、1990年代においては世界全体では約3割近くも世界の軍事費は減少した。
　しかし、表Ⅲ-2-2からもう一つ読みとれる重要な現象は、世界全体の軍縮傾向とは反対のものであり、アジア・オセアニア地域での軍事費の増加は注目されるべきものである。それは1990年の1150億ドルから1999年の1390億ドルへと増加しており、特に中国、台湾、韓国、北朝鮮、ASEAN諸国、日本を含む東アジア地域においては、1990年の951億ドルから1999年の1140億ドルへと、20.0％の増加であった。

213

表Ⅲ-2-2　1990年代の世界の地域別軍事費

(単位10億ドル)

	1990年	1991年	1992年	1993年	1994年	1995年	1996年	1997年	1998年	1999年	1990-99年変化(%)
アフリカ	11.9	11.1	9.9	9.9	10.0	9.4	8.9	9.3	9.5	10.6	-11.0
アメリカ	386.0	339.0	359.0	343.0	326.0	312.0	294.0	294.0	287.0	294.0	-24.0
北アメリカ	369.0	325.0	343.0	325.0	308.0	290.0	274.0	272.0	266.0	269.0	-27.0
アジア・オセアニア	115.0	118.0	124.0	126.0	127.0	130.0	134.0	137.0	137.0	139.0	21.0
東アジア	95.1	97.9	103.0	104.0	105.0	108.0	111.0	114.0	113.0	114.0	20.0
中東	51.7	69.1	50.0	48.0	47.2	44.9	45.5	50.3	49.5	49.4	-5.0
ヨーロッパ	442.0		275.0	260.0	253.0	228.0	226.0	227.0	221.0	226.0	-49.0
CIS			49.3	43.6	43.2	28.0	25.6	27.3	20.4	24.6	-50.0
西ヨーロッパ	229.0	225.0	215.0	207.0	201.0	192.0	192.0	191.0	192.0	194.0	-16.0
世界	1007.0		818.0	787.0	763.0	724.0	708.0	718.0	704.0	719.0	-28.6
変化（%）		-4.6		-18.8	-3.8	-3.0	-5.1	-2.2	1.4	-1.9	2.1	-3.7

注）1995年固定ドル
出所）SIPRI, *SIPRI Yearbook 2000*, Table 5.1より作成。

　また、1990年代の世界の軍事費に関してアメリカ国務省の軍事統計資料においても、このSIPRI統計と同様に、世界全体の軍事費は先進国を中心に大幅に減少したにもかかわらず、それとは対照的に、発展途上国全体の軍事費は1989年の2080億ドルから1999年の2450億ドルへと増加したことを指摘している。特に、東アジア地域においては、1989年の1310億ドルから1999年の1820億ドルへと顕著な増加が注目される。
1)
　こうして、二つの軍事統計より1990年代の世界の軍事費の動向を分析すると、1991年のソ連「社会主義」崩壊による冷戦後の状況は、世界全体では先進国を中心に軍事費は大きく削減されたにもかかわらず、途上国、特に東アジアでは東南アジア諸国の1997年のアジア通貨危機まで続く経済成長と中国の経済発展を背景に軍事費が増大し、軍拡が進行したことがわかる。

2　SIPRI統計による世界の軍事費

　2001年9月11日のニューヨークテロ事件以後の世界の軍事費の動向について分析してみる。
　スウェーデンのSIPRI（ストックホルム国際平和研究所）が毎年刊行している軍

表Ⅲ-2-3　世界の軍事費（1998-2007年）

(単位：10億ドル)

(年)	98	99	00	01	02	03	04	05	06	07	98-07増加率
世界	834.0	843.0	875.0	892.0	947.0	1013.0	1071.0	1113.0	1145.0	1214.0	45%
前年比(%)		1.0	3.8	2.0	6.2	7.0	5.7	4.0	2.9	6.0	

注）2005年固定ドル。
出所）SIPRI, *SIPRI Yearbook 2008* より作成。

図Ⅲ-2-2　世界の軍事費（1998-2007年）

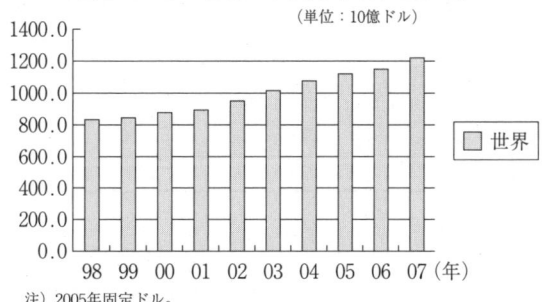

(単位：10億ドル)

注）2005年固定ドル。
出所）表Ⅲ-2-3より作成。

事統計より世界の軍事費の推移をみてみよう。表Ⅲ-2-3と図Ⅲ-2-2は、1998年から2007年までの世界の軍事費の推移を示したものである。

同じSIPRIの別の統計資料を分析すると、世界の軍事費は1990年代においては1996年までは毎年前年比でマイナスが続き減少していた。1997年、98年、99年がほぼ横ばいで底となり、2000年が前年比プラス3.8％、2001年がプラス2.0％と微増ではあったが、大きな変化とはいえなかった。

ところが、表Ⅲ-2-3からわかるように、9.11事件の翌2002年からは前年比プラス6.2％と跳ね上がり、続いて2003年がプラス7.0％、2004年がプラス5.7％、2005年がプラス4.0％、2006年がプラス2.9％、2007年がプラス6.0％というように、世界の軍事費が右肩上がりに急増した。2001年の世界の軍事費8920億ドルと2007年の1兆2140億ドルを比較すると、36.0％の増加であった。2003年には世界の軍事費が1兆ドルの大台を再び超えて、1980年代の冷戦期のような軍拡期を迎えた。

表Ⅲ-2-4　世界の地域別軍事費（1997-2006年）

（単位：10億ドル）

(年)	97	98	99	00	01	02	03	04	05	06	97-06 変化(%)
アフリカ	10.3	11.1	12.3	13.0	13.2	14.4	14.0	14.8	15.3	15.5	51
アメリカ	375.0	367.0	368.0	381.0	387.0	431.0	481.0	522.0	549.0	575.0	53
北アメリカ	347.0	340.0	341.0	354.0	357.0	399.0	453.0	493.0	518.0	542.0	56
アジア・オセアニア	131.0	132.0	136.0	139.0	146.0	153.0	160.0	167.0	176.0	185.0	41
東アジア	99.6	100.0	100.0	103.0	109.0	116.0	121.0	126.0	131.0	138.0	39
中東	46.1	49.3	48.9	55.8	58.4	55.9	58.0	62.8	70.5	72.5	57
ヨーロッパ	283.0	275.0	280.0	287.0	287.0	294.0	302.0	306.0	309.0	310.0	10
東ヨーロッパ	23.7	15.6	15.9	21.4	23.4	25.8	27.6	28.9	34.2	38.3	61
西ヨーロッパ	224.0	245.0	249.0	251.0	249.0	253.0	259.0	262.0	258.0	255.0	5
世界	844.0	834.0	844.0	876.0	892.0	948.0	1016.0	1072.0	1119.0	1158.0	37
変化（%）		-1.2	1.2	3.8	1.9	6.2	7.2	5.5	4.4	3.5	

注）2005年固定ドル
出所）SIPRI, *SIPRI Yearbook 2007*, Table 8.1より作成。

　こうして、9.11事件後の世界の軍事費の増加傾向をみると、冷戦後の1990年代とは明らかに異なっており、世界の軍拡が再び進行していることが確認できる。

　上の表Ⅲ-2-4は1997年から2006年までの世界の地域別軍事費を示したものである。

　その表Ⅲ-2-4より、1997年から2006年までの世界の地域別軍事費の動向をみると、世界のすべての地域で軍事費が増加していることがわかる。すなわち、アフリカ全域の軍事費は1997年の103億ドルから2006年の155億ドル、その間の増加率はプラス51％、アメリカ全域は3750億ドルから5750億ドル、プラス53％、アジア・オセアニア全域は1310億ドルから1850億ドル、プラス41％、中東地域は461億ドルから725億ドル、プラス57％、ヨーロッパ全域は2830億ドルから3100億ドル、プラス10％、世界全体は8440億ドルから1兆1580億ドル、プラス37％となっている。

　さらに、表Ⅲ-2-4より、9.11事件が発生した2001年以降の世界の地域別軍事費の動向を具体的にみると、2001年の世界全体の軍事費は8920億ドルであったが、2006年のそれは1兆1580億ドル、29.8％の増加であった。その同じ

時期を地域別にもう少し詳しくみると、アメリカ合衆国を含む北アメリカ地域は2001年の3570億ドルから2006年の5420億ドル、プラス51.8％、中国を含む東アジア地域は1090億ドルから1380億ドル、プラス26.6％、中東地域は584億ドルから725億ドル、プラス24.1％、ロシアを含む東ヨーロッパ地域は234億ドルから383億ドル、プラス63.6％、アフリカ地域は132億ドルから155億ドル、プラス17.4％、西ヨーロッパ地域は2490億ドルから2550億ドル、プラス2.4％となっている。これらの数字より、アメリカ合衆国を含む北アメリカ地域とロシアを含む東ヨーロッパ地域の増加率が50％を越えて目立っており、続いて中国を含む東アジア地域と中東地域が20％台の増加率となっている。しかし、いずれにせよ、それらの数字より2001年の9.11事件後においては世界の軍拡傾向は明らかな事実であると確認できる。

　次に、2001年からの世界の軍事費の増加を国別にもう少し詳しくみてみよう。表Ⅲ-2-5は、2001年から2007年までの世界の軍事費の上位20ヵ国の推移を示したものである。参考として、上位20ヵ国の圏外ではあるが、軍事費の急増が目立つ重要な二つの国、イラン、パキスタンを含めたものである。

　この表Ⅲ-2-5からわかるように、第1位のアメリカは、2001年の3449億ドルから2007年の5467億ドルへとこの間の増加率は58.5％である。一方、世界全体の同期間の軍事費は、2001年の8920億ドルから2007年の1兆2140億ドルへとその増加率は36.1％である。したがって、アメリカのその増加率は同期間の世界の増加率を大きく上回る数字となっている。世界全体の軍事費に対するアメリカの構成比も2001年の38.6％から2007年の45.0％へとその割合を増大させ、アメリカは軍事的側面からみると他の国を圧倒しており、それはブッシュ政権の単独主義の基礎となった。世界の軍事費からみると、第二期パクス・アメリカーナの状況を作り出している。こうしてアメリカは今日の世界の軍拡の第一の主役を担っている。

　2003年のイラク戦争後にアメリカの「対テロ戦争」に歩調を合わせた第2位のイギリス、第11位の韓国、第14位のオーストラリア、第15位のスペインもこのリストに登場し、その増加率はそれぞれ、22.4％、32.0％、36.8％、30.4％であった。これらの国はアメリカ軍の展開を積極的に支援し、戦後イラクの

第Ⅲ部　グローバル資本主義と世界の軍拡

表Ⅲ-2-5　世界の上位20ヵ国の軍事費（2001-2007年）

(単位：100万ドル)

順位	国・地域	2001年	2002年	2003年	2004年	2005年	2006年	2007年	増加率(%)
第1位	アメリカ	344,932	387,303	440,813	480,451	503,353	511,187	546,786	58.5
第2位	イギリス	48,786	50,963	57,140	60,018	60,003	59,595	59,705	22.4
第3位	中国	28,010	33,060	36,552	40,278	44,322	51,864	58,265	108.0
第4位	フランス	50,036	51,064	52,615	54,059	52,917	53,199	53,579	
第5位	日本	44,275	44,725	44,814	44,473	44,165	43,666	43,557	
第6位	ドイツ	40,474	40,604	40,044	38,816	38,060	37,133	36,929	
第7位	ロシア	21,245	23,604	25,111	26,119	28,492	31,181	35,369	66.5
第8位	サウジアラビア	21,434	18,817	18,956	21,074	25,393	28,926	33,793	57.7
第9位	イタリア	33,543	34,459	34,739	34,853	33,531	32,445	33,086	
第10位	インド	18,313	18,256	18,664	19,204	22,273	23,615	24,249	32.4
第11位	韓国	17,133	17,605	18,203	19,003	20,603	20,533	22,623	32.0
第12位	ブラジル	13,427	15,367	11,977	11,682	12,452	13,803	15,334	
第13位	カナダ	11,709	11,771	11,984	12,441	12,986	13,588	15,155	29.4
第14位	オーストラリア	11,038	11,609	12,008	12,638	13,122	13,885	15,097	36.8
第15位	スペイン	11,216	11,485	11,375	11,741	11,826	13,825	14,628	30.4
第16位	イスラエル	9,996	11,087	10,421	9,931	10,303	11,076	12,233	22.3
第17位	トルコ	14,562	13,752	12,286	10,973	10,301	11,080	11,066	
第18位	オランダ	9,352	9,344	9,479	9,549	9,568	10,015	9,853	
第19位	台湾	7,961	7,256	7,358	7,914	7,766	7,427	9,483	19.1
第20位	ギリシャ	8,508	8,350	7,097	7,765	8,480	8,824	9,346	
参考	イラン	5,220	3,926	4,594	5,816	7,213	7,677	6,592	26.2
	パキスタン	3,553	3,819	4,077	4,248	4,412	4,465	4,517	27.1
	世界全体	892,000	947,000	1,013,000	1,071,000	1,113,000	1,145,000	1,214,000	36.1

注）2005年固定ドル。
出所）SIPRI, *SIPRI Yearbook 2008* より作成。

「治安維持」の名目で軍隊を派遣した。

　また、その間の増加率が20.0％を超えるその他の国をみると、第3位の中国の108.0％、第7位のロシアの66.5％、第8位のサウジアラビアの57.7％、第10位のインドの32.4％、第13位のカナダの29.4％、第16位のイスラエルの22.3％となっている。中国との対立関係にある第19位の台湾も19.1％の増加率となっている。

　その上位20ヵ国リストの圏外ではあるが、「核兵器開発疑惑」で注目され、アメリカ・イスラエルと対立関係にあるイランも26.2％の増加率であり、さらに、タリバンの復活が注目されているアフガニスタンと隣接し、インドとの対立関係にあるパキスタンも27.1％の増加率となっている。

第 2 章　9.11 事件後の世界の軍拡

　このように、2001 年のアフガニスタン戦争、2003 年のイラク戦争の周辺国であるサウジアラビア、イスラエル、インド、イラン、パキスタンなどのこの間の軍事費の増加は、それらの戦争とアメリカの世界を巻き込んだ「対テロ戦争」の展開に深い関係を持っていることを指摘できる。すなわち、それはアメリカの軍拡と大きく連動しているのである。

　また、その間の第 3 位の中国の 108.0％、第 7 位のロシアの 66.5％の軍事費の増加率は特に目立っている。中国とロシアはアメリカの軍拡に対抗するかのように、その軍事費を増大させている。近年における中国の軍事費の増加の背景には 2001 年の WTO 加盟後の順調な輸出増加と経済成長があり、またロシアのその背景には 2003 年イラク戦争後の世界的な原油価格の高騰によってかつてない好景気が続き、それによって巨額な資金の獲得があったことが指摘できる。

　次の図Ⅲ-2-3 は、2001 年から 2007 年までの世界とアメリカの軍事費の変化を示したものである。

　アメリカのブッシュ政権が 2007 年 2 月に発表した 2008 年度の予算教書によれば、その国防・国土安全保障費は前年比 10.7％増の 5539 億ドルであり、さらに「対テロ戦争」に 2007 年度補正も含めて 2448 億ドルを新たに議会に求めた。その結果、イラク関連戦費を含めた軍事費総額は 6991 億ドルにも達した。そして、アメリカの 9.11 事件後のこれまでの「対テロ戦争」の累計総額は 7978 億ドルに達し、その総額は約 6000 億ドルといわれるベトナム戦争を大きく上回り、第二次世界大戦に次ぐ規模となった。[2]

　次に、表Ⅲ-2-5 の第 2 位以下の国の軍事費の動向をみてみる。第 2 位のイギリスの 2007 年の 597 億ドルを始めとしてそれ以下の国は世界の軍事費全体の構成比率からみると、それぞれの国はすべて数％以下を占めるに過ぎない。その表Ⅲ-2-5 の中でも、表Ⅲ-2-4 において軍事費の増加率が大きかった東アジア地域に属する第 3 位の中国、第 5 位の日本、第 11 位の韓国、第 19 位の台湾、東ヨーロッパに属する第 7 位のロシア、中東地域に属する第 8 位のサウジアラビア、第 16 位のイスラエル、第 17 位のトルコなどが上位 20 ヵ国としてそのリストに登場する。加えて、イラン、パキスタンも注目される。

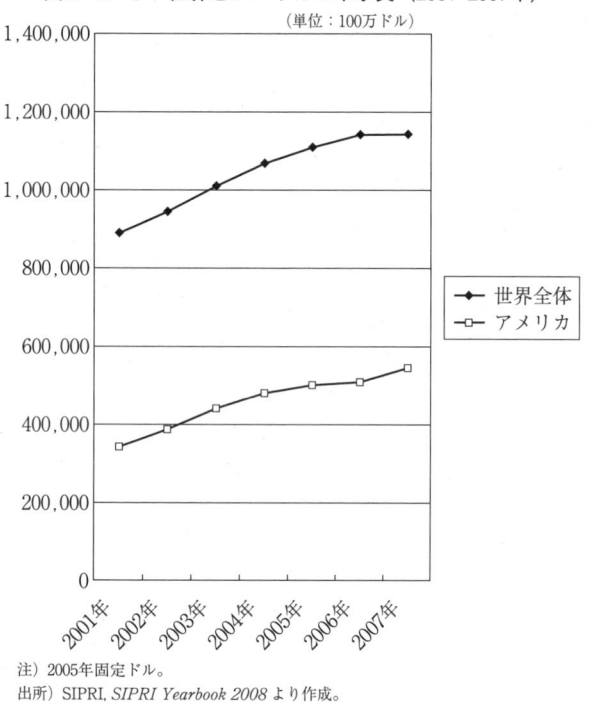

第Ⅲ部　グローバル資本主義と世界の軍拡

図Ⅲ-2-3　世界とアメリカの軍事費（2001-2007年）
（単位：100万ドル）

注）2005年固定ドル。
出所）SIPRI, *SIPRI Yearbook 2008* より作成。

　次の図Ⅲ-2-4は、表Ⅲ-2-5のその中でも、第1位のアメリカを除く上位第2位から第7位までの国の2001年から2007年までの軍事費の動向を示したものである。

　その図Ⅲ-2-4をみると、9.11事件後において軍事費の増加が目立つ3ヵ国が浮かび上がる。すなわち、第2位のイギリスはアメリカの「対テロ戦争」に同調して積極的にイラクに軍隊を派遣している。その間のイギリスの軍事費の増加率は22.4％であった。また、第3位の中国と第7位のロシアは、特にその増加率が顕著である。その間の、その増加率は、第3位の中国が108.0％、第7位のロシアが66.5％であり、アメリカのその増加率58.5％を超えている。それゆえ、中国とロシアも今日の軍拡においては重要な役割を演じていることが明確である。

また、表Ⅲ-2-5より、上記の国以外にその間の軍事費の増加率が大きい国を指摘すると、第8位のサウジアラビアがプラス57.7％、第10位のインドがプラス32.4％、第11位の韓国がプラス32.0％、第13位のカナダがプラス29.4％、第14位のオーストラリアがプラス36.8％、第16位のイスラエルがプラス22.3％、第19位の台湾がプラス19.1％、そしてイランがプラス26.2％、パキスタンがプラス27.1％となっている。ここに登場したこれらの国も今日の軍拡の出演国である。

図Ⅲ-2-4　第2位から第7位までの軍事費（2001-2007年）
（単位：100万ドル）

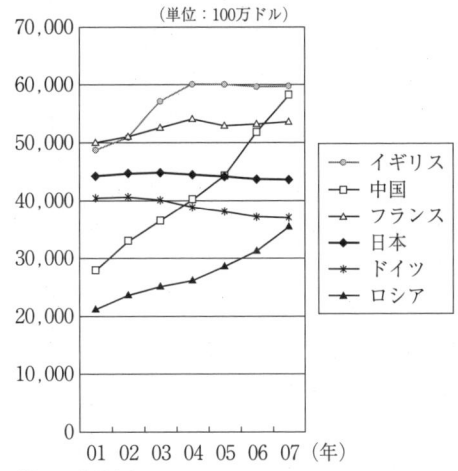

注）2005年固定ドル。
出所）SIPRI, *SIPRI Yearbook 2008* より作成。

特に、中東地域においては、サウジアラビア、イスラエル、イランの3ヵ国が登場していることに注目される。加えて、もし、第17位のトルコが近い将来イラク領クルド人自治区を実際に軍事侵攻するようなことがあるならば、それは中東地域の不安定化と軍拡にさらに拍車をかけることはほぼ間違いないことである。

こうして、現在の軍拡は、9.11事件後の「対テロ戦争」を推進するアメリカが第一の主役として存在し、それに続いて、イギリス、中国、ロシア、サウジアラビア、インド、韓国、カナダ、オーストラリア、スペイン、イスラエル、台湾、イラン、パキスタンなどがその軍拡に加わっている状況にある。

さて、最後に、2009年6月8日、SIPRIは『SIPRI年鑑2009』で2008年の世界の軍事費について発表した。次の表Ⅲ-2-6は、2008年の世界上位15ヵ国の軍事費を示したものである。

その発表によれば、第一に、2008年の世界全体の軍事費は前年比3.7％増の

表Ⅲ-2-6 世界の上位15ヵ国の軍事費（2008年）

（単位：10億ドル）

順位	国名	軍事費
第1位	アメリカ	607.0
第2位	中国	84.9
第3位	フランス	65.7
第4位	イギリス	65.3
第5位	ロシア	58.6
第6位	ドイツ	46.8
第7位	日本	46.3
第8位	イタリア	40.6
第9位	サウジアラビア	38.2
第10位	インド	30.0
第11位	韓国	24.2
第12位	ブラジル	23.3
第13位	カナダ	19.3
第14位	スペイン	19.2
第15位	オーストラリア	18.4
	世界全体	1464.0

注）名目ドル価格
出所）SIPRI, *SIPRI Yearbook 2009*, Table 5.2より作成。

1兆4640億ドル（名目ドル価格）となり、相変わらず軍事費の増加が継続している。第二に、アメリカの軍事費は前年比9.9％増の6070億ドルで相変わらず他国を圧倒して首位となっている。第三に、世界の軍事費上位国の構成にはほとんど変わりはないが、その順位に少し変化があった。注目される変化は、中国とロシアの軍事費の急増であり、中国とロシアは過去10年間で軍事費を3倍近く増加させた。その結果、中国が849億ドルで、フランスの657億ドル、イギリスの653億ドルを引き離し、前年の第3位から第2位へとその順位を上昇させた。ロシアもまた586億ドルで、前年の第7位から第5位へとその順位を上昇させた。

3 IISS統計による世界の軍事費

次は、2001年以後の世界の軍事費の動向をイギリスの国際戦略研究所（IISS）の軍事資料を使いみてみる。次の表Ⅲ-2-7は、2001年から2005年までの世界の軍事費を地域別、国別に、名目ドルで示したものである。

その表Ⅲ-2-7から、最初に指摘できるのは、2001年以後の世界の軍事費の急増である。すなわち、2001年の世界の軍事費総額は7980億ドルであったが、2005年のそれは1兆2075億ドルとなり、その間の増加率はプラス51.3％であった。この表6の統計数字は名目ドルで表示しているが、ここでも確認できることは、やはりまた9.11事件後の世界の軍事費の増加である。2002年には前年比プラス10.3％、2003年にはプラス14.9％、2004年にはプラス11.1％、2005年にはプラス7.5％となっている。

表III-2-7　世界の軍事費、地域別、国別（2001-2005年）

(単位：100万ドル)

(年)	01	02	03	04	05	増加率(％)
NATO	474,816	534,733	628,506	709,581	754,412	
アメリカ	305,500	348,555	404,920	455,908	495,300	62.1
カナダ	8,566	8,522	10,102	11,501	12,828	
フランス	33,369	36,492	46,232	53,363	53,128	59.2
ドイツ	27,497	29,404	35,295	38,263	38,044	38.3
イタリア	22,147	24,422	30,449	34,345	31,384	41.7
イギリス	34,943	38,141	43,311	50,120	51,696	47.9
スペイン	7,209	9,019	10,883	12,746	13,175	82.7
トルコ	7,220	8,034	9,036	9,390	11,728	
非NATOヨーロッパ	24,658	23,497	26,116	28,391	28,804	
ロシア（＊）	46,100	50,800	65,200	59,600	58,000	25.8
中東・北アフリカ	54,849	52,829	55,975	61,404	67,165	
イスラエル	10,938	9,677	10,325	9,661	9,826	
サウジアラビア	21,055	18,502	18,747	20,910	25,372	20.5
イラン	3,218	3,077	4,150	5,363	5,223	62.3
中央・南アジア	22,515	21,968	24,361	29,810	32,317	
インド	14,368	13,749	15,508	19,821	21,726	51.2
東アジア・太平洋	137,545	163,288	178,816	198,880	223,590	
オーストラリア	7,028	9,299	11,529	13,907	15,550	221.2
中国（＊）	43,551	68,963	75,500	87,150	103,956	238.6
日本	40,496	39,200	42,835	45,152	43,910	
韓国	11,919	13,081	14,632	16,354	20,313	70.4
台湾	8,223	7,589	6,709	7,542	7,978	
カリブ海・ラテンアメリカ	30,452	25,372	24,834	26,926	33,448	
ブラジル	10,874	9,665	9,148	9,612	13,281	
サハラ以南アフリカ	7,140	7,795	7,403	8,921	9,773	
世界全体	798,076	880,282	1,011,211	1,123,513	1,207,510	51.3

注）名目ドル表示。（＊）ロシアと中国は購買力平価で推定。
出所）IISS, *The Military Balance 2004-2005, 2006, 2007* より作成。

　次に、表III-2-7より、今日の軍拡の第一の主役であるアメリカについてみると、2001年のその軍事費が3055億ドルであったのが、2005年には4953億ドルと急増し、その間の増加率はプラス62.1％となっている。2001年の世界の軍事費総額に対するアメリカの占める割合は39.6％であったが、2005年のそれ

は41.0％となっている。ここでもアメリカの軍事費は他国のそれを圧倒していることが確認できる。

さらに、同じ2007年版のIISS資料によれば、アメリカの「対テロ戦争」を含む軍事費総額をみると、2005年には5057億ドル、2006年には5595億ドル、2007年には推定額で5827億ドルとなっている[3]。このアメリカの「対テロ戦争」のための軍事予算は「別立て」となっており、これは次のところで詳しく考察するが、中国の軍事費の「透明性」の問題あるいは「隠された軍事費」の問題と共通するものである。

その表Ⅲ-2-7から、次にアメリカを除く先進国の軍事費の動向をみると、イギリスを始めとしてフランス、ドイツ、イタリア、オーストラリア、スペインなどが2001年以後に軍事費を大きく増額していることがわかる。増額した主な先進国をみると、イギリスの軍事費は2001年の349億ドルから2005年の516億ドル、その間の増加率はプラス47.9％、フランスは2001年の333億ドルから2005年の531億ドル、プラス59.2％、ドイツは2001年の274億ドルから2005年の380億ドル、プラス38.3％、イタリアは2001年の221億ドルから2005年の313億ドル、プラス41.7％、オーストラリアは2001年の70億ドルから2005年の155億ドル、プラス221.2％、スペインは2001年の72億ドルから2005年の131億ドル、プラス82.7％となっている。また、韓国も2001年の119億ドルから2005年の203億ドル、プラス70.4％となっている。ここではオーストラリアの増加率が一際目立っている。

2003年のイラク戦争では、アメリカの「対テロ戦争」の呼びかけに対してイギリスとオーストラリアは積極的に呼応して軍隊を派遣した。また、フセイン政権崩壊後のイラクには、イギリス、オーストラリアに加えて、イタリア、スペイン、オランダなどが部隊を派遣した経緯がある。それゆえ、イギリス、オーストラリア、イタリア、スペイン、オランダなどの最近の軍事費の増加は、9.11事件後のアメリカの「対テロ戦争」と2003年のイラク戦争への関与が大きな影響を与えていることは明らかである。

その表Ⅲ-2-7から、次に途上国の軍事費の動向をみると、イラン、インド、サウジアラビアの増加が確認できる。イランは2001年の32億ドルから2005

年の52億ドル、その間の増加率はプラス62.3％、インドは2001年の143億ドルから2005年の217億ドル、プラス51.2％、サウジアラビアは2001年の210億ドルから2005年の253億ドル、プラス20.5％である。

次に、表Ⅲ-2-7から、中国とロシアの軍事費について取り上げると、中国は2001年の435億ドルから2005年の1039億ドルへと急増し、その間の増加率はプラス238.8％である。中国が異常に高い増加率となっている。ロシアは2001年の461億ドルから2005年の580億ドル、その間の増加率はプラス25.8％である。

さて、中国とロシアについて、この表Ⅲ-2-7のIISS統計と前の表Ⅲ-2-5のSIPRI統計とを比較すると、その順位に大きな変化がある。表Ⅲ-2-7のIISS統計の上位7ヵ国をみると、2005年においては、第1位のアメリカが4953億ドル、第2位の中国が1039億ドル、第3位のロシアが580億ドル、第4位のフランスが531億ドル、第5位のイギリスが516億ドル、第6位の日本が439億ドル、第7位のドイツが380億ドルという順位になっているのに対して、前の表Ⅲ-2-5のSIPRI統計では、同年の中国は443億ドルで第4位、ロシアは284億ドルで第7位となっていた。つまり、IISS統計では、中国については、第4位が第2位へ、ロシアについては第7位が第3位へと順位が上昇しているのである。また、軍事費の額についてみても両者の統計に大きな差があり、2005年においては、中国は、SIPRI統計では443億ドル、IISS統計では1039億ドル、ロシアは、前者が284億ドル、後者は580億ドルとなっている。その額をSIPRI統計と比較すると、IISS統計では、中国については2.3倍、ロシアについては2.0倍も大きくなっている。

このようにして、IISS統計では中国とロシアについては、その額について大きな数字となって順位が上昇しているが、それはこの2ヵ国については特別扱いされており、その数字はこの2ヵ国だけは為替レートではなく、購買力平価（PPP）を基礎に推定されているからである。特に、中国については軍事費の「透明性」が国際的な問題となっているが、それゆえに公表されたどの国の軍事費についても個別の「国家秘密」あるいは「国益」や「政治的意図」などから完全な「透明性」が保証されているかといえば、それは極めて疑問ではある。

これはまた「隠された軍事費」の問題でもある。しかし、その理由から中国とロシアだけを他国の基準と異なる購買力平価を基礎に推定することが正当化されることにはならない。比較基準の公平性を守り、統計数字の客観性を担保するならば、為替レートあるいは購買力平価を基礎にどちらかに基準を統一して比較するべきである。この問題は、この後の「5　中国の『隠された軍事費』」のところで詳しく扱う。

4　アメリカの「隠された軍事費」

アメリカの軍事費をみる場合、政府が公式に発表する国防総省予算のみがアメリカの軍事費ではない。たとえば、2001年の9.11事件を契機に開始されるブッシュ政権の「対テロ戦争」のための巨額な費用は「国防予算」（国防総省予算）とは「別立て」となっており、それを含めなければ現実的な軍事費の数字ではないのである。このように政府公式発表の「国防予算」とは「別立て」あるいは別項目となっている軍事費はアメリカに限らず中国を含めたいろいろな国にもあり、それは「隠された軍事費」と呼ばれている。[4]

表Ⅲ-2-8と図Ⅲ-2-5は、2001年から2009年までのアメリカの国防費と「対テロ戦争」費の合計を示したものである。

表Ⅲ-2-8からわかるように、「対テロ戦争」費は2001年度の170億ドルから2008年度の1890億ドルへと、この間に約10倍にも大きく膨らんでいる。[5]

さらに表Ⅲ-2-8をみると、2001年度の国防費と「対テロ戦争」費の合計は3190億ドルであったのが、2008年度の両者の合計は6690億ドル、109.7％の増加、2倍以上の軍事費の増加となっていることが確認できる。2007年度において両者の合計は6020億ドルであり、それは前の表の同年の世界の軍事費の1兆2140億ドルと比較すると、その構成比は49.5％の割合となり、アメリカ一国でほぼ世界の軍事費の半分を占めていたことを意味する。

また、このアメリカ国防総省の報告書（2008年5月発表）によれば、「国防費」（国防総省予算）とは別に、2001年度からこれまでに実際に使われた「対テロ戦争」費の合計は6360億ドルにも達していた。[6] 表Ⅲ-2-8の「対テロ戦争」費に

第2章 9.11事件後の世界の軍拡

表Ⅲ-2-8　アメリカの国防費と「対テロ戦争」費（2001-2009年）

(単位：10億ドル)

(年度)	01	02	03	04	05	06	07	08	09
国防費	302	328	375	377	403	421	438	480	515
GWOT	17	14	69	66	103	116	164	189	66
合計	319	342	444	443	506	537	602	669	581

注）GWOTは「対テロ戦争」費。2009年度は予算要求額。
出所）US Department of Defence, Fiscal Year 2009 Global War on Terror Bridge Request, May 2008, p. 4. より作成。

図Ⅲ-2-5　アメリカの国防費と「対テロ戦争」費（2001-2009年）

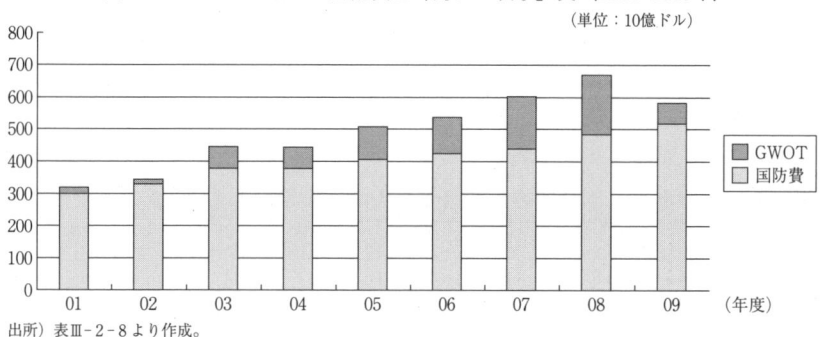

(単位：10億ドル)

出所）表Ⅲ-2-8より作成。

ついて2001年度から2009年度の予算要求額までを単純に合計して計算すると8040億ドルとなる。

　このように、ブッシュ政権によって6360億ドルがアフガニスタン戦争とイラク戦争においてすでに実際の軍事活動で使われた「対テロ戦争」費であるが、その戦費の総額は12年間続いたベトナム戦争のコストをすでに超え、朝鮮戦争のコストの2倍以上の数字となっている。過去の戦争でそれより高くついた唯一の戦争は第二次世界大戦であり、4年間続いた軍事作戦で1630万人のアメリカ兵が参戦したその総費用は（インフレ調整後の2007年のドル換算で）約5兆ドルであった。[7]

　ブッシュ政権による軍拡によって、国防支出は対GDP比で急上昇し、2001年度の3.0％から2008年度の4.2％へと増大した。[8]

　しかし、アメリカの「隠された軍事費」はこの「対テロ戦争」費だけではな

い。アメリカの軍事費研究において、この「隠された軍事費」を問題としたのがチャルマーズ・ジョンソン論文「軍事ケインズ主義の終焉」(2008年) である。

チャルマーズ・ジョンソンによれば、このアメリカの「隠された軍事費」は「対テロ戦争」項目の他にもエネルギー省、国務省、財務省、退役軍人省、国土安全保障省、司法省、航空宇宙局 (NASA) などの予算にも含まれており、アメリカの2008会計年度における軍事支出は控えめにみても合計で1兆1000億ドルを下らないと指摘している。たとえば、エネルギー省予算に組み込まれた234億ドルは核弾頭の開発と管理に使われ、国務省予算の253億ドルは主にイスラエル、サウジアラビア、クウェート、エジプト、パキスタンなど他の軍隊を支援するために使われている。その他の「隠された軍事費」としては、国土安全保障省への464億ドル、軍人の退職基金として財務省への385億ドル、アフガニスタン戦争とイラク戦争で負傷した35,578人の治療費として退役軍人省への757億ドル、軍事関連の業務として航空宇宙局への76億ドルなどである[9]。

そのなかでも、ブッシュ政権における対外援助についてもう少し詳しくみると、アメリカのODA（政府開発援助）は2001年においては126億ドルと主要国においては総額としては第1位であったが、その内容は中東戦略の重要拠点であるイスラエルとエジプトに対して継続的に大きな比重があった。アメリカはそれ以外の地域についてはあまり積極的ではなかった。その他の国の同年のODAは、第2位の日本が98億ドル、第3位のドイツが49億ドル、第4位のイギリスが45億ドル、第5位のフランスが41億ドルであった。ところが、9.11事件を転機にして、アメリカの対外援助は拡大していった。2006年には233億ドルへと増大し、2001年の約2倍近くに急増した。アメリカの経済援助・軍事援助の内容をみると、2005年においては援助総額343億ドル、うち経済援助が272億ドル、軍事援助が71億ドルとなっているが、イラクが援助総額70億ドル、うち経済援助57億ドル、軍事援助13億ドル、以下、イスラエルがそれぞれ、27億ドル、5億ドル、22億ドル、アフガニスタンが、24億ドル、17億ドル、7億ドル、エジプトが、15億ドル、2億ドル、13億ドル、パキスタンが、8億ドル、5億ドル、3億ドル、ヨルダンが、7億ドル、4億ドル、3億ドルとな

っている。これからわかるように、従来からのイスラエルとエジプトはその援助額の約8割を軍事援助で受け取っている。他の主要受取国は、イラク、アフガニスタン、パキスタン、ヨルダンなどであり、それらはアメリカの「対テロ戦争」の関係諸国および周辺諸国である[10]。

　要するに、アメリカの対外援助は、相変わらず自国の世界戦略上、重要な拠点を選んで実行するという方針に変化はなく、状況に応じて国・地域、援助額と内容（経済援助あるいは軍事援助）を変動させているに過ぎないのである。近年のアメリカの対外援助の増額の大きな要因は「対テロ戦争」の推進にあった。

　また、ジョセフ・スティグリッツは、アメリカの最近の二つの戦争について独自に分析して、その戦争コストについて考察した。アフガニスタン戦争とイラク戦争の二つの戦争を合わせると、2001年から2007年までに実際の作戦実行のために使われた戦費は6460億ドルであったが、その他に将来の作戦実施の経費、将来の退役軍人の費用、その他の軍事費・調整費、2017年までに限定した利息計算を含めすべてを合計すると、二つの戦争のコストは、最良のケースで2兆3340億ドルであり、現実的控えめなケースで3兆4960億ドルとの推定値を算出した[11]。次の表Ⅲ-2-9は、その推定値のまとめである。

　この二つの戦争だけでも、実際の軍事費は、直接の作戦実施のために使われた6460億ドルだけは済まない。すなわち、この場合においても、通常の「国防費」（国防総省予算）も含め、その他の多くの各省の予算項目のなかにその戦争のための経費、すなわち「隠された軍事費」がある。

　スティグリッツによれば、イラク戦争の費用が隠されているのは国防総省の予算だけではなく、社会保障省、労働省、住宅都市開発省などの予算のなかにも現在および将来にわたって現れてくる費用があり、政府にのしかかるイラク戦争の財政的負担が大きければ大きいほど、多くの費用が他の場所へと移されると注意している。それゆえ、その二つの戦争費用の試算のために「ステップ1」として、まず2001年度から2007年12月25日までの25種類の戦争関連歳出、すなわち国防総省、国務省、国際開発庁、退役軍人省などの今日まで戦争に充てられたさまざまな支出をすべて合計したとしている[12]。

　スティグリッツの現実的控えめなケースでの3兆4960億ドルという二つの

表Ⅲ-2-9 アメリカのアフガニスタン戦争とイラク戦争の財政的コスト

(単位:10億ドル)

	最良の場合の推定値	現実的控えめな場合の推定値
今日までの総運用費（2001-07年）	646	646
将来の運用費（将来の運用費のみ）	521	913
将来の退役軍人コスト（医療・障害補償・社会保障）	422	717
その他の軍事費/調整（隠された国防費・将来の国防リセット費・解隊、飛行禁止空域削減による節約の差引）	132	4040
合計（利息なし）	1721	2680
利息コスト	613	816
合計（利息あり）	2334	3496

出所）Joseph Stiglitz & Linda Bilmes, *The Three Trillion Dollar War*, Table 2.4より作成。

戦争費用の試算結果は、アメリカの「隠された軍事費」の実態を明らかにした一つの事例といえる。

また、今日のアメリカを中心とする軍拡と急激な軍事費の増加は、アメリカ、イギリスなどの巨大な軍事組織の要求を満足させ、またそれらの国の軍需産業および兵器生産企業の大きな利益の源泉になっていることは明らかである。次の表Ⅲ-2-10は、SIPRI報告書にある2006年における世界の兵器生産企業のリストの一部である。

この表Ⅲ-2-10からわかるように、世界の上位10社の兵器生産企業をみると、アメリカの五大企業、すなわち第1位のボーイング社、第2位のロッキード社、第4位のグラマン社、第5位のレイセオン社、第6位のジェネラル・ダイナミック社がリストの上位を占めている。加えて、イギリスの第3位のBAEシステムズ社、西ヨーロッパ共同企業の第7位のEADS社などが入っている。さらに、そのリストには日本の兵器生産企業として、第22位の三菱重工、第50位の川崎重工、第53位の三菱電機、第64位のNECも登場する。

こうして、アメリカのブッシュ政権（2001年1月～2009年1月）においては、

表Ⅲ-2-10　世界の兵器生産企業（2006年）

	企業名	国別	兵器販売額 （10億ドル）	兵器販売比率 （％）
第1位	Boeing	アメリカ	30.6	50
第2位	Lockheed Martin	アメリカ	28.1	71
第3位	BAE Systems	イギリス	24.0	95
第4位	Northrop Grummman	アメリカ	23.6	78
第5位	Raytheon	アメリカ	19.5	96
第6位	General Dynamics	アメリカ	18.7	78
第7位	EADS	西ヨーロッパ	12.6	25
	BAE Systems Inc.	アメリカ	11.2	100
第8位	L-3 Communications	アメリカ	9.9	80
第9位	Finmeccanica	イタリア	8.9	57
第10位	Tales	フランス	8.2	64
第22位	三菱重工	日本	2.3	9
第50位	川崎重工	日本	1.1	9
第53位	三菱電機	日本	1.0	3
第64位	NEC	日本	0.7	2

注）2006年名目ドル。
出所）SIPRI, *SIPRI Yearbook 2008*, Table 6A.2より作成。

　9.11事件を転機にして「対テロ戦争」という形で軍拡に突入した結果、その他の予算項目と比較しても、軍事費の増加が突出して大きくなり、それが今日のアメリカの財政赤字の最大の要因となったのである[13]。

　2001年以降のブッシュ政権の時代は、ある意味で、1980年代のレーガン政権の時代と非常に大きな類似性がある。二つの政権は「新自由主義」経済学を基礎としてその政策を次々に実行した。二つの政権は、巨額の財政赤字と経常収支赤字を生み出しながら、その「双子の赤字」を埋め合わせるために海外からの巨額の資金を吸収し続けてアメリカの「強いドル」と「強い経済」を実現し、世界最強の「軍事帝国」を維持するために軍拡を押し進めた[14]。

　しかし、2008年世界金融危機の発生と2009年のアメリカのオバマ政権の成立は今日の世界の軍拡にブレーキをかける可能性があることに注目される。なぜならば、アメリカを含む先進国および新興国と呼ばれるロシア、中国、インドなどの国では、世界的な経済危機へと発展している事態への対応を迫られて

おり、それから抜け出すためには巨額の財政支出の財源を確保しなければならないからである。アメリカの場合は、今回の金融危機の基礎となった巨額の「双子の赤字」のうちの財政赤字の大きな原因の一つが2001年テロ事件後の「対テロ戦争」の軍事費負担であったからである。

したがって、この流れが今日の軍拡に終止符を打つことになるかどうか、今後、注目されるところである。

5　中国の「隠された軍事費」

中国の軍事費についてはその「透明性」が国際問題として扱われ、世界の軍事専門家によっていつも注目されている。[15]

前に紹介したSIPRIあるいはIISSなどの軍事研究の専門機関が発表する数字をみても、中国の軍事費についてはかなり大きな推定値の差があり、毎年発行されるそれらの報告書においても詳しく分析されている。

たとえば、2007年版のIISS報告書『ミリタリーバランス』によれば、2006年における中国政府が公表する公式な国防費は前年より14.7％増の2800億元、為替レートで換算すると353億ドルである。しかし、2004年版の『中国国防白書』によれば、その国防費の内訳は、人員生活費、活動維持費、装備費の三つの分類のみの総額であり、それゆえ、それは実際の軍事費とは大きな乖離があり、後のところで説明するが、それ以外の多くの項目よって補正された推定値が必要となる。[16]

また、アメリカ国防総省が発表した「中国の軍事力に関する年次報告」においても中国の軍事力と軍事費に注目して分析している。アメリカ政府は中国の軍事費については中国政府公表「国防費」の約2倍から約3倍という額を示している。[17]

日本の防衛省（現在）の『防衛白書平成18年版』においても、中国の軍事費について言及している。中国は2006年度の国防予算を2807億元、前年比14.7％増であると発表した。中国の公表する国防費は、当初予算費で18年連続の二桁の伸び率を達成したが、この公表国防費の増額のペースは、5年毎におよ

そ倍額となるペースであり、過去18年間で中国の国防費は、名目上13倍の規模となった。中国が国防費として公表している額は、中国が実際に軍事目的に支出している額の一部に過ぎないとみられていることに留意する必要がある。たとえば、装備購入費や研究開発費などはすべてが公表国防費に含まれているわけではない。その根拠は、アメリカ国防総省「中国の軍事力に関する年次報告」(2006年5月) において、中国の実際の国防費は公表数値の2倍から3倍と見積もられ、海外からの兵器調達、人民武装警察、戦略部隊 (核・ミサイル)、国防産業に対する補助金支出、国防関連の研究開発費、予算外収入 (軍のビジネスが一部残存) が公表国防費に反映されていないと指摘しているからである。[18]

このアメリカ政府と同様の見解はIISS報告書『ミリタリーバランス』の中にもある。たとえば、2006年版のIISS報告書もまた中国の軍事費について詳しく分析しながら政府公表の約3倍と評価している。中国政府公表の軍事費においては、人員生活費、活動維持費、装備費の三つの分類のみの総額であり、それ以外に次の重要な項目が加えられるべきである。すなわち、①海外からの武器購入費、②軍事産業への補助金、③海外への武器輸出収入、④軍事関連の研究開発費、⑤人民武装警察の予算、⑥地方民兵組織の予算である。それらの項目を加えると、具体的には、2003年における中国の軍事費は政府公表の1907億元の約1.7倍、3284億元、396億ドルになり、それは、2003年の中国のGDPの2.7％となる。同年においては、アメリカは3.7％、韓国は2.4％、イギリスは2.4％、日本は1％であった。そして、IISSは、それらの数字をさらに購買力平価を基礎にして再計算し、同年の中国の軍事費を755億ドルとした。こうして、2003年の中国政府公表の軍事費、1907億元、230億ドルは、IISSの最終的な推計値として、3.28倍の755億ドルとして公表された。[19]

また、2007年版のIISS報告書においても2004年の中国の軍事費を同じ計算方法を使い推計している。同年の中国政府公表の軍事費、2200億元、265億ドルは、上記の六つの項目について補正・増額して約1.7倍の3755億元、452億ドルとした後、さらに購買力平価を基礎にして再計算し、IISSの最終的な推計値として、3.29倍の872億ドルとして公表された。[20]

一方、中国側からは、これらアメリカ国防総省、IISS報告書、日本の『防衛

白書』などの見解に対して次のような反論がある。

　中国は人口が世界一多い国であるにもかかわらず、国防費の絶対値は米国の10分の1以下であり、一人当たりの国防費は米国の200分の1を下回っている。また、中国の国防費が国家財政と国民総生産（GNP）にそれぞれ占める割合、一人当たりの国防費が一人当たりの国民所得に占める割合は全て先進国を下回っている。中国の国防費に関連するデータの中で唯一、相対的に高くなっているのは、年間国防費の増加率だ。これは、いわゆるアナリストらが大げさに文章を書きたてる部分でもある。しかし、年間増加率が高くなっているのは、中国の現在の国防費が少ないためだ。仮に中国の国防費が現在の増加率で増え続けていったとしても、先進国の軍事レベルに追いつくまでは非常に長い時間が必要となる。ましてや、中国国防費の増加と同時に、他の大国の軍事費も急速に増えている状況においてはなおさらのことだ。国外では中国の国防費について言及するときに、いわゆる「隠された軍事費」の問題がよく取りざたされる。実際、いかなる国の財政支出にも各々の国情・慣例がある。例えば米国では、核弾頭の開発、生産、維持費はすべてエネルギー省の支出に組み入れられ、軍事費の分野に属さない。また、アフガニスタンとイラクにおける軍事行動の費用も、軍事費として勘定されていないのだ。中国の「隠された軍事費」を、想像のみに頼って際限なく拡大する行為は、「他に下心がある」行為だとしか説明できない。[21]

　中国国務院が全人代に審議、承認を求めた「2005年度中央・地方予算の執行状況と2006年度中央・地方予算案に関する報告」で、2006年の国防支出は前年比14.7％増の2807億2900万元（1元＝約15円）が計上されているが、週刊誌「瞭望」の論文は、中国の軍事費はなお低水準にあり、軍事費を適度に増額するのはそんなに非難されることではないと指摘している。近年、経済の発展に伴い、中国の国防経費はいくらか増えている。2006年の国防予算は2838億元で、およそ351億ドルにあたり、前年の予算執行額より14.7％増えた。だが国防費支出予算は当年度の全国の財政支出予算の7.4％で、その割合は数年前とほとんど変わらない。他の諸国に比べ、中国の国防費は絶対額や国内総生産（GDP）に占める割合も、また財政支出に占める割合も、比較的低い水準にあ

る。たとえば 2005 年、中国の軍事費は 302 億ドルで、米国は 4017 億ドル、英国は 488 億ドル、日本は 453 億ドル、フランスは 356 億ドルだった。中国の軍事費のＧＤＰに占める割合は 1.36％で、米国は 3.6％、英国は 2.59％、フランスは 1.98％だった。中国の軍事費の財政支出に占める割合は 7.43％で、米国は 17.8％、フランスは 11.4％、ドイツは 9.25％だった。[22]

　このようにして、中国側は反論しているが、いわゆる「隠された軍事費」の問題についての反論、すなわち、アメリカの事例を指摘して「実際、いかなる国の財政支出にも各々の国情・慣例がある」という出張は正当である。しかし、それだけの反論ではまだ説得性に欠けている。なぜならば、やはり IISS 報告書が指摘する点、すなわち、中国政府公表の軍事費においては、人員生活費、活動維持費、装備費の三つの分類のみの総額であり、それ以外の項目、①海外からの武器購入費、②軍事産業への補助金、③海外への武器輸出収入、④軍事関連の研究開発費、⑤人民武装警察の予算、⑥地方民兵組織の予算という追加すべき項目の指摘は、軍事費の実態と「透明性」の問題においては非常に重要であるからだ。つまり、その点の説明が不十分のまま、軍事費のＧＤＰに占める割合、軍事費の財政支出に占める割合などを他国と比較しても説得性があまりない。

　また、中国側の反論で、「中国の国防費に関連するデータの中で唯一、相対的に高くなっているのは、年間国防費の増加率だ。年間増加率が高くなっているのは、中国の現在の国防費が少ないためだ。仮に中国の国防費が現在の増加率で増え続けていったとしても、先進国の軍事レベルに追いつくまでは非常に長い時間が必要となる」との主張もあまり説得性を持たない。前にみた日本の『防衛白書』の中の「中国の公表する国防費は、当初予算費で 18 年連続の二桁の伸び率を達成したが、この公表国防費の増額のペースは、5 年毎におよそ倍額となるペースであり、過去 18 年間で中国の国防費は、名目上 13 倍の規模となった」という主張に対する反論としては、まったく不十分である。多くのマスコミはこの『防衛白書』の中国の軍事費が過去 18 年間二桁で伸び続けたという指摘を何度も強調している。さらに 2007 年の IISS 報告書の発表では、2006 年の中国の軍事費が前年比 18.4％増の推定 1220 億ドルとなり、日本の防衛費、411

億ドルをはるかに超えて中国は「軍事大国」となったというニュースが「中国脅威論」を盛り上げている。

さて、ここでは、中国側の反論とはまったく別に、『防衛白書』が指摘する「中国の公表する国防費は、当初予算費で18年連続の二桁の伸び率を達成した」という事実を検証する。

次の表Ⅲ-2-11は、1988年から2006年までの中国の公表国防費、国防費名目成長率、消費者物価上昇率、国防費実質成長率を示したものである。

その表Ⅲ-2-11より、『防衛白書』が指摘する「中国の公表する国防費は、当初予算費で18年連続の二桁の伸び率を達成した」という事実は、1989年から2006年までの国防費名目成長率（A）をみると確かにそのことが確認できる。しかし、それは事実の一面でしかない。名目成長率だけを指摘して完了するのであれば、それは中国の軍事費の現実あるいは実態を説明したことにはまったくならない。経済学あるいは社会科学の常識によれば、経済的統計数字を扱う場合は、普通はインフレ率（消費者物価指数）を考慮した実質成長率を分析することが重要である。それを分析するよって初めて社会現象や経済現象の現実あるいは実態に迫ることができるからだ。

そこで、その表Ⅲ-2-11より、消費者物価上昇率（B）を考慮した中国の国防費の実質成長率（A－B）をみると、1988年から1996年までの時期は名目成長率では二桁成長にみえるが、1988-89年、1993-95年の二桁の激しいインフレにより、1988年がマイナス13.2％、1989年がマイナス4.0％、94年がマイナス1.7％であり、93年もわずかプラス0.2％である。1990年の湾岸危機、1991年の湾岸戦争があった1990-92年のわずか3年間だけ大きいところがあるだけだ。しかし、実際には、その間の実質成長率のプラスとマイナスを考慮すると、中国の実質的な国防費は1988-96年の期間においては低成長であり、あるいは停滞していたといえる。

したがって、中国の国防費の実質成長率が二桁を超える時期は1997年以降である。その表Ⅲ-2-11をみるかぎり、2003年が8.8％、2004年が9.4％なので、1997年以降において実質成長率が二桁を超えたのは、その2年間を除く、8年間だけである、というのが結論である。

第2章　9.11事件後の世界の軍拡

表Ⅲ-2-11　中国の公表国防費、国防費名目成長率、消費者物価上昇率、
　　　　　　国防費実質成長率（1988-2006年）

	国防費 （億元）	国防費名目 成長率A(%)	消費者物価 上昇率B(%)	国防費実質 成長率(A-B)%
1988年	215.2	5.6	18.8	-13.2
1989年	245.5	14.0	18.0	-4.0
1990年	289.7	18.0	3.1	14.9
1991年	325.1	12.2	3.4	8.8
1992年	370.0	13.8	6.4	7.4
1993年	425.0	14.9	14.7	0.2
1994年	520.4	22.4	24.1	-1.7
1995年	630.9	21.2	17.1	4.1
1996年	702.2	11.3	8.3	3.0
1997年	805.7	14.7	2.8	11.9
1998年	909.9	12.9	-0.8	13.7
1999年	1046.5	15.0	-1.4	16.4
2000年	1205.0	15.1	0.4	14.7
2001年	1410.0	17.0	0.7	16.3
2002年	1684.0	19.4	-0.8	20.2
2003年	1853.0	10.0	1.2	8.8
2004年	2100.2	13.3	3.9	9.4
2005年	2446.5	16.5	1.8	14.7
2006年	2807.2	14.7	1.5	13.2

資料）国防費は防衛庁『防衛白書』、消費者物価上昇率は『中国情報ハンドブック』
出所）田岡俊次『北朝鮮・中国はどれだけ恐いか』朝日新聞社2007年、137頁より作成。

　それゆえ、「中国の公表する国防費は、当初予算費で18年連続の二桁の伸び率を達成した」という『防衛白書』の主張を繰り返すことは、明らかに何かの「政治的意図」のためと判断できる。[23]

　しかしながら、こうして中国の軍事費を実質成長率より分析すると、1997年以降の軍事費の急激な増大は中国の公式な統計からみても確認することができ、それは否定できない事実である。その意味では、中国は今日の「第三の軍拡」の重要な出演国の一つであると改めて確認できる。

　さて、次は、中国の軍事費が公表国防費の2倍から3倍であると主張するアメリカ国防総省の見解、IISS報告書の見解について取り上げる。しかし、ここでは、アメリカの推定根拠の詳細が不明確なので、特にIISS報告書について検

討する。

　前にみたように、IISS 報告書の推計方法の特徴は、中国については為替レートではなく、購買力平価を基礎にして再計算することにあった。

　具体的事例でみると、2007年版の IISS 報告書においては、2005年の世界銀行が使う中国の購買力平価は為替市場レートと比較すると約4倍であると指摘しながら、前に示したように、実際には IISS は 2004年の中国政府公表の軍事費、2200億元、265億ドルは、六つの項目について補正・増額して約1.7倍の3755億元、452億ドルとした後、さらに購買力平価を基礎にして再計算し、IISS の最終的な推計値として、3.29倍の872億ドルとして公表した。もし、世界銀行の購買力平価を実際そのまま使って再計算すると約4倍なので、同年の中国の軍事費は1808億ドルと最終的な推計値がでるはずである。ところが、2007年版の IISS 報告書では、再計算においては購買力平価と為替市場レートを結合して使った結果、最終的な推計値として 3.29倍の 872億ドルとなったと述べている。[24]

　この IISS 報告書のように、購買力平価を使い世界の軍事費を計算した事例が SIPRI 報告書の中にも実際に存在する。次の表Ⅲ-2-12 は、2006年の世界上位15ヵ国の軍事費を為替レートと購買力平価とに分けて比較して示したものである。

　その表Ⅲ-2-12 からわかるように、購買力平価のリストにおける途上国についてその数字と順位をみると、第2位の中国が1880億ドル（3.8倍）、第3位のインドが1143億ドル（4.8倍）、第4位のロシアが828億ドル（2.3倍）、第7位のサウジアラビアが364億ドル（1.3倍）、第9位のブラジルが320億ドル（2.4倍）と、それぞれいずれも為替レートのリストと比較するとその額は増え、その順位を上げている。さらに、その購買力平価のリストには、為替レートのリストの欄外であった第12位のイランが286億ドル（2.9倍）、第14位のトルコが202億ドル（1.8倍）、第15位のパキスタンが156億ドル（3.4倍）と、その3ヵ国までもが順位を上げてそのリストに登場することになった。

　一方、表Ⅲ-2-12 の購買力平価のリストの先進国についてみると、第5位のイギリスが514億ドル（0.86倍）、第6位のフランスが466億ドル（0.87倍）、第

表Ⅲ-2-12　世界の上位15ヵ国の為替レートと購買力平価による軍事費（2006年）

	為替レートによる軍事費 （単位：10億ドル）		1人当たり軍事費 （単位：ドル）		購買力平価による軍事費 （単位：10億ドル）	
第1位	アメリカ	528.7	1756	第1位	アメリカ	528.7
第2位	イギリス	59.2	990	第2位	中国	188.2
第3位	フランス	53.1	875	第3位	インド	114.3
第4位	中国	49.5	37	第4位	ロシア	82.8
第5位	日本	43.7	341	第5位	イギリス	51.4
第6位	ドイツ	37.0	447	第6位	フランス	46.6
第7位	ロシア	34.7	244	第7位	サウジアラビア	36.4
第8位	イタリア	29.9	514	第8位	日本	35.2
第9位	サウジアラビア	29.0	1152	第9位	ブラジル	32.0
第10位	インド	23.9	21	第10位	ドイツ	31.2
第11位	韓国	21.9	455	第11位	韓国	30.1
第12位	オーストラリア	13.8	676	第12位	イラン	28.6
第13位	カナダ	13.5	414	第13位	イタリア	28.6
第14位	ブラジル	13.4	71	第14位	トルコ	20.2
第15位	スペイン	12.3	284	第15位	パキスタン	15.6
小計（15ヵ国）		963.7				
世界合計		1158.0	177			

注）2005年固定ドル
出所）SIPRI, *SIPRI Yearbook 2007*, Table 8.2より作成。

8位の日本が352億ドル（0.81倍）、第10位のドイツが312億ドル（0.84倍）、第13位のイタリアが286億ドル（0.95倍）と、それぞれいずれもその額と順位を下げている。

　このように、購買力平価を使うと、一般的な傾向として、為替レートを使った数字と比較すると、先進国はその数字が小さく表れ、途上国はその反対にその数字が大きく表れることになる。なぜならば、途上国では人々の基本的な生活物資の価格は一般的には先進国のそれと比較するとかなり低くなる。それは経済発展の段階が異なれば、先進国の生活物資の物価水準は途上国のそれと比較するとかなり低いからである。そもそも購買力平価は同じような経済レベルにある国の物価指数を考慮して、それらの国の人々の生活水準を実質的に比較するためにある。

　したがって、その表Ⅲ-2-12から読みとれることは、基本的な生活水準が低

い途上国において過重な軍事費は途上国の人々の生活を犠牲にして成立するものであり、途上国のその経済的負担が先進国と比較して非常に大きいという意味を持っている。それゆえ、購買力平価は軍事費の分析に際して特定な国についてだけ適応して、その軍事費の額を大きくするために利用すべきものではないのである。イギリスのIISS報告書は、その意味では、何かの「政治的意図」を持って、特定の国だけを、すなわち、中国とロシアだけを標的にして、購買力平価を利用してその軍事費を「過大」に評価する結果となっている。

ところで、2005年（8月17日）の為替レートは1ドル＝8.1元であり、2005年の中国の政府支出は2兆249億元、2499億ドルであった。[25]

以下、表Ⅲ-2-11の数字を使って計算すると、2005年の中国政府公表の軍事費は、2447億元、302億ドルであるので、同年の世界銀行の購買力平価を利用して計算すると、約4倍なので9788億元、1208億ドルとなり、同年の中国の政府支出に対する割合は48.3％となる。仮に、IISSが利用した3.29倍で計算すると8051億元、993億ドルとなり、同年の中国の政府支出に対する割合は39.7％となる。中国が国家予算の4割あるいは5割も毎年軍事費に支出していたとして、今日の中国の経済発展をどのように説明するのであろうか。冷戦時代のソ連「社会主義」においては軍事費を最優先し、国民生活の非常に大きな犠牲の上にそれが成立していた。そのソ連「社会主義」の軍事大国が結局どのような結末を迎えたのか。それを想像しただけで、その数字がいかに説得性のない非現実的な数字であるかを容易に理解することができる。

このように、単純に計算しても、中国の公表軍事費のIISSの最終的な3.29倍という購買力平価を利用した計算方法とその結論の推計値については問題が多く、非現実的な数字であり、その信憑性が非常に低い。それゆえ、何かの「政治的意図」が働いているとしかみえないのである。[26]

また、ファリード・ザカリアも著書『アメリカ後の世界』（2008年）において国力あるは軍事力などを比較する場合、購買力平価を利用して比較することに対して次のような批判的な見解を示している。

GDPの概念は単純明快だが、指標としてのGDPは驚くほど複雑である。iPodやナイキのような貿易財は、どの国でも価格に大差はないが、国境を越え

ての流通が不可能な商品、たとえば散髪代のようなものは、途上国のほうが安い。つまり、収入が同じなら、イギリスよりもインドのほうがより良い生活を享受できる。この点を考慮するため、多くの経済学者は購買力平価を使う。これは実質的に途上国の所得を膨らませる。この方法の支持者は購買力平価で換算されるGDPが生活の質をより良く反映すると主張する。しかし、生の国力を見たいときは、為替レートで換算されるGDPを使うことが理にかなっている。航空母艦の購入、国連の平和維持任務への支出、企業収益の発表、対外援助といった活動を行う際、購買力平価で換算されたドルを用いるわけにはいかない。[27]

最後に、それでは中国の軍事費の実態はどのくらいと推定したら真実に近いのであろうか。それはIISSが指摘するように、追加すべき項目があるので少なくとも中国政府の公表国防費の数字よりは大きなものとなるであろう。IISSが分析したように、六つの追加項目を含んだ公表国防費の1.7倍の数字なら、最大限の数字として理解できないこともない。

しかしながら、いずれにしても、現在のところは、中国の公表軍事費には「透明性」の問題があり、すべては各研究機関の推定値でしかない。ただし、その軍事費の「透明性」の問題あるいは「隠された軍事費」の問題はアメリカや他の国にも共通する重要な問題である。その問題の解決のためには世界的に統一された基準において各国の軍事費は比較される必要がある。

さて、中国政府はこのような軍事費の「透明性」についての国際的な批判を無視はできないようだ。2007年9月2日付の各紙では、中国が国連の軍事支出報告制度に参加し、通常兵器の移転登録制度に復帰すると国連に伝えたとの報道がなされた。[28]

6　世界の武器貿易

軍事統計のなかでも、軍事費以上に実態がいま一つよくわからないものがある。それは世界の武器貿易である。この武器貿易に関する統計は、毎年刊行されている『SIPRI年鑑』と『ミリタリーバランス』に掲載されているが、両方の

第Ⅲ部　グローバル資本主義と世界の軍拡

表Ⅲ-2-13　世界の武器輸出上位12ヵ国（2001-2005年）

（単位：100万ドル）

	(年)	01	02	03	04	05	01-05	
第1位	ロシア	5,548	5,656	5,567	6,440	5,771	28,982	31.0%
第2位	アメリカ	5,516	4,662	5,139	5,818	7,101	28,236	30.2%
第3位	フランス	1,133	1,259	1,268	2,514	2,399	8,573	9.2%
第4位	ドイツ	640	632	1,639	837	1,855	5,603	6.0%
第5位	イギリス	1,070	708	567	797	791	3,933	4.2%
第6位	ウクライナ	702	281	536	519	188	2,226	
第7位	カナダ	110	351	568	577	365	1,971	
第8位	オランダ	190	249	339	250	840	1,868	
第9位	イタリア	185	332	310	204	827	1,858	
第10位	スウェーデン	459	114	271	324	592	1,760	
第11位	中国	408	472	428	146	129	1,583	
第12位	イスラエル	264	354	292	401	160	1,471	
世界		17,332	16,139	18,248	19,834	21,961	93,514	100.0%

注）1990年固定ドル表示。
出所）SIPRI, *SIPRI Yearbook 2006* より作成。

　統計数字を比較すると、やはり数字が一致することはない。しかし、細かい詮索よりも、二つの軍事統計から大きな傾向を探ることにする。

　まず、最初は、世界の武器輸出についてみることにする。上の表Ⅲ-2-13は、『SIPRI年鑑2006』から、2001年から2005年までの世界の武器輸出上位12ヵ国を示したものである。

　表Ⅲ-2-13が示しているように、第一に、2001年から2005年までをみると、世界の武器輸出は、ロシア、アメリカ、フランス、ドイツ、イギリスが5大武器輸出国となっていることがわかる。その5ヵ国で全体の80.6％を占めている。そのなかでも、ロシアとアメリカの2ヵ国で61.2％と大きな割合を占めている。世界の武器輸出市場は少数の特定な国によって寡占状態にある。第二に、2001年のテロ事件を契機にして開始されたアメリカの「対テロ戦争」の展開が影響して、世界の武器輸出は増加傾向にある。

　次の表Ⅲ-2-14は、同じく2001年から2004年までの『ミリタリーバランス2006』からの世界の武器輸出国のリストである。

　表Ⅲ-2-14が示しているように、第一に、前の『SIPRI年鑑』資料と同様に、

表Ⅲ-2-14 世界の武器輸出 (2001-2004年)

(単位：100万ドル)

(年)	01	02	03	04
アメリカ	10,608	10,972	13,832	18,555
	34.7%	36.3%	38.8%	53.4%
ロシア	4,935	3,731	4,359	4,600
	16.1%	12.3%	12.2%	13.2%
イギリス	5,044	5,223	4,982	1,900
	16.5%	17.3%	14.0%	5.5%
フランス	2,084	2,132	3,010	4,400
	6.8%	7.0%	8.4%	12.7%
ドイツ	768	1,066	2,180	900
	2.5%	3.5%	6.1%	2.6%
イタリア	439	640	208	100
	1.4%	2.1%	0.6%	0.3%
全その他ヨーロッパ	3,290	2,558	4,048	1,200
	10.8%	8.5%	11.4%	3.5%
中国	877	700	623	700
	2.9%	2.0%	1.7%	2.0%
その他	2,522	2,400	2,387	2,400
	8.3%	6.9%	6.7%	6.9%
世界	30,566	30,566	35,627	34,755
	100.0%	100.0%	100.0%	100.0%

注) 2004年固定ドル表示。
出所) IISS, The military balance 2006 より作成。

　世界の武器輸出は、アメリカ、ロシア、イギリス、フランス、ドイツがやはり5大武器輸出国となっていることがわかる。2004年においてはその5ヵ国で全体の87.4％を占めている。そして、アメリカとロシアの2ヵ国で全体の66.6％を占め、その2ヵ国が武器輸出「超大国」となっている。しかし、この『ミリタリーバランス』の資料によれば、2004年においてはアメリカ一国で全体の53.4％を占め、第2位のロシアを引き離し、アメリカは世界の約半分の武器輸出市場を独占している。第二に、前の『SIPRI年鑑』資料と同様に、2001年以降は、世界の武器輸出は増加傾向にあることがわかる。

　また、2009年6月に発表された『SIPRI年鑑2009』資料によれば、2004年から2008年までの武器輸出国のリストをみると、相変わらず、第1位のアメリカ

が武器輸出市場の全体の31％を占め、続いて第2位のロシアが25％、第3位のドイツが10％、第4位のフランスが8％、第5位のイギリスが4％、その上位5ヵ国で全体の78％を占め、アメリカとロシアの2ヵ国で全体の56％を占めている。2004年の世界全体の武器輸出額は2007年固定ドル価格表示で209億ドルから2008年のその武器輸出額は226億ドルと増加傾向を示している。[29]

次に、世界の武器輸入についてみることにしよう。次の表Ⅲ-2-15は、『SIPRI年鑑2006』から、2001年から2005年までの世界の武器輸入上位25ヵ国を示したものである。

表Ⅲ-2-15が示しているように、第一に、武器輸入国は、武器輸出国と比べると、かなり多数の国の名前が登場する。第二に、そのなかでも武器輸入上位国をみると、中国が第1位、インドが第2位、UAEが第4位、エジプトが第6位、イスラエルが第7位、トルコが第8位、イランが第12位、パキスタンが第13位、台湾が第14位、サウジアラビアが第15位として登場し、途上国の名前が半分近くを占める。特に、新興国の代表国である中国とインドが第1位と第2位を占め、中国が全体の14.3％、インドが全体の10.0％を占め、その2ヵ国だけで全体の24.3％、全体の4分の1を占めている。

こうして2001年以降の世界の武器貿易をみると、今日の軍拡の第一の主役であるアメリカが武器輸出国として大きな位置を占めていることがわかる。また、今日の軍拡に積極的に参加しているロシアは石油輸出とともに武器輸出においても外貨獲得の手段としている。ロシアはアメリカと並んで世界の2大武器輸出国となっている。また、今日の軍拡において注目されているもう一つの国がある。それは中国である。中国は武器輸出国のリストにも登場するが、武器輸出のほとんどが主に途上国向けであり、全体としてはあまり大きくない。しかし、中国はインドと並んで世界の2大武器輸入国となっている。積極的な武器輸入と軍事費の増加によって、中国は注目される世界の7大軍事国家の一つとなっている。

また、2009年6月に発表された『SIPRI年鑑2009』資料によれば、2004年から2008年の世界の武器輸入国リストをみると、大きな変化はなく、相変わらず、第1位が中国で、世界全体の武器輸入額の11％を占め、第2位がインドで、全

第2章 9.11事件後の世界の軍拡

表Ⅲ-2-15 世界の武器輸入上位25ヵ国(2001-2005年)

(単位：100万ドル)

	(年)	01	02	03	04	05	01-05	
第1位	中国	3,142	2,647	2,096	2,761	2,697	13,343	14.3%
第2位	インド	875	1,655	2,883	2,471	1,471	9,355	10.0%
第3位	ギリシャ	709	495	2,131	1,656	1,114	6,105	6.5%
第4位	UAE	178	194	791	1,323	2,381	4,867	5.2%
第5位	イギリス	1,263	675	698	197	94	2,927	3.1%
第6位	エジプト	819	598	520	368	596	2,901	
第7位	イスラエル	147	239	333	732	1,422	2,873	
第8位	トルコ	389	871	570	224	746	2,800	
第9位	韓国	508	336	401	772	544	2,561	
第10位	オーストラリア	657	459	171	360	396	2,343	
第11位	アメリカ	232	432	654	508	387	2,213	
第12位	イラン	491	455	473	321	403	2,143	
第13位	パキスタン	364	574	615	351	161	2,065	
第14位	台湾	434	314	116	341	777	1,982	
第15位	サウジアラビア	56	538	120	544	470	1,728	
第16位	イタリア	262	165	516	439	224	1,606	
第17位	日本	333	307	351	298	250	1,539	
第18位	シンガポール	184	227	61	487	423	1,382	
第19位	アルジェリア	531	221	188	292	149	1,381	
第20位	カナダ	455	369	129	314	112	1,379	
第21位	イエメン	92	603	40	352	289	1,376	
第22位	ポーランド	71	276	427	251	96	1,121	
第23位	スペイン	183	249	113	206	281	1,032	
第24位	ブラジル	522	165	74	121	142	1,024	
第25位	ルーマニア	19	16	18	275	579	907	
	上位25ヵ国						72,953	78.0%
	世界	17,334	16,136	18,245	19,836	21,965	93,516	100.0%

注) 1990年固定ドル表示。
出所) SIPRI, *SIPRI Yearbook 2006* より作成。

体の7%を占めている[30]。

7 小 括

世界の軍事費の統計数字を扱う場合、軍事費ゆえの独自の困難がある。一つ

には、各国の財政制度の相違などからどの項目を軍事費として入れるかあるいは入れないのか、それぞれ異なっており、その結果、当然のこととしてその扱い方の相違がその数字の違いとして表れる。二つには、それに加えてどの国においても基本的にその国の「軍事機密」はその国家の最高機密に属するので、それゆえ、どこまで真実のデータを公表するかは、その国の「政治的利害」あるいは「政治的意図」が強く働き、そのことによって現実あるいは実態から乖離した数字が表れることも当然しばしばある。そのことが、中国に限らず、アメリカにおいても軍事費の「透明性」の問題と「隠された軍事費」の問題を惹起させる。そのために各国の軍事統計数字が常に一致することはないので、そこでは全体の大まかな傾向を把握することが重要なことである。

ここでは、世界的に有名な三つの軍事統計を使って分析した。9.11事件後のデータについては、アメリカ国務省からの最新資料の入手が困難であり、毎年定期的に刊行されているSIPRI統計とIISS統計を使って分析した。

その分析の結果、次の五つの結論が導き出される。

第一に、9.11事件後において世界の軍事費がまた再び急増し、年間1兆ドルを超える規模となり、戦後「第三の軍拡」を迎えた。

戦後においては過去に二度大きな軍拡の時期があった。「第一の軍拡」は1950年代の米ソ冷戦の大々的な核兵器開発レースの時期であり、「第二の軍拡」は1980年代のアメリカのレーガン政権下におけるいわゆる「スターウォーズ計画」（SDI計画、戦略防衛構想）が推進された時期であった。特に、1980年代は米ソの「第二次冷戦」の時期とも呼ばれた。

第二に、今日の戦後「第三の軍拡」の第一の主役はアメリカであり、軍事的にはアメリカが他国を圧倒しており、第二期パクス・アメリカーナの状況にあることが明らかとなった。

1991年のソ連「社会主義」崩壊後においては、「ニュー・エコノミー」「IT革命」と呼ばれる1990年代のアメリカ経済の復活、1995年のアメリカ主導によるWTO（世界貿易機構）の設立などによって再びアメリカは世界において経済的、政治的、軍事的な優位性を取り戻してきた。パクス・アメリカーナの再編・強化がなされた。特に、世界の軍事費の分析からは圧倒的な軍事的なアメリカ

第 2 章　9.11 事件後の世界の軍拡

優位が明らかとなった。

　第三に、9.11 事件後においてアメリカが推進する「対テロ戦争」（Global War on Terrorism）は世界に大きな影響を与えており、それが世界の軍拡をさらに促進している実態を明らかにした。言い換えると、9.11 事件後においては、アメリカの「対テロ戦争」の推進の中でそれに積極的に参加する国（イギリス、オーストラリアなど）の軍事費を増加させると同時に、それに対抗するように中国とロシアも軍事費を急増させ、結局は再び世界に軍拡がもたらされた。

　第四に、今日の軍拡の第一の主役であるアメリカの軍事費の分析の結果、特にアメリカの「隠された軍事費」は想像以上に巨額なものであることが明らかとなった。それは、「国防予算」とは「別立て」の「対テロ戦争」費のみならず、他の政府支出項目にも多数あり、またアフガニスタン戦争とイラク戦争に関係するすべての戦争コストは 3 兆ドル以上であった。結局は、それがアメリカの巨額な財政赤字の主要な要因となった。

　第五に、国際的に軍事費の「透明性」が問題視され、さまざまな推定がなされている中国の軍事費の実態を詳しく分析した結果、中国の軍事費の実質成長率の分析から 1997 年以後においては中国も今日の世界の軍拡に積極的に参加する重要な国の一つであることが明らかとなった。

　中国は、1979 年の「改革開放政策」の展開以後、1989 年の「天安門事件」においては一時的な停滞があったが、その後の 1992 年の鄧小平の「南巡講話」と中国共産党第 14 回党大会における「社会主義市場経済」路線の確定、2001 年の WTO 加盟によって海外からの大規模な資本流入を基礎に急速な経済発展を達成した。世界経済における中国の存在はますます大きくなり、中国は GDP（国内総生産）の規模では 2005 年にはイギリスを追い越し、アメリカ、日本、ドイツに続き、世界第 4 位の地位を占めるようになった。SIPRI の 2009 年 6 月の発表によれば、2008 年における中国の軍事費はアメリカに次いでついに世界第 2 位となった。このような急速な経済発展を背景にした中国の軍事費の急増と軍拡が世界から大きな注目を集めている。中国の軍事費の「透明性」および「隠された軍事費」が国際的な問題となっており、それが様々な推測を呼び起こし、最近において台頭する「中国脅威論」の大きな一つの要因となっている。

第Ⅲ部　グローバル資本主義と世界の軍拡

1）U.S. Department of State, *World Military Expenditures and Arms Transfers 1999-2000*, Table 1. これらの数字は、1999年固定ドルである。
　　また、このアメリカの軍事統計資料を基礎に1990年代の世界の軍事費を分析した著者の次の論文を参照のこと。中野洋一「グローバリゼーションにおける世界の軍事費についての分析」『九州国際大学国際関係学論集』第1巻第1・2合併号、2006年。
　　なお、1970-80年代における世界の軍拡についての分析は著者の次の著書を参照のこと。中野洋一『新版　軍拡と貧困の世界経済論』梓出版社、2001年、第2部。
2）『朝日新聞』『読売新聞』各紙2007年2月6日付。
3）IISS, *The Military Balance 2007*, p. 19.
4）「隠された軍事費」とは、政府公式発表の「国防費」項目以外の軍事費を意味する。アメリカの場合には「国防総省予算」項目以外の軍事費を意味する。もう少し説明すると、アメリカの場合には、「国防費」は国防総省および陸軍・海軍（海兵隊予算を含む）・空軍の予算の合計からなり、その主な内訳は、人件費、運用保守費、調達費、RDT&E（研究開発試験評価）、建設費、家族住宅、その他である。退役軍人関連の予算は退役軍人省が管轄する。
　　世界的に公式に認められた「軍事費」の厳密な定義は存在しないのが現実である。軍事費統計については世界的に有名なものが三つある。毎年刊行されているスウェーデンのストックホルム国際平和研究所の『SIPRI年鑑』とイギリスの国際戦略研究所（IISS）の『ミリタリーバランス』、定期刊行物ではないがアメリカ政府機関（中央情報局（CIA）や国務省など）の軍事費統計の三つであるが、ある特定の国の軍事費をそれらの三つの資料を比較し参照すると、その軍事費は同一の金額ではない。実際、実に様々である。すなわち、ある政府が実際に「国防費」の全額を正確に正直に発表しているかどうかまずは問題ではあるが、加えて予算項目のどの項目をその政府の「国防費」として入れて計算するかは各国政府によって異なる。
　　国際的には、中国政府によって毎年正式発表される「国防費」（中国人民解放軍予算）が注目を集めているが、その場合も、中国の軍事費は実際にはどの程度「隠された軍事費」があるのかが大きな問題となっている。
　　また、日本の場合も例外ではなく、「国防費」（防衛省予算）とは別項目となっているものがいくつかある。海上保安庁は、自衛隊法第80条で有事の際には防衛大臣の指揮下に入ることになっているが、経費は国土交通省の予算であり、情報収集衛星の打ち上げや管理費は内閣官房の予算に入っている。旧軍人恩給は厚生労働省予算であり、退職自衛官の年金は国家公務員共済組合の担当だが、他国では国防省の人件費に退役軍人の年金が入っている場合が多い。（田岡俊次『北朝鮮・中国はどれだけ恐いか』朝日新書、2007年、146頁。）
　　ここでは、アメリカの軍事費においても、同様に「国防費」（国防総省予算）とは別項目に巨額の「隠された軍事費」の存在があり、それを検証する。
　　また、詳しい考察は別の機会とするが、最近のアメリカの軍拡の背景として、2001年以後の「対テロ戦争」の世界的展開と並行して、レーガン政権のいわゆる「スターウォーズ」

計画、「戦略防衛構想」（SDI）計画の延長としての「国家ミサイル防衛」計画（NMD計画）の進展についても注目されるところである。この点については、次の文献を参照のこと。

藤岡惇『グローバリゼーションと戦争　宇宙と核の覇権をめざすアメリカ』大月書店、2004年。ヘレン・カルディコット（岡野内正・ミグリアーチ慶子訳）『狂気の核武装大国アメリカ』集英社新書、2008年。ヘレン・カルディコット＆グレイグ・アイゼンドラス（植田那美・益岡賢訳）『宇宙開発戦争　ミサイル防衛と宇宙ビジネスの最前線』作品社、2009年。

5）　この当時（2008年5月）の共和党ブッシュ政権の2009年度予算要求額をみると、合計額が5810億ドルとなり、前年比で13％ほど減らしているが、これは2008年にはイラク戦争後の処理をめぐり、共和党と民主党の間で激しい論争があり、さらにアメリカ大統領候補予備選挙という形で事実上のアメリカ大統領選挙が開始されており、ブッシュ政権の戦後処理に対して国民からの大きな不満と批判が民主党に流れ、アメリカ議会では民主党の勢力が大きかったからである。実際、その結果、2009年1月には、イラクからのアメリカ軍の撤退を公約にした民主党のオバマ政権が誕生することとなった。

6）　US Department of Defence, Fiscal Year 2009 Global War on Terror Bridge Request, May 2008, p. 4.

7）　Joseph E. Stiglitz & Linda J. Bilmes, *The Tree Trillion Dollar War,* Penguin Books Ltd., 2008, pp. 5-6. ジョセフ・E・スティグリッツ、リンダ・ビルムズ（楡井浩一訳）『世界を不幸にするアメリカの戦争経済』徳間書店、2008年、22頁。

8）　Ibid, p. 45.　同上書、68頁。

イギリスの国際戦略研究所（IISS）の数字によれば、アメリカの軍事費（支出）の対GDP比は、2001年が3.02％、2002年が3.33％、2003年が3.69％、2004年が3.89％、2005年が3.98％、2006年が4.05％と算出している。（IISS, *The Military Balance 2008*, p. 18, Tabel1.）

9）　Chalmers Johnson, The economic disaster that is military keynesianism, 2008.（http: //mondediplo.com/2008/02/05military）　チャルマーズ・ジョンソン（川井孝子・安濃一樹訳）「軍事ケインズ主義の終焉」『世界』2008年4月号掲載。

10）　中西泰造「対外援助の変貌と途上国政策」井上博・磯谷玲編著『アメリカ経済の新展開』同文舘、2008年、208-213頁。

特に、アメリカのブッシュ政権による経済援助の近年の増加の最大の要因は、アフガニスタンとイラクへの経済援助であった。2001年から2004年までの経済援助は138億ドルの増額となっているが、この時期の既存の経済援助の増額は18億ドルであったのに対して、新しいプログラムに関わる経済援助の増額は120億ドルであった。その多くがアフガニスタンとイラクへの援助であり、それは量的な面から見たブッシュ政権の援助政策の最大の特徴である。（川崎信樹「援助政策——『自由と民主主義の拡大』と安全保障」河音琢郎・藤木剛康編著『G・W・ブッシュ政権の経済政策』ミネルヴァ書房、2008年、245-248

頁。)
11) Joseph E. Stiglitz & Linda J. Bilmes, *The Tree Trillion Dollar War*, p. 56. ジョセフ・E・スティグリッツ、リンダ・ビルムズ、前掲書、82-83頁。
12) Ibid, p. 20, p. 25. 同上書、39頁、44頁。
13) 河音琢郎「租税・財政政策」河音琢郎・藤木剛康編著、前掲書、56-57頁。
14) George Soros, *The New Paradigm for Financial Markets : The Credit Crisis of 2008 and What Means*, Public Affairs, 2008, pp. 110-112. ジョージ・ソロス（徳川家広訳）『ソロスは警告する』講談社、2008年、173-175頁。ジョージ・ソロス（ホーレイ USA, Pacific Advisory & Consultant Co., Ltd. 訳）『ソロスの錬金術』総合法令、1996年、137-147頁。
15) 茅原郁生「なお不十分な軍事的透明性 中国の『国防白書』2006年版を分析する」『世界週報』2007年3月13日号。
16) IISS, *The Military Balance 2007*, p. 341.
17) Office of the Secretary of Defense, *Annual Report to Congress Military Power of the People's Republic of China 2007*, pp. 25-27, Figure.5, Figure 6. *Annual Report to Congress Military Power of the People's Republic of China 2008*, pp. 31-33, Figure.6, Figure 7.
　　茅原郁生「米の中国軍事力報告に見る2つの注目点 抑止と関与の複眼的戦略」『世界週報』2006年8月1日号。「ドキュメント 米国防総省の中国の軍事力に関する報告書（抄訳）2006年版」同雑誌2006年8月1日号収録。
　　中内康夫「中国の軍事力 米国防総省報告書の注目点」『立法と調査』No. 261、2006年10月。
18) 防衛庁編『防衛白書平成18年版』42頁。
19) IISS, *The Military Balance 2006*, pp. 249-253.
20) IISS, *The Military Balance 2007*, p. 341.
21) 「中国の軍事支出を公正に読み解く」『人民網日本語版』2007年3月8日付。
http://people.ne.jp/2007/03/08/print20070308_68596.html
22) 「中国の軍事費なお低水準」2006年4月17日付。
http://www.china-embassy.or.jp/jpn/zt/qqq650/t246658.htm
23) この点について、元朝日新聞の軍事ジャーナリストの田岡俊次氏はその著書において、日本の『防衛白書』とこの同じ内容で「かつてアメリカ国防総省が中国公表国防費の名目伸び率を述べていたのは、中国の脅威を訴えるために意図的に「素人だまし」をしていたと考える。このような例は、冷戦時代にソ連の軍事力について述べる際にも多かった」と厳しく批判している。田岡俊次『北朝鮮・中国はどれだけ恐いか』朝日新聞社、2007年、138頁。
24) IISS, *The Military Balance 2007*, p. 341.
25) 為替レートは『中国経済データハンドブック2005年版』（財団法人日中経済協会）、政府支出（国家財政、歳出）は『中国経済データハンドブック2006年版』よりの数字を使う。

26) この点について、田岡俊次氏はその著作で次のように述べている。「そもそも旧ソ連諸国と中国、インドの防衛支出だけは購買力平価で換算し、さらに貧しいパキスタンはじめ他の諸国は市場レートで換算するのだから、ひどく恣意的で一部の国の軍事費を大きく見せたい作為を感じさせる。『ミリタリー・バランス』の示す「防衛支出」の数字を各国軍事費の比較に使うのは、換算の基準がちがうため不正確であることに留意しなければならない。」(同著、前掲書、151頁。)
27) Fareed Zakaria, *The Post-American World*, W W Norton & Co Inc, 2008, p. 17. ファリード・ザカリア（楡井浩一訳）『アメリカ後の世界』徳間書店、2008年、71-72頁。

「ならず者国家」の脅威は厳然として存在する。しかし、これも内容で考慮すべきである。イランのGDPはアメリカの68分の1、軍事費はアメリカの100分の1である。仮に現在を1938年になぞらえるなら、イランは、保守主義者の多くが主張するドイツではなく、ルーマニアに相当する。北朝鮮は、そのイランにも増して金欠で社会機能も麻痺している。北朝鮮からもたらされる最大級の脅威は、内部崩壊によって大量の難民を近隣諸国へ流失させることである。これが力であろうか。「ならず者国家」が近隣とトラブルを起こすならば、適切なチェックと封じ込めを行えばよい。広い世界と比べたとき、「ならず者国家」の存在が小さいことを肝に銘じておく必要がある。(Ibid, p. 17. 同上書、31頁。)
28) 『朝日新聞』2007年9月2日付。

また、中国側の報道によれば、「中国、国連軍事費報告に参加、軍事透明性が向上」として次のように伝えている。「新華社によると、中国の劉振民国連次席大使は8月31日、ニューヨークで国連の軍縮事務担当者と緊急会談し、中国政府が軍事の透明性を高めるために下した二つの決定を伝えた。中国は2007年から「国連軍事費支出透明制度」に参加し、「国連通常兵器登録制度」に復帰する。また、「2006年中国軍事費支出表」と「2006年中国通常兵器譲渡状況表」を提出する。国連は中国側に決定に歓迎の意を示し、潘基文事務総長の国連総会への活動報告の中に盛り込むとした。国連が1992年に立ち上げた「国連通常兵器登録制度」には、これまでに160ヵ国余りが最低一度は報告を登録している。1980年に立ち上げた「国連軍事費支出透明制度」には、110ヵ国余りが最低一度の報告をしている。」『人民網日本語版』2007年9月2日付。
http://www.pekinshuho.com/zxnew/txt/200709/03/content_74592.htm
29) SIPRI, *SIPRI Yearbook 2009*, Table 7A.2.
30) Ibid, Table. 7A.1.

第Ⅲ部　グローバル資本主義と世界の軍拡

第3章　現代の平和の課題

1　テロ事件の背景にある途上国の貧困問題

　2001年9月11日、ニューヨークで悲惨なテロ事件が生じた。それは世界中に大きな衝撃を与え、アメリカとイギリスはその後、アフガニスタンにおいて「テロ報復戦争」を開始し、さらにその後のイラク戦争へと続く。最初の報道では、9月11日のテロ事件での1日の犠牲者は数千人の規模と発表されたが、その後の報道では、当日の死亡者の数は名簿を整理したところ、3000人程度と修正された。

　さて、2001年9月11日のテロ事件は確かに悲惨で衝撃であった。その1日の犠牲者の規模にも世界は驚嘆した。しかしながら、今日の発展途上諸国の貧困の実態を知るとその1日当りの死亡者の規模がそれよりもはるかに大きいことにさらに驚愕させられる。

　たとえば、UNDP（国連開発計画）の『人間開発報告2002』によれば、毎日世界全体で3万人以上の子どもが予防可能な病気で死亡していると報告されている[1]。途上国を中心に貧困からくる栄養失調や病気のために年間1000万人もの子どもの尊い命が失われおり、1日当り3万人以上の子どもの命が貧困という「構造的暴力」によって毎日失われているのである。それは9月11日のテロ事件での1日での死亡者の数の10倍の規模であるが、毎日の報道ではほとんど扱われることがない。

また、最近のエイズに関する国連の報告によれば、2000年末までに2200万人がエイズで死亡し、1300万人の子どもがエイズで母親あるいは両親を失った。世界のエイズ感染者は4000万人以上であり、その90％が途上国の人々である。エイズという病気は現在では「貧者の病気」と呼ばれている。そのエイズによって、年間300万人もの人々が死亡している。1日当たり約8000人の死亡者数であり、これもまた9月11日のテロ事件での1日の犠牲者の数をはるかに上回っている。このように現在の世界では途上国においては貧困のもとで、9月11日のテロ事件より大規模で悲惨な貧しい人々の毎日の生活が存在しているのである。

さて、多くの識者によって「貧困はテロリズムの最大の温床である」と指摘されているが、一部の地域ではパレスチナあるいはアメリカ占領下のイラクのように貧困の上にさらに政治的あるいは民族的抑圧が加わり存在する。そして、人々の絶望と怒りがさらに付け加えられるとテロリズムの爆発となる。

今日のわれわれは、グローバリゼーション（世界経済の一体化）の進行→貧富の拡大→貧困・抑圧・絶望→テロリズムの爆発、という悪循環の深刻な問題に直面している。このグローバリゼーションとテロリズムの悪循環の問題をなんとか解決しなければならない。そのためには、発展途上諸国の深刻な貧困問題すなわち世界の南北問題の解決と世界平和を実現するための国際連帯が最重要な課題となっている。

2 グローバリゼーション下で進行する世界経済の二極化

今日のグローバリゼーション（世界経済の一体化）の基礎には、世界経済において「資本の自由化」、「貿易の自由化」、「金融の自由化」という三つの自由化の進行と「新自由主義」に基づく経済政策の世界的な展開を指摘できるが、それは世界経済の二極化と貧富の格差の拡大をもたらしている。

まず、世界経済の二極化についてみると、UNDP（国連開発計画）の『人間開発報告1996』の報告書のなかでは、次のように指摘している。

1980年からのこの15年間、世界は目覚ましい経済発展をした国々と、前例

第Ⅲ部　グローバル資本主義と世界の軍拡

のない後退をした国々を目のあたりにした。1980年以来、およそ15ヵ国で、世界人口の約4分の1余り、15億人の人口のうちの多くの人々に、所得の急上昇をもたらすという劇的な経済成長の波が押し寄せている。しかしこの期間中に、経済の後退とか不況が100ヵ国に影響を与え、世界人口の4分の1を超える16億人の所得が減少した。平均所得が1980年より減った国が70ヵ国、1970年より減った国が43ヵ国ある。1990年から1993年だけでも平均所得が5分の1またはそれ以上減った国が21ヵ国あり、そのほとんどが東欧と独立国家共同体（CIS）の諸国である。前進の速度はしばしば、およそ2世紀前の産業革命が始まって以来の率を超える勢いだった。後退もまたそれまでに経験したことがないほど期間的にもはるかに長く、深刻さも時には、先進国が1930年代に経験した大恐慌を上回っていた。世界はさらに二極化が進み、世界の貧富の間の隔たりは大きく広がってきた。1993年の世界のGDPの23兆ドルのうち、18兆ドルは先進国のもの、途上国には世界の人口の80％が居住しているにもかかわらずたった5兆ドルに過ぎなかった。二極化は、世界各地における実績にも大きな差異として反映されている。世界人口の半数が居住するアジアの大半で、1980年代には1人当たりの所得で加速的な、しかも目覚ましい伸びが見られた。OECD諸国では、1人当たりの所得では通常緩慢だが堅実な伸びを維持した。しかし、サハラ以南アフリカ、ラテンアメリカおよびカリブ諸国、アラブ諸国、東欧およびCIS諸国の四つのグループの国々で経験した成長の失敗は大きかった。[3)]

　このように、世界経済の二極化については、アメリカや中国などのように経済成長に成功したグループと経済成長に失敗したグループ、すなわちサハラ以南アフリカ、ラテンアメリカおよびカリブ諸国、アラブ諸国（中近東および北アフリカ）、東欧およびCIS諸国（旧「社会主義」諸国）に分類できる。

　そして、このような世界経済の二極化は、世界的な貧富の格差の拡大をもたらしている。同じくUNDP（国連開発計画）の『人間開発報告1999』の報告書のなかでは、その後も世界の「富める国」と「貧しい国」の格差、「富める人々」と「貧しい人々」の所得格差がさらに継続して拡大し、1997年においてはその所得格差は74対1までになったと指摘している。1960年から1997年までの

世界の所得格差をみると、世界の最上位20％（最富裕層）の人々と最下位20％（最貧困層）の人々の所得格差の推移は、1960年には30対1であったが、1970年には32対1、1980年には45対1、1989年には59対1となり、そして1997年には74対1までさらに拡大した。その結果、1990年代末までに世界人口の5分の1にあたる最も高所得の国々の人々が、世界GDPの86％を占める一方、最下層の5分の1は1％を占めるに過ぎなくなってしまった。同様に、世界の最富裕層5分の1の人々が輸出市場の82％を占める一方、最下層5分の1の人々はわずか1％を占めるに過ぎなくなり、前者が海外直接投資の68％を受ける一方、後者は1％を占めるに過ぎなくなった。[4]

　また、世界銀行では1日1ドル未満で生活する人々を「貧困」と規定しているが、世界銀行の2001年版の『世界開発報告』によれば、世界の貧困状況は次のとおりである。

　全世界で豊富のなかに深刻な貧困が存在している。世界人口60億人のうち、半数近い28億人が1日2ドル未満で生活し、5分の1にあたる12億人が1日1ドル未満で生活しており、その44％が南アジアに住んでいる。富裕国では5歳になる前に死亡する幼児は100人に1人以下だが、最貧困国ではその割合は5人に1人に達する。また、富裕国では栄養不良の幼児数は全体の5％に満たないが、貧しい国では50％にもなる。過去100年で世界的な経済状態、各国の連携、技術力がかつてないほど向上し、人間の生活状態が歴史上ないほどに改善されたにもかかわらず、貧困は続いている。世界のなかでも発展する地域は著しく偏っている。経済水準上位20ヵ国では平均収入が下位20ヵ国の37倍にも及ぶが、その格差は過去40年間で倍増した。地域によっては生活にも大きな格差が生じてきている。東アジアでは、1日の生活費が1ドル未満の人口は経済危機（1997年アジア通貨危機）を迎えた後も減少を続け、1987年の4億2000万人から1998年の2億8000万人に減少した。ラテンアメリカ、南アジア、サハラ以南アフリカでは、貧困者の人口は増加している。ヨーロッパの市場経済移行国（旧「社会主義」諸国）や中央アジアの国では1日1ドル未満で生活する人口は20倍以上に激増した。[5]

　ところで、現在の世界においては、1日2ドル未満で生活をしている人々が

28億人、1日1ドル未満で生活をしている貧困の人々が12億人もおり、そのうち8億人が日々の基本的に必要な消費を賄うことができないという現実がある一方で、極めて少数の裕福な人々、「超富裕層」（10億ドル以上の資産を保有する人々、1ドル＝110円で換算して1100億円以上の資産を保有する人々）によって莫大な富の蓄積がなされているという事実もまたもう一つの世界の真実である。

1997年の推計によれば、世界の最も裕福な225人の資産総額は1兆ドルを超えており、これは世界の下位所得層47％（25億人）の年間所得に匹敵する金額である。その超富裕層のなかのトップ3人の資産はサハラ以南アフリカのGDPの合計を超えている。その超富裕層上位32人の富は南アジア全体のGDPよりも大きい。その上位84人の資産は、世界最大の12億人の人口を抱える中国のGDPを上回る。世界の高額所得者225人の国別の内訳を見ると、アメリカが60人（資産総額3110億ドル）、ドイツの21人（1110億ドル）、日本の14人（410億ドル）である。先進国全体で225人のうちの147人（6450億ドル）を占め、途上国は78人（3700億ドル）である。アフリカはわずか2人（37億ドル）で、2人とも南アフリカである[6]。

また、アメリカの経済雑誌『フォーブス』が発表した2004年の長者番付によれば、「超富裕層」の数は、最近の景気回復を反映して前年より111人多い587人と過去最高に達した[7]。

こうして、グローバリゼーションの時代において世界にはごく一握りの「勝ち組」の人々には莫大な富の蓄積がなされ、他方での圧倒的多数の「負け組」の人々は貧困に陥り、世界の人々の貧富の格差が増大している。

3　軍事費という世界的浪費

最近の世界銀行の報告書によれば、現代世界には1日1ドル未満で生活する貧困者は12億人以上おり、1日2ドル未満で生活する人々も28億人も存在する。その一方で、世界は「冷戦」後も軍事費という巨額な浪費を続けている。

世界ではいったいどのくらいの軍事費が支出されているのか。1980年代の「冷戦」時代においては年間約1兆ドル（1ドル＝120円で換算すると、年間120

兆円）もの巨額な金が浪費されていた。世界の軍事費のうち、途上国の軍事費は、「冷戦」時代は年間約2000億ドル（同換算で24兆円）、約20％を占めていた。[8]

「冷戦」後においても途上国の軍事費は減少することなく相変わらず年間2000億ドル台を維持しており、最近のアメリカの軍事資料によれば、1999年の途上国の軍事費は2450億ドル、世界の軍事費の29％を占めている。[9]

UNDP（国連開発計画）の1997年の報告書においても、軍事費を世界的浪費として指摘し、いくつかの事例が示されている。たとえば、1995年の南アジアにおける軍事費は150億ドルであったが、これは1年間に世界中のすべての人に基礎的な保健と栄養を提供するために必要とされる以上の額である。同様に、同年のサハラ以南アフリカの軍事費は80億ドルであったが、これは途上国全体で全員が安全な水と下水設備を手に入れるために年間必要と見積もられている額とほぼ同額である。そして、同年の東アジアの軍事費は510億ドルであったが、これは1年間に途上国全員の基礎教育を行うのに必要とされる額の9倍であった。[10]

世界的に有名なイギリスの国際戦略研究所の『ミリタリー・バランス』によれば、2002年の世界全体の軍事費は8427億ドル、100.0％であり、以下順番に第1位のアメリカが3296億ドル、39.1％を占め、第2位の中国が483億ドル、5.7％、第3位のロシアが480億ドル、5.7％、第4位のフランスが380億ドル、4.5％、第5位の日本が370億ドル、4.4％、第6位のイギリスが352億ドル、4.2％、第7位のドイツが314億ドル、3.7％となっている。平和憲法を持つ日本も軍事費からみると、世界の「7大軍事国家」に入る。[11]

しかし、「冷戦」後の現代世界ではなんといっても、アメリカが世界一の最大の軍事国家であり、パクス・アメリカーナ（直訳はアメリカ支配の「平和」）、アメリカ支配の世界となっている。2001年9月11日テロ事件後のアメリカは軍事力をさらに強化し、2003年度の軍事予算は3900億ドル、一国で世界の40％以上を占める超「軍事大国」へと発展している。

第Ⅲ部　グローバル資本主義と世界の軍拡

4　貧困撲滅のための追加資金

　今日の世界経済においての最大の問題の一つは、「南北問題」と呼ばれている発展途上国を中心とする人々の飢餓と貧困の問題である。絶望的とも思われている世界の貧困問題を解決するためにはいったいどのくらいの追加資金が必要されるのか。それに対しては、UNDP（国連開発計画）の『人間開発報告1997』によれば、年間400億ドルの追加資金があれば解決すると次のように提起している。[12]

　貧困撲滅に要するコストは一般に考えられているよりも少ない。全世界の所得の約1％、最貧国を除くすべての国の国民所得の2～3％に過ぎない。世界所得の0.2％にも満たないこの額は途上国の所得のおよそ1％である。あるいは、戦後復興のためのマーシャル・プランの一部として1948年から52年まで毎年米国がヨーロッパのために使った対GNP比の額の半分である。財源のほとんどは現行予算の再編成から生み出すことができる。基本的社会サービスをすべての人に提供するために、およそ300億ドルは途上国の国家予算から充当することができ、100億ドルは先進国の援助から充当することができるであろう。1995年3月に開催されたコペンハーゲンの国連社会開発サミットで承認され、「人間開発報告」が最初に提案した「20：20構想」（先進国のODAの20％、途上国の国家予算の20％を貧困解決に充てることを目標にする）はこれを実現するであろう。すべての人が基本的社会サービスを利用できるようにし、かつ所得貧困を軽減するための移転支出を実現するためには、効率よく目標を定めればおよそ800億ドルで済むであろう。これは世界の所得全体の0.5％未満であり、世界の7大富豪の純資産の総額よりも少ない。

　すべての人々のための基本的な社会サービス提供のための費用は年間400億ドルであり、その内訳は次のとおりである。(1)すべての人のための基礎教育、60億ドル、(2)基本的な保健医療と栄養、130億ドル、(3)リプロダクティブ・ヘルス（再生産可能な健康維持）と家族計画、120億ドル、(4)安全な水の供給と下水設備、90億ドル。

また、「ミレニアム開発目標（MDGs）達成に向けて」というテーマでまとめられた2003年版の『人間開発報告』によれば、貧困削減のために2015年までにミレニアム開発目標（MDGs）達成するためにはどのくらいの費用（援助）が必要かといえば、毎年最低限1000億ドルの金額であるとしている。2001年における先進国からのODA（政府開発援助）は540億ドル、2002年におけるそれは565億ドルであったが、それにあと毎年最低限500億ドルの貧困削減のための追加資金が必要とされているということである。[13]

前にも示したが、現在の世界の軍事費は年間8000億ドル以上、発展途上国の軍事費だけでも年間2000億ドルを超えている。2002年のアメリカ一国の軍事費だけでも3296億ドル、2003年度の軍事予算は3900億ドルである。2002年の日本の軍事費だけでも370億ドルである。

また、1990年代後半期の1995年から1999年までの5年間の先進国と途上国の資金の流れをまとめると、先進国からの途上国への流入額すなわち途上国が先進国から受け取る援助額（技術協力を含む贈与額）は合計で1430億ドル、年平均286億ドルであった。1990年代後半期においては先進国からのODAは、90年代前半期と比較して、その間の合計で174億ドルの減少、年平均34億ドルの減少であった。それに対して、その間の途上国からの流出額は、利子支払い額が合計で5620億ドル、年平均1124億ドル、その利子支払いを含む債務返済額が1兆5339億ドル、年平均3068億ドル、経常収支勘定がマイナス3469億ドル、年平均マイナス694億ドル、武器輸入額が838億ドル、年平均168億ドルであった。それに加え、その間の途上国の浪費ともいえる軍事費は合計で1兆292億ドル、年平均2058億ドルであった。これらの数字からわかるように、その間の途上国の武器輸入によって先進国からのODA（政府開発援助）の約60％は事実上帳消しとなっているという現実がある。また、この間の毎年の途上国の債務返済額と軍事費の合計額は年平均5126億ドルにも達しており、この額は90年代前半期と比較すると、年平均で1262億ドルも増加している。つまり、この数字から予想できることは、途上国の債務返済と軍事費の両者の巨額な国家支出は途上国経済にとってますます大きな重荷となっているということが明確である。[14]

また、1990年代における先進国の途上国へのODA（政府開発援助）の総額（贈与と借款の合計）は年間約500億ドルであったが、その大部分は貧困撲滅には利用されることはなかったのである。

いずれにせよ、途上国の貧困削減のために年間400億ドルあるいは500億ドルという追加資金を作り出すことは、少なくとも人類にとってまったく不可能な数字ではないことは明白である。問題は世界の政治経済の仕組みであることがわかる。

5 テロ根絶と貧困問題の解決のための課題

この論文では、「貧困はテロリズムの最大の温床である」という視点から、今日のグローバリゼーションの時代において進行する世界経済の二極化と貧富の格差の拡大の現実を指摘すると同時に、主に発展途上諸国の貧困構造について分析し、その経済的諸要因について明らかにしてきた。

最後に、テロ根絶のための課題、特に貧困問題を解決するための課題について極めて限定的ではあるが、問題提起する。

第一に、テロ根絶と世界平和の実現のためにも、世界的浪費である軍事費の拡大を途上国を含むあらゆる国において抑制する必要がある。特に、最貧国ほど軍事費の削減は絶対に必要であり、またアメリカの突出した軍拡は最大の問題である。

第二に、途上国の内戦と戦争の促進要因、ある意味では途上国の軍拡の根元であり、武器輸出によって巨額の利益を得ている先進国あるいは大国の武器貿易は、小型兵器に限定することなく世界的に全面的に禁止する必要がある。

SIPRI（ストックホルム国際平和研究所）の1998年から2002年までの5年間の世界の武器輸出統計によれば、アメリカが377億ドル、40.8％と首位の座を占めて他の国を引き離しており、次いで、第2位のロシアが207億ドル、22.4％、第3位のフランスが83億ドル、9.0％、第4位のドイツが49億ドル、5.3％、第5位のイギリスが48億ドル、5.2％であり、これら上位5カ国合計で764億ドル、82.6％であった。[15] 特に、世界の最大の武器輸出国であるアメリカの場合

は、「軍産複合体」と呼ばれる軍および政府と軍需産業との密接な関係があり、ロッキード社やボーイング社などアメリカの5大軍需企業の経済的利益がその基礎にある。[16]

かつて、世界の市民の力で国際的な運動の展開の結果、1997年に発効した対人地雷全面禁止条約の経緯をみると、核兵器の廃絶運動と同様に武器貿易の全面禁止のための運動も世界平和の実現のためには是非必要であり、それはまたもっとも有効なものと思われる。

第三に、途上国の深刻化する累積債務問題、年々の債務返済費は途上国の大きな経済的負担となっており、今日ではそれは軍事費の支出を大きく上回っているので、最貧国の債務削減は継続する必要がある。

第四に、先進国のODA（政府開発援助）のあり方を根本的に見直す必要があり、それは途上国の貧困削減のために最優先にして使用すべきである。そのためには、先進国のODAに対する国民の関心を高め、その使途を厳密に監視し、批判する必要がある。

第五に、先進国のODAの財源確保および途上国の貧困削減のため資金確保のために、世界的な富の再配分制度について具体的に検討すべきである。これについては、第Ⅱ部第1章において考察したように、各国が積極的に自国の軍事費を削減すると同時に、「トービン税」、「環境税」、「富裕税」などの導入を国際的会議で拘束力を持つ形で検討するべきである。

第六に、日本が世界の平和のために真の意味で国際貢献できるとすれば、現在の平和憲法を擁護し、特に日本国憲法第9条の改憲の動きを批判しなければならない。すなわち、「集団的自衛権」の実現を目指し、自衛隊の「海外派遣」を正当化することは決して「平和国家」日本の真の意味での国際貢献とはならないし、それは世界とアジアの平和にとって日本の最悪の選択肢である。平和憲法を維持し、非軍事の平和的な国際貢献をしてこそ日本は世界とアジアの人々から真の意味で評価されるのである。

1）　UNDP（国連開発計画）『人間開発報告2002』国際協力出版会、2002年、14頁。
2）　同上書、14頁。『朝日新聞』2000年11月25日付。

第Ⅲ部　グローバル資本主義と世界の軍拡

3）UNDP, *Human Development Report 1997*, Oxford University Press, 1997, pp. 2-3. UNDP（国連開発計画）『人間開発報告 1996』、1 - 2 頁。
4）UNDP, *Human Development Report 1999*, p. 3.　UNDP『人間開発報告 1999』、4 頁。
5）世界銀行『世界開発報告 2000/2001』シュプリンガー・フェアラーク東京、2002 年、5 頁。
6）UNDP, *Human Development Report 1998*, p. 30.　UNDP『人間開発報告 1998』、39 頁。
7）『朝日新聞』2004 年 2 月 27 日付。
8）中野洋一「1990 年代前半期における発展途上諸国の軍事費の関する分析」『九州経済学会年報』第 36 集、1998 年。
9）U. S. *Department of State Bureau of Verification and Compliance, World Military Expenditures and Arms Transfers 1999-2000*, pp. 1-2.
10）UNDP『人間開発報告 1997』、126 頁。
11）IISS, *The Military Balance 2003-2004*, pp. 335-340.
12）UNDP『人間開発報告 1997』、138-139 頁。
13）UNDP, *Human Development Report 2003*, pp. 145-148.　UNDP『人間開発報告 2003』、178-181 頁。
14）中野洋一『新版　軍拡と貧困の世界経済論』梓出版社、2001 年、165-166 頁。
15）SIPRI, *SIPRI Yearbook 2003*, pp. 442-443.
16）Ibid., p. 380.

おわりに

　前著『新版　軍拡と貧困の世界経済論』を出版したのが、2001年12月であった。その年の9月11日にはニューヨーク・テロ事件が発生し、アメリカはそれを契機に「対テロ戦争」を大規模に展開し、同年10月にはアフガニスタン戦争、2003年にはイラク戦争を開始した。こうして世界は再びアメリカを先頭にして軍拡の時代に入った。

　また、1991年のソ連「社会主義」崩壊後、世界経済は市場経済によって一体化するグローバリゼーションの時代に突入した。1980年代以降、近代経済学の主役となった「新自由主義」経済学を基礎にして、アメリカ主導の下に資本の自由化、貿易の自由化、金融の自由化が推進され、パクス・アメリカーナが再編・強化されてきた。冷戦期の第一期パクス・アメリカーナとは異なり、冷戦後の第二期パクス・アメリカーナは、アメリカ主導の西欧・日本を含む集団的な世界体制の再編・強化であった。それは途上国に対しては「ワシントン・コンセンサス」とも呼ばれるものであった。その過程において、1995年にはGATTを発展させたWTO（世界貿易機関）が創設された。

　1991年のソ連「社会主義」崩壊後は、全世界が市場経済に包摂され、グローバリゼーションが、特に金融の自由化とIT革命によって一気に進展した。そして、「グローバル資本主義」が出現した。そのなかで大規模なマネーゲームが展開され、世界各地でバブル経済の大好景気とその破綻が繰り返されてきた。そのグローバリゼーションの進展に伴って一握りの富裕層の人々には巨万の富が蓄積される一方で、世界の多数の人々においては貧困化が進行した。先進国においても途上国においても人々の貧富の格差がこれまでになく拡大した。結局、世界全体が「格差社会」となった。

　特に、現代資本主義における「新自由主義」の大きな流れは、資本主義の経済法則がむき出しの形で貫徹することになり、100年以上前に経済学者のカール・マルクスが指摘したように、資本主義発展に伴う一方での富の蓄積と他方

での貧困の蓄積が「資本主義的蓄積の絶対的な一般的な法則」であることを再び証明することとなった。特に、2008年世界金融危機の発生はそれを完全に再び証明した。

このようなグローバル資本主義における世界的な人々の貧富の格差の拡大の問題、特に途上国の貧困問題は、現代資本主義の抱える最も基本的な問題である。テロリズムの温床となっている途上国の貧困を撲滅することなしには、世界平和の実現も非常に困難であることも明らかである。

また、2007年のアメリカのサブプライム問題と2008年9月15日のアメリカの投資銀行リーマン・ブラザーズの破綻を契機に2008年世界金融危機が発生した。それは現代資本主義の矛盾を現実のものとしてわれわれの眼前に突きつけた。1980年代以降の現代資本主義の「新自由主義」の大きな流れはその金融危機によって、大きな転換期を迎えている。2008年世界金融危機の影響は、現在（2010年5月時点）のところ各国政府の巨額な財政出動の結果、少しずつ経済活動が復活しつつあるようにみえるが、まだ完全にその金融危機を乗り切った訳ではない。最近のギリシャ経済危機、ユーロの急激な下落、EU（欧州連合）の動揺は、その金融危機の影響が終了していないことを証明している。これから世界各国の財政赤字の増大となって問題が再び表面化すると予想されている。

さらに、現代資本主義は、アメリカ、中国、ロシア、インドなどの大国の軍拡に加えて、パキスタン、イスラエル、北朝鮮、イランなどの核兵器の開発・拡散の問題にも直面している。

20世紀は「戦争の世紀」と呼ばれたが、21世紀は「環境の世紀」とも呼ばれている。人類の経済活動によって発生する各種の地球環境問題もまた現代資本主義の抱える深刻な問題の一つである。すなわち、「持続可能な開発」（Sustainable Development）が提起されている。

しかし、現代資本主義がこのような多くの重大な問題に直面しつつも、人類が持つ高度な科学技術と生産力、巨額な資金と経済力を人類全体の幸福と「持続可能な経済」（Sustainable Economy）に結びつけなければならない。資本主義の市場原理の無制限の利用は、人々の貧富の格差と不平等をますます大きくすることになる。1980年代以降の「新自由主義」の流れは、その市場原理の無制

おわりに

限の利用であった。また、大国が軍事力や核兵器を世界の覇権の確立のために無制限に利用することは、世界の軍拡を促進し、人類を破滅の危機に追い込み、世界平和の実現をますます困難にする。また、巨額な軍事費の支出は、人類の最大の浪費でもある。

　人類は資本主義の市場原理を制御しながら、どこかで有効な手段を考えつつ、すべての人々の幸福と「持続可能な経済」の実現のためにそれを利用しなければならない。言い換えれば、経済学は人類全体の幸福のために利用されなければならない。

　最後に、この著作では、今日のグローバル資本主義の現状分析を、次の三つの視点から試みた。すなわち、一つには「新自由主義」批判の立場からグローバル資本主義を分析し、二つには世界の拡大する貧富の格差の現状を分析し、三つには世界の軍拡の現状を分析した。この試みがどこまで成功したのか、必ずしも十分であったとは思えないが、現代資本主義の現状分析にとって、少しでも貢献できれば幸いである。

主要参考文献

第Ⅰ部

相沢幸悦『問いかける資本主義』新日本出版社、2009年
飯田和人編『危機における市場経済』日本経済評論社、2010年
石見徹『グローバル資本主義を考える』ミネルヴァ書房、2007年
一井昭『ポリティカル・エコノミー 「資本論」から現代へ』櫻井書店、2009年
伊藤誠『逆流する資本主義』東洋経済新報社、1990年
――『幻滅の資本主義』大月書店、2006年
――『サブプライムから世界恐慌へ 新自由主義の終焉とこれからの世界』青土社、2009年
井上博・磯谷玲『アメリカ経済の新展開』同文舘、2008年
大野泉『世界銀行 開発援助戦略の変革』NTT出版、2000年
大前研一『さらばアメリカ』小学館、2009年
岡村健司編『国際金融危機とIMF』大蔵財務協会、2009年
奥村宏『世界金融恐慌』七つ森書館、2008年
金子勝『長期停滞』ちくま新書、2002年
――『閉塞経済 金融資本主義のゆくえ』ちくま新書、2008年
――、アンドリュー・デウィット『世界金融危機』岩波ブックレット、2008年
――、――『脱「世界同時不況」オバマは金融危機を克服できるか』岩波ブックレット、2009年
榊原英資『間違いだらけの経済政策』日本経済新聞出版社、2008年
――『ドル漂流』朝日新聞出版、2010年
門倉貴史『恐慌第2波』角川新書、2009年
神谷英樹『強欲資本主義 ウォール街の自爆』文春新書、2008年
河音琢郎・藤木剛康『G.W.ブッシュ政権の経済政策』ミネルヴァ書房、2008年
吉川元忠『マネー敗戦』文春新書、1998年
――『経済敗走』ちくま新書、2004年
工藤晃『資本主義の変容と経済危機』新日本出版社、2009年
斉藤叫『世界金融危機の歴史的位相』日本経済評論社、2010年
坂元浩一『IMF・世界銀行と途上国の構造改革』大学教育出版、2008年
関下稔『国際政治経済学の新機軸 スーパーキャピタリズムの世界』晃洋書房、2009年
滝田洋一『世界金融危機 開いたパンドラ』日本経済新聞出版社、2008年
鶴田満彦『現代経済システム論』日本経済評論社、2005年

主要参考文献

寺嶋実郎『経済人はなぜ平和に敏感でなければならないのか』東洋経済新報社、2007年
中谷厳『資本主義はなぜ自壊したのか』集英社インターナショナル、2008年
中空麻奈『早わかりサブプライム不況』朝日新書、2009年
中野洋一『新版　軍拡と貧困の世界経済論』梓出版社、2001年
野口悠紀雄『世界経済危機　日本の罪と罰』ダイヤモンド社、2008年
──『未曾有の経済危機　克服の処方箋』ダイヤモンド社、2009年
──『経済危機のルーツ』東洋経済新報社、2010年
──『世界経済が回復するなか、なぜ日本だけが取り残されるのか』ダイヤモンド社、2010年
萩原伸次郎『米国はいかにして世界経済を支配したか』青灯社、2008年
馬場宏二・工藤章『現代世界経済の構図』ミネルヴァ書房、2009年
松村文武『債務国アメリカの構造』同文舘、1988年
三國陽夫『黒字亡国』文春新書、2005年
──、R・ターガート・マーフィー『円高デフレ』東洋経済新報社、2002年
水野和夫『人々はなぜグローバル経済の本質を見誤るのか』日本経済新聞出版社、2007年
──『金融大崩壊』NHK出版、2008年
三橋貴明『ドル崩壊　今、世界に何が起こっているのか』彩図社、2008年
──『ジパング再来』講談社、2009年
──『本当はヤバくない日本経済』幻冬社、2009年
──『ドル凋落』宝島社新書、2010年
毛利良一『グローバリゼーションとIMF・世界銀行』大月書店、2001年
──『アメリカ金融覇権終わりの始まり　グローバル経済危機の検証』新日本出版社、2010年
森岡孝二『強欲資本主義の時代とその終焉』桜井書店、2010年
本山美彦『金融権力　グローバル経済とリスク・ビジネス』岩波新書、2008年
──『金融危機後の世界経済を見通すための経済学』作品社、2009年
リチャード・クー（楡井浩一訳）『デフレとバランスシート不況の経済学』徳間書店、2003年
──『日本経済を襲う二つの波』徳間書店、2008年
──、村山昇作『世界同時バランスシート不況』徳間書店、2009年
渡辺治・二宮厚美・岡田知弘・後藤道夫『新自由主義か新福祉主義か』旬報社、2009年
経済産業省『通商白書』各年版
ジェトロ『貿易投資白書』各年版
内閣府政策統括官室『世界経済の潮流』各年版
内閣府『年次経済財政報告』各年版

David Harvey, *A Brief History of Neoliberalism*, Oxford, 2005.

（デヴィッド・ハーヴェイ（渡辺治監訳）『新自由主義　その歴史的展開と現在』作品社、2007 年）
David Harvey, *The New Imperialism*, Oxford, 2003.
（デヴィッド・ハーヴェイ（本橋哲也訳）『ニュー・インペリアリズム』青木書店、2005 年）
デヴィッド・ハーヴェイ（本橋哲也訳）『ネオリベラリズムとは何か』青土社、2007 年
Fareed Zakaria, *The Post-American World*, W. W. Norton & Co Inc, 2008.
（ファリード・ザカリア（楡井浩一訳）『アメリカ後の世界』徳間書店、2008 年）
George Soros, *The New Paradigm for Financial Markets : The Credit Crisis of 2008 and What Means*, Public Affairs, 2008.
（ジョージ・ソロス（徳川家広訳）『ソロスは警告する』講談社、2008 年）
George Soros, *The Crisis of Global Capitalism :* Open Society Endangered, Public Affairs, 1998.
（ジョージ・ソロス（大原進訳）『グローバル資本主義の危機』日本経済新聞出版社、1999 年）
George Soros, *The Alchemy of Finance*, Lescher & Lescher Ltd., 1987.
（ジョージ・ソロス（ホーレイ USA, Pacific Advisory & Consultant Co., Ltd. 訳）『ソロスの錬金術』総合法令、1996 年。同著（青柳孝直訳）『新版　ソロスの錬金術』総合法令、2009 年）
Jagdish Bhagwati, *In Defense of Globalization*, Oxford, 2004.
（ジャグディシュ・バグワティ（鈴木主税・桃井緑美子訳）『グローバリゼーションを擁護する』日本経済新聞社、2005 年）
James Petras, *Rulers and Ruled in the US Empire*, Clarity Press, 2007.
（ジェームス・ペトラス（高尾菜つこ訳）『「帝国アメリカ」の真の支配者は誰か』三交社、2008 年）
Joseph E. Stiglitz, *Marking Globalization Work*, W. W. Norton & Co Inc., 2007. (Paperback)
（ジョセフ・E・スティグリッツ（楡井浩一訳）『世界に格差をバラ撒いたグローバリズムを正す』徳間書店、2006 年）
Joseph E. Stiglitz, *Globalization and Its Discontents*, W. W. Norton & Co Inc, 2002.
（ジョセフ・E・スティグリッツ（鈴木主税訳）『世界を不幸にしたグローバリズムの正体』徳間書店、2002 年）
Joseph E. Stiglitz, *Freefall*, W. W. Norton & Co Inc, 2010.
（ジョセフ・E・スティグリッツ（楡井浩一・峯村利哉訳）『フリーフォール』徳間書店、2010 年）
Lester C. Thurow, *The Future of Capitalism*, Penguin Books Ltd., 1996.

(邦訳　レスター・C・サロー（山岡洋一・仁平和夫訳）『資本主義の未来』TBS ブリタニカ、1996 年）
Paul Krugman, *The Conscience of a Liberal*, W. W. Norton & Co Inc., 2007.
（ポール・クルーグマン（三上義一訳）『格差はつくられた』早川書房、2008 年）
Paul Krugman, *The Return of Depression Economics and the Crisis of 2008*, W. W. Norton & Co Inc., 2009.
Paul Starobin, *After America : Narratives for the Next Global Age*, Viking , 2009.
（ポール・スタロビン（松本薫訳）『アメリカ帝国の衰亡』新潮社、2009 年）
Robert Gilpin, *The Challenge of Global Capitalism : The World Economy in the 21st Century*, Princeton University Press, 2000.
（ロバート・ギルピン（古城桂子訳）『グローバル資本主義』東洋経済新報社、2001 年）
Robert B. Reich, *Supercapitalism*, Random House Inc., 2007.
（ロバート・B・ライシュ（雨宮寛・今井章子訳）『暴走する資本主義』東洋経済新報社、2008 年）
Susan George, *Hijacking America : How the Religious and Secular Right Changed What a Americans Think*, Polity, 2008.
（スーザン・ジョージ（森田成也・大屋定晴・中村好孝訳）『アメリカはキリスト原理主義・新保守主義にいかに乗っ取られたのか？』作品社、2008 年）
Susan George, *A Fate Worse Than Debt*, Penguin Books Ltd.,1988.
（スーザン・ジョージ（向壽一訳）『債務危機の真実』朝日新聞社、1989 年）
Susan George Fabrizio Sabelli, *Faith and Credit : The World Bank's Secular Empire*, Penguin Books Ltd., 1994.
（スーザン・ジョージ、ファブリッチ・サベッリ（毛利良一訳）『世界銀行は地球を救えるか』朝日新聞社、1996 年）
スーザン・ジョージ（杉村昌昭・真田満訳）『オルター・グローバリゼーション宣言』作品社、2004 年
Susan Strange, *Casino Capitalism*, Basil Blackwell, 1986.
（スーザン・ストレンジ（小林襄治訳）『カジノ資本主義』岩波書店、1988 年）
Susan Strange, *The Retreat of the State*, Cambridge University Press, 1996.
（スーザン・ストレンジ（櫻井公人訳）『国家の退場』岩波書店、1998 年）
Susan Strange, *Mad Money*, Manchester University Press, 1998.
（スーザン・ストレンジ（櫻井公人・櫻井純理・高嶋正晴訳）『マッド・マネー』岩波書店、1999 年）
アディスン・ウィギン＆ケート・インコントレラ（楡井浩一訳）『借金大国アメリカの真実』東洋経済新報社、2009 年
アマルティア・セン（鈴村興太郎訳）『不平等の経済学』東洋経済新報社、2000 年

――（石塚雅彦訳）『自由と経済開発』日本経済新聞出版社、2000 年
――（大石りら訳）『貧困の克服』集英社新書、2002 年
――（東郷えりか訳）『人間の安全保障』集英社新書、2006 年
――（加藤幹雄訳）『グローバリゼーションと人間の安全保障』日本経団連出版、2009 年
ブルーノ・アマーブル（山田鋭夫他訳）『五つの資本主義』藤原書店、2005 年
ジャック・アタリ（林昌宏訳）『金融危機後の世界』作品社、2009 年
ミシェル・アルベール（小池はるひ訳）『資本主義対資本主義』竹内書店新社、1992 年
ポリー・トインビー＆デイヴィット・ウォーカー（青島淑子訳）『中流社会を捨てた国 格差先進国イギリスの教訓』東洋経済新報社、2009 年
ラリー・エリオット＆ダン・アトキンソン（グリーン裕美・阪本章子訳）『市場原理主義の害悪 イギリスからの眺め』PHP 研究所、2009 年
ロバート・J・バーバラ（菊池正俊訳）『資本主義のコスト』洋泉社、2009 年
R・ボアイエ（山田鋭夫訳）『資本主義対資本主義』藤原書店、2005 年
宋鴻兵（橋本碩也監訳）『ロスチャイルド、通貨強奪の歴史とそのシナリオ』ランダムハウス講談社、2009 年（原題、通貨戦争）
IMF, *World Economic Outlook*, various years.
IMF, *Global Financial Stability Report*, April 2009.
OECD, *OECD Economic Outlook*, various years.
SIPRI, *SIPRI Yearbook*, various years.
UNCTAD, *World Investment Report*, various years.

（その他）
日本銀行「外国為替およびデリバティブに関する中央銀行サーベイ（2004 年 4 月中取引高調査）について：日本分集計結果」2004 年 9 月 29 日付（日本銀行ホームページより入手）
中野洋一「グローバリゼーションにおける世界の軍事費についての分析」『九州国際大学国際関係学論集』第 1 巻第 1・2 合併号、2006 年
――「9・11 事件後の世界の軍拡」『アジアアフリカ研究』第 47 巻第 4 号、2007 年
――「1991 年以降の世界経済の特徴についての考察」『アジアアフリカ研究』第 50 巻第 2 号、2010 年

第Ⅱ部

第 1 章
吾郷健二『グローバリゼーションと発展途上国』コモンズ、2003 年
門倉貴史『マネーロンダリング』青春出版社、2006 年

主要参考文献

久保巌『世界財界マップ』平凡社新書、2002年
白井早由里『マクロ開発経済学』有斐閣、2005年
橘木俊詔『封印される不平等』東洋経済新報社、2004年
── ・浦川邦夫『日本の貧困研究』東京大学出版会、2006年
橘玲『マネーロンダリング入門 国際金融詐欺からテロ資金まで』幻冬社新書、2006年
中野洋一『新版 軍拡と貧困の世界経済論』梓出版社、2001年
本庄資『米国財務省IRS-CI捜査 米国マネーロンダリング』税務経理協会、2006年
山田満編『新しい国際協力』明石書店、2010年

David Rothkoph, *Superclass*, Farrar, Straus and Giroux, 2009. (paperback)
　（デヴィッド・ロスコフ（河野純治訳）『超・階級スパークラス』光文社、2009年）
Jeffrey D. Sachs, *The End of Poverty*, Penguin Books Ltd., 2005.
　（ジェフリー・サックス（鈴木主税・野中邦子訳）『貧困の終焉』早川書房、2006年）
Jeffrey D. Sachs, *Common Wealth*, Penguin Books Ltd., 2008.
　（ジェフリー・サックス（野中邦子訳）『地球全体を幸福にする経済学』早川書房、2009年）
ブリュノ・ジュタン（和仁道郎訳）『トービン税入門 新自由主義的グローバリゼーションに対抗するための国際戦略』社会評論社、2006年
ウィリアム・ブリテェィン・キャトリン（森谷博之監訳）『秘密の国オフショア市場』東洋経済新報社、2008年
エルネスト・バックス＆ドゥニ・ロベール（藤野邦夫訳）『マネーロンダリングの代理人 暴かれた巨大決済会社の暗部』徳間書店、2002年
クリスチアン・シャヴァニュー＆ロナン・パラン（杉村昌昭訳）『タックスヘイブン』作品社、2007年
リチャード・ウィルキンソン＆ケイト・ピケット（酒井泰介訳）『平等社会 経済成長に代わる次の目標』東洋経済新報社、2010年
OECD, Growing Unequal ? Income Distribution and Poverty in OECD Countries, 2008.
OECD, Are we growing unequal ?, October 2008.
UNDP, *Human Development Report*, various years.
UNAIDS, 2008 Report on the Global AIDS Epidemic.
龍野裕香「世界貿易の6割が通過するタックスヘイブンの影響力」『週刊エコノミスト』2009年6月16日号
──「世界で動き出す『租税回避地』規制」『週刊エコノミスト』2009年6月16日号
中野洋一「9・11事件後の世界の軍拡」『アジアアフリカ研究』第47巻第4号、2007年
──「2008年世界金融危機とカジノ資本主義」『九州国際大学国際関係学論集』第4巻第1・2合併号、2009年
──「拡大する世界的貧富の格差」『九州国際大学社会文化研究所紀要』第64号、2009年

山口和之「タックス・ヘイブン規制の強化」『レファレンス』平成21年11月号
『朝日新聞』
『産経新聞』
『しんぶん赤旗』
（ホームページ）
世界銀行　http://web.worldbank.org
OECD　http://www.oecd.org
フォーブス　http://www.forbes.com

第2章
赤間剛『巨大財閥の秘密　ロックフェラーからロスチャイルドまで』三一新書、1994年
朝日新聞「分裂にっぽん」取材班『分裂にっぽん』朝日新聞社、2007年
井上博・磯谷玲『アメリカ経済の新展開』同文舘、2008年
大竹文雄『日本の不平等』日本経済新聞社、2005年
大塚秀之『格差国家アメリカ』大月書店、2007年
河音琢郎・藤木剛康『G. W. ブッシュ政権の経済政策』ミネルヴァ書房、2008年
小林由美『超・格差社会アメリカの真実』日経BP社、2006年
紺谷典子『平成経済20年史』幻冬舎新書、2008年
坂井誠『現代アメリカの経済政策と格差』日本評論社、2007年
佐藤唯行『アメリカのユダヤ大富豪』PHP研究所、2004年
週刊ダイヤモンド編『雇用危機』ダイヤモンド社、2009年
滝田洋一『世界金融危機　開いたパンドラ』日本経済新聞出版社、2008年
橘木俊詔『封印される不平等』東洋経済新報社、2004年
────・森剛志『日本のお金持ち研究』日本経済新聞社、2005年
────・浦川邦夫『日本の貧困研究』東京大学出版会、2006年
────『格差社会』岩波新書、2006年
堤未果『ルポ貧困大国アメリカ』岩波新書、2008年
────『ルポ貧困大国アメリカⅡ』岩波新書、2010年
鶴田満彦『グローバル資本主義と日本経済』櫻井書店、2009年
中野洋一『新版　軍拡と貧困の世界経済論』梓出版社、2001年
野村康平『大貧困社会』角川新書、2009年
野村総合研究所『新世代富裕層の「研究」』東洋経済新報社、2006年
萩原伸次郎『米国はいかにして世界経済を支配したか』青灯社、2008年
橋本健二『貧困連鎖』大和書房、2009年
浜矩子『スラム化する日本経済』講談社新書、2009年
広瀬隆『資本主義崩壊の首謀者たち』集英社新書、2009年

森岡孝二『貧困化するホワイトカラー』ちくま新書、2009年
――『強欲資本主義の時代とその終焉』桜井書店、2010年
森永卓郎『年収崩壊』角川新書、2007年
みずほ総合研究所『雇用断層の研究』東洋経済新報社、2009年
山田昌弘『希望格差社会』筑摩書房、2004年
――『ワーキングプア時代』文藝春秋、2009年
厚生労働省『厚生労働白書』各年版
内閣府『年次経済財政報告』各年版

David Rothkoph, *Superclass*, Farrar, Straus and Giroux, 2009.（paperback）
　（デヴィッド・ロスコフ（河野純治訳）『超・階級　スパークラス』光文社、2009年）
デヴィッド・K.シプラー（森岡孝二・川人博・肥田美佐子訳）『ワーキング・プア　アメリカの下層社会』岩波書店、2007年
John Iceland, *Poverty in America : A Handbook*, University of California Press, 2003.
　（ジョン・アイスランド（上野正安訳）『アメリカの貧困問題』シュプリンガー・フェアラーク東京、2005年）
Lester C. Thurow, *The Future of Capitalism*, Penguin Books Ltd., 1996.
　（邦訳　レスター・C・サロー（山岡洋一・仁平和夫訳）『資本主義の未来』TBSブリタニカ、1996年）
Paul Krugman, *The Conscience of a Liberal*, W. W. Norton & Co Inc., 2008.
　（ポール・クルーグマン（三上義一訳）『格差はつくられた』早川書房、2008年）
Robert B. Reich, *Supercapitalism*, Vintage Books, 2008.
　（ロバート・ライシュ（雨宮寛・今井章子訳）『暴走する資本主義』東洋経済新報社、2008年）
OECD, Growing Unequal ? Income Distribution and Poverty in OECD Countries, 2008.
Economic Report of the President, various years.
『朝日新聞』
『読売新聞』
（ホームページ）
OECD　http://www.oecd.org
フォーブス　http://www.forbes.com
野村総合研究所　http://www.nri.co.jp

第3章
阿古智子『貧者を喰らう国　中国格差社会からの警告』新潮社、2009年
荒井利明『現代中国入門　共産党と社会主義はどう変わったか』日中出版、2009年
井村秀文『中国の環境問題　今なにが起きているのか』化学同人、2007年

大西康雄編『中国胡錦濤政権の挑戦』アジア経済研究所、2006年
――編『中国調和社会への模索　胡錦濤政権二期目の課題』アジア経済研究所、2008年
王文亮『九億農民の福祉』中国書店、2004年
――『格差で読み解く現代中国』ミネルヴァ書房、2006年
――『格差大国中国』旬報社、2009年
加々美光行『中国の民族問題』岩波現代文庫、2008年
加藤弘之・久保亮『進化する中国の資本主義』岩波書店、2009年
関志雄『中国経済革命最終章』日本経済新聞社、2005年
――『中国を動かす経済学者たち』東洋経済新報社、2007年
――・朱建栄・日本経済研究センター・清華大学国状研究センター編『中国は先進国か』勁草書房、2008年
――編『中国の経済大論争』勁草書房、2008年
――編『中国経済成長の壁』勁草書房、2009年
関志雄『チャイナ・アズ・ナンバーワン』東洋経済新報社、2009年
興梠一郎『中国巨大国家の底流』文藝春秋、2009年
朱建栄『中国第三の革命』中公新書、2002年
厳善平『農村から都市へ　1億3000万人の農民大移動』岩波書店、2009年
園田茂人『不平等国家中国』中公新書、2008年
谷口洋志・朱珉・胡水文『現代中国の格差問題』同友館、2009年
張志雄・高田勝巳『中国株式市場の真実』ダイヤモンド社、2007年
薛進軍・荒山裕行・園田正編著『中国の不平等』日本評論社、2008年
野口悠紀雄『世界経済が回復するなか、なぜ日本だけが取り残されるのか』ダイヤモンド社、2010年
野村総合研究所・此本臣吾編著『2015年の中国　胡錦濤政権は何を目指すのか』東洋経済新報社、2008年
藤野彰編『中国環境報告　増補改訂版』日中出版社、2007年
真家陽一『米金融危機が中国を変革する』毎日新聞社、2009年
増田秀樹『階級のない国の格差　誰も知らない中国労働事情』教育評論社、2009年
馬成三『図でわかる中国経済』蒼蒼社、2009年
丸川哲史『ポスト改革開放の中国』作品社、2010年
三橋貴明『本当にヤバイ！中国経済』彩図社、2008年
――『中国経済・隠された危機』PHP研究所、2009年
横山宏章『中国の異民族支配』集英社新書、2009年
読売新聞中国取材団『膨張中国』中公新書、2006年
Alexandra Harney, *The China Price*, Penguin Books Ltd, 2008.
　（アレクサンドラ・ハーニー（漆嶋稔訳）『中国貧困絶望工場』日経BP社、2008年）

David Harvey, *A Brief History of Neoliberalism*, Oxford, 2005
（デヴィッド・ハーヴェイ（渡辺治監訳）『新自由主義　その歴史的展開と現在』作品社、2007 年）
デヴィッド・ハーヴェイ（本橋哲也訳）『ネオリベラリズムとは何か』青土社、2007 年
David Rothkoph, *Superclass*, Farrar, Straus and Giroux, 2009. (paperback)
（デヴィッド・ロスコフ（河野純治訳）『超・階級』光文社、2009 年）
エリザベス・エコノミー（片岡夏実訳）『中国環境レポート』築地書館、2005 年
スーザン・L・シャーク（徳川家広訳）『中国危うい超大国』NHK 出版、2008 年
ルパート・フーゲワーク（漆嶋稔訳）『中国の赤い富豪』日経 BP 社、2006 年
仲大軍（坂井臣之介訳）『中国は世界恐慌にどこまで耐えられるか』草思社、2009 年
陳桂棣・春桃（納村公子・椙椙雅美訳）『中国農民調査報告』文藝春秋、2005 年
『産経新聞』
『朝日新聞』
（ホームページ）
ジェトロ　http://www.jetoro.go.jp
フォーブス　http://www.forbes.com
日本外務省　http://www.mofa.go.jp
中国人民網日本語版　http://j.people.com.cn
世界銀行　http://web.worldbank.org

第Ⅲ部

井上博・磯谷玲編『アメリカ経済の新展開』同文舘、2008 年
茅原郁生『中国の軍事力』蒼蒼社、2008 年
河音琢郎・藤木剛康編『G. W. ブッシュ政権の経済政策』ミネルヴァ書房、2008 年
坂井昭夫『軍拡経済の構図』有斐閣、1984 年
本山美彦『「帝国」と破綻国家　アメリカの「自由」とグローバル化の闇』ナカニシヤ出版、2005 年
──『民営化される戦争　21 世紀の民族紛争と企業』ナカニシヤ出版、2004 年
田岡俊次『北朝鮮・中国はどれだけ恐いか』朝日新聞社、2007 年
中野洋一『新版　軍拡と貧困の世界経済論』梓出版社、1991 年
藤岡惇『グローバリゼーションと戦争　宇宙と核の覇権をめざすアメリカ』大月書店、2004 年
防衛省編『防衛白書』各年版

IISS, *Military Balance*, various years.
Office of the Secretary of Defense, *Annual Report to Congress Military Power of the*

People's Republic of China, various years.
SIPRI, *SIPRI Yearbook*, various years.
U. S. ACDA, *World Military Expenditures and Arms Transfers*, various years.
UNDP, *Human Development Report*, various years.
US Department of Defence, Fiscal Year 2009 Global War on Terror Bridge Request, May 2008.
The World Bank, *Global Development Finance*, various years.
The World Bank, *World Development Report*, various years.
Andrew T. H. Tan(ed.), *The Global Arms Trade : A Handbook*, Routedge, 2010.
Chalmers Johnson, The economic disaster that is military keynesianism, 2008.
（チャルマーズ・ジョンソン（川井孝子・安濃一樹 訳）「軍事ケインズ主義の終焉」『世界』2008年4月号所収）
Joseph E. Stiglitz & Linda J. Bilmes, *The Tree Trillion Dollar War*, Penguin Books Ltd., 2008.
（ジョセフ・E・スティグリッツ、リンダ・ビルムズ（楡井浩一訳）『世界を不幸にするアメリカの戦争経済』徳間書店、2008年）
Paul Poast, *The Ecnomics of War*, McGraw-Hill Irwin, 2006.
（ポール・ポースト（山形浩生訳）『戦争の経済学』バジリコ、2007年）
ヘレン・カルディコット（岡野内正・ミグリアーチ慶子訳）『狂気の核武装大国アメリカ』集英社新書、2008年
ヘレン・カルディコット&グレイグ・アイゼンドラス（植田那美・益岡賢訳）『宇宙開発戦争　ミサイル防衛と宇宙ビジネスの最前線』作品社、2009年
茅原郁生「米の中国軍事力報告に見る2つの注目点　抑止と関与の複眼的戦略」『世界週報』2006年8月1日号
「ドキュメント　米国防総省の中国の軍事力に関する報告書（抄訳）2006年版」『世界週報』2006年8月1日号収録
茅原郁生「なお不十分な軍事的透明性　中国の『国防白書』2006年版を分析する」『世界週報』2007年3月13日号
中内康夫「中国の軍事力　米国防総省報告書の注目点」『立法と調査』No. 261、2006年10月
中野洋一「テロ根絶と国際連帯」『日本の科学者』2004年8月号
――「グローバリゼーションにおける世界の軍事費についての分析」『九州国際大学国際関係学論集』第1巻第1・2合併号、2006年
――「9・11事件後の世界の軍拡」『アジアアフリカ研究』第47巻第4号、2007年
――「今日の軍拡とアメリカの軍事費」『九州経済学会年報』第47集、2009年

謝　　辞

　最初に、この著作は、2010年度(平成22年度)九州国際大学国際関係学会の研究書出版助成を受けて刊行された。国際関係学会の関係者に深く感謝する。
　さて、この著作はいくつかのことが重なり幸いにも出版されることになった。
　若い時代には、何かを成したとき、それがあたかも自分だけの努力と能力によって成されたと思うことがある。しかし、年齢や社会経験をだんだん重ねていくうちに、ある仕事の成功の陰には様々な人々の直接的および間接的な協力と援助、心からの助言や励ましがあり、それらによって初めて一つの仕事の成功があることを少しずつ理解できるようになる。それを考えるときには、やはり多くの感謝の言葉が必要になる。
　「はじめに」においてこの著作の出版にはいくつかの契機があったと述べたが、その最大の契機は2008年世界金融危機の発生であった。しかし、それがすべてではない。
　いくつかの契機の一つが、この間において地域での多数の講演の機会を持ったことであった。北九州市、福岡市、長崎市などのいろいろな市民団体、平和団体、NGO、教会、労働組合、地元の北九州市年長者大学校(周望学舎・穴生学舎)などから多くの講演依頼を受け、ここ数年は毎年10回前後も、世界経済情勢、途上国の貧困問題、世界の軍拡、世界平和の問題などをテーマとして講演を継続して持つ機会が与えられた。2001年から学部主事(副学部長)を2年、学部長を4年と大学の役職を6年もしたが、その間も大学行政の仕事で多忙だったにもかかわらず、その講演準備のためにそれらの研究を継続する気持ちと情熱が途切れなかったことは本当に幸いであった。その意味で、講演に招いてくれた関係者の皆さん、講演を熱心に聴いていただいた市民の方々、質問をしていただいた人々に本当に感謝している。この間の多数の講演で扱ったテーマをこの著作にまとめて出版することができたことを本当に感謝している。
　また、もう一つ出版を決心させたことは、最近話題の二冊の本を読んだこと

であった。水月昭道『高学歴ワーキングプア』光文社新書（2007年）、同著『アカデミア・サバイバル「高学歴ワーキングプア」から抜け出す』中公新書ラクレ（2009年）の二冊である。それは、大学院博士課程を修了したいわゆる「オーバードクター」、博士学位を取得したいわゆる「ポス・ドク」と呼ばれる研究者、非常勤講師で生活している数万人ともいわれる若手研究者たちの現状とその制度的な問題点が書かれているものである。それを読みながら、私自身の10年少し前の非常勤講師時代の生活、今でもあまり楽しく語れない生活の日々を思い出した。ほとんど無名な地方私立大学とはいえ、その専任教員と非常勤講師の研究条件の差は、いわば「天国」と「地獄」の差といえる。その意味で、必ずしも十分とはいえないがある程度恵まれた研究条件を与えられている現在の自分の環境に心より感謝している。しかし、それと同時に、機会と研究条件に恵まれない実に多くの若手研究者の苦労を思うとき、また私自身のこれまでの研究生活を振り返るとき、さらに大学の現状、特に研究条件が与えられ恵まれた専任教員の現状をみるとき、心の中で大いに期するものがあった。これについては思うところは非常に多いが、これ以上ここで書くことは控えることにしよう。

　さらに、もう一つの契機は、昨年（2009年）になって私自身の健康をやっと取り戻したことであった。大学の役職を終えた後しばらくは健康を害してなかなか体力と気力が充実することがなかった。どんなに条件と時間に余裕があったとしても、研究に対する情熱と体力・気力が伴わないと良い研究はできない。日々の健康を与えられていることにも感謝している。

　さて、これまでの研究生活を振り返ってみると、実に、多くの恩師、多くの研究者としての仲間と友人にも恵まれたことに感謝している。最後に、ここで少しお礼の言葉を述べたい。

　北海道時代からの橋本左内牧師先生、北星学園大学時代の指導教授の小島仁先生、明治大学大学院時代の指導教授の故柴田政利先生、堀中浩先生、阪東宏先生、故石田貞夫先生、中村邦詮先生、法政大学の土生長穂先生、小澤光利先生、駒沢大学の瀬戸岡紘先生、政治経済研究所の小谷崇先生に感謝しています。東京時代の研究会仲間の松下冽氏（立命館大学）、河合恒生氏、平井文子氏、岡野

謝　辞

内正氏（法政大学）、太田和宏氏（神戸大学）、奥本栄一氏、鄭章淵氏（駒沢大学）、文京洙氏（立命館大学）、山崎圭一氏（横浜国立大学）に感謝しています。明治大学大学院時代の楽しくもあり苦しかった時期の良き研究仲間たちに感謝しています。また、芳賀寛氏（中央大学）、上条勇氏（金沢大学）に感謝しています。

東京での大学院時代において出逢い、豊かな導きと励ましを受けた故高木幹太牧師先生、相沢建司牧師先生に感謝しています。九州国際大学の前任者であった和田幸子先生に感謝しています。私の前任の学部長、元朝日新聞社ソウル支局長の小林慶二先生（アジア共生学会初代会長）に感謝します。大学の共同研究で一緒に仕事した坂井宏光氏（福岡工業大学）、重田康博氏（宇都宮大学）に感謝します。同じ職場の良き友人たちに感謝します。

また、吉田真広氏（駒沢大学経済学部）、若林幸男氏（明治大学商学部）、山田満氏（早稲田大学社会科学部）には、研究仲間としてまた良き友人として感謝しています。

法律文化社の小西英央氏には今回の出版についていろいろとお世話になったことに感謝しています。小西氏との出逢いがあったおかげで、この著作が無事に刊行されたと思っています。

最後に、北九州にていつも温かく導いてくださる福島義人牧師先生と日々の健康を気にかけてくれる妻嘉子に心より感謝しています。

　　　2010年5月吉日

初出論文の一覧

この著作の初出論文は、以下のとおりである。

（1）「1991年以降の世界経済の特徴についての考察」『アジアアフリカ研究』第50巻第2号、2010年。
第Ⅰ部「グローバル資本主義と『新自由主義』」の第1章「1991年以降の世界経済の動向」、第3章「グローバリゼーションをどのようにとらえるか」に加筆・修正して所収。

（2）「2008年世界金融危機とカジノ資本主義」『九州国際大学国際関係学論集』第4巻第1・2合併号、2009年。
第Ⅰ部「グローバル資本主義と『新自由主義』」の第2章「2008年世界金融危機と『カジノ資本主義』」に加筆・修正して所収。

（3）「拡大する世界的貧富の格差」『九州国際大学社会文化研究所紀要』第64号、2009年。
第Ⅱ部「グローバル資本主義と世界の貧富の拡大」の第1章「世界の拡大する貧富の格差」に加筆・修正して所収。

（4）「日本・アメリカの拡大する貧富の格差」『九州国際大学国際関係学論集』第5巻第1・2合併号、2010年。
第Ⅱ部「グローバル資本主義と世界の貧富の拡大」の第2章「日本・アメリカの拡大する貧富の格差」に加筆・修正して所収。

（5）「中国の拡大する貧富の格差」『九州国際大学社会文化研究所紀要』第65号、2009年。
第Ⅱ部「グローバル資本主義と世界の貧富の拡大」の第3章「中国の拡大する貧富の格差」に加筆・修正して所収。

（6）「グローバリゼーションにおける世界の軍事費についての分析」『九州国際大学国際関係学論集』第1巻第1・2合併号、2006年。
第Ⅲ部「グローバル資本主義と世界の軍拡」の第1章「冷戦後の世界の軍事費」に加筆・修正して所収。

（7）「9・11事件後の世界の軍拡」『アジアアフリカ研究』第47巻第4号、2007年。
第Ⅲ部「グローバル資本主義と世界の軍拡」の第2章「9.11事件後の世界の軍拡」に加筆・修正して所収。

（8）「今日の軍拡とアメリカの軍事費」『九州経済学会年報』第47集、2009年。
第Ⅲ部「グローバル資本主義と世界の軍拡」の第2章「9.11事件後の世界の軍拡」に加筆・修正して所収。

（9）「テロ根絶と国際連帯の課題」『日本の科学者』2004年8月号。
第Ⅲ部「グローバル資本主義と世界の軍拡」の第3章「現代の平和の課題」に加筆・修正して所収。

英文コンテンツ

Global Capitalism with Expansion of Armaments and Poverty

Yoichi Nakano

2010   Horitsu Bunka Sha, Kyoto, Japan

Contents

Foreword
List of Tables and Figures
List of Acronyms

Part One
Global Capitalism and Neo-liberalism

Chapter 1. Trends of World Economy after 1991
  (1) Three Recessions in World Economy after 1991
  (2) Change in Unemployment Rates in Developed Economies
  (3) Change in Consumer Price Indices in Developed Economies
  (4) Budget Deficit in Developed Economies
  (5) FDI and Trade in the World
  (6) Portfolio Investment and Financial Assets in the World
  (7) Military Expenditures in the World and the US

Chapter 2. Global Financial Crisis of 2008 and Casino Capitalism
  (1) Casino Capitalism and Neo-liberalism
  (2) Problem of Subprime Loans and Global Financial Crisis of 2008
  (3) Is Global Financial Crisis of 2008 a Second Great Depression?
  (4) Change of Capitalism to Casino Capitalism
  (5) Victory of Deficit America and Defeat of Surplus Japan in Money War

(6) Washington Consensus and Developing Countries
(7) Conclusion

Chapter 3. What is Globalization?
(1) Some Views of Globalization
(2) Characteristics of Contemporary Global Capitalism
(3) Conclusion

Part Two
Global Capitalism and Growing Gap between Rich and Poor in the World

Chapter 1. Growing Inequalities between Rich and Poor in the World
(1) Poverty in Developing Countries
(2) Poverty in Developed Countries
(3) World's Billionaires and Tax Havens
(4) Some Case Studies of Tax Havens
(5) Revenue for Reduction of Poverty
(6) Conclusion

Chapter 2. Growing Inequalities between Rich and Poor in Japan and America
(1) Gap-widening Society in Japan
(2) Rich and Poor in Japan
(3) Gap-widening Society in America
(4) Rich and Poor in America
(5) Similar Policies in Japan and America
(6) Conclusion

Chapter 3. Growing Inequalities between Rich and Poor in China
(1) Economic Growth by Reform and Open-door Policies
(2) Gap-widening Society in China
(3) Chinese Red Wealth
(4) Poor People in China
(5) Poor Workers in Socialist Market Economy
(6) Hu Jintao's Reform for Harmonious Society
(7) Conclusion

Part Three
Global Capitalism and Expansion of Armaments in the World

Chapter 1. Expansion of Armaments in the Post-Cold War World
(1) World Military Expenditures by US Department of State
(2) World Military Expenditures in the Post-Cold War
(3) World Military Expenditures by Market Exchange Rates and Purchasing Power Parity
(4) Military Expenditures and Spending for Education and Health in the World
(5) Globalization and Expansion of Armaments
(6) Conclusion

Chapter 2. Expansion of Armaments in the World after 9/11
(1) World Military Expenditures in 1990's
(2) World Military Expenditures by SIPRI
(3) World Military Expenditures by IISS
(4) Hidden Military Expenditures in the US
(5) Hidden Military Expenditures in the PRC
(6) World Arms Trade
(7) Conclusion

Chapter 3. Problems for Realizing World Peace
(1) Poverty in Developing Countries as Background of Terrorism
(2) Growing Gap between Rich and Poor because of Globalization
(3) Military Expenditures as Huge Waste
(4) Additional Aid for Reducing Poverty
(5) Extermination of Terrorism and Solutions for Poverty

Afterword
Bibliography
Acknowledgments
Index

Nakano, Yoichi Ph. D., 1953-
Professor at Kyusyu International University, Kitakyusyu, Japan

索　引

あ行

アイスランド，ジョン　146
赤い富豪　166
アジア通貨危機　18
IT革命　5, 193
アタリ，ジャック　46
失われた10年
　（途上国）　55, 194
　（日本）　5, 10
王文亮　173
大きな政府　14, 77
億万長者　79, 97-99, 104, 116, 210

か行

格差社会　79, 85, 96, 119, 125, 138, 154, 162
カジノ資本主義　22, 25, 33, 41, 78, 85
関志雄　160, 184
吉川元忠　48, 61
クルーグマン，ポール　34, 138
グローバリゼーション　33, 68, 73, 77, 85, 193, 210, 253, 260
グローバル資本主義　33, 74, 79-81, 263
軍事費
　（世界）　26-27, 194-195, 197-199, 201, 212-216, 222-223, 256-257
　（アメリカ）　28-30, 117-118, 196-197, 205, 217-220, 226-230
　（中国）　182, 197, 217-218, 221, 225, 232-241
　（途上国）　194-195, 198-199, 205-207, 257
経済協力開発機構（OECD）　4, 17-18, 91-96, 107, 111-112
ケインズ経済学　14, 77, 139, 193

小林由美　142
構造調整政策（SAP）　53, 64
国際通貨基金（IMF）　25, 38, 53, 57
国連児童基金（UNICEF）　88

さ行

債務（途上国）　206, 259, 261
ザカリア，ファリード　82, 240, 251
サックス，ジェフリー　117
サロー，レスター・C　151
ジョージ，スーザン　34, 59, 73
ジョンソン，チャルマーズ　228
G7　111
G20　37, 106-107
新興工業経済地域（NIEs）　7, 46
新興国　7, 46
新自由主義（ネオ・リベラリズム）　14, 33-34, 77, 139, 153, 161, 183, 184-185, 193, 209, 253, 264
新自由主義経済学　14, 33, 77, 139, 153, 184-185, 193, 231
新帝国循環　56
新保守主義　34, 80
スタグフレーション　11, 70
スティグリッツ，ジョセフ・E　22, 28, 57, 71, 229-230
ストレンジ，スーザン　41
政府開発援助（ODA）　55, 116, 228, 259-260
世界金融危機　6, 10, 35-37, 40
世界貿易機関（WTO）　59, 68, 70
石油輸出国機構（OPEC）　67, 76
ゼロ金利政策　10, 45
セン，アマルティア　72
ソロス，ジョージ　54-55, 61, 68-70

た 行

対テロ戦争（GWOT） 13, 26-27, 29, 226-229, 247
第二次冷戦 246
ダウンサイジング 9, 151-152
田岡俊次 237, 248, 250-251
タックスヘイブン 85, 102, 106-108
橘木俊詔 135, 149
仲大軍 180-181
小さな政府 14, 77, 139, 193, 209
堤未果 149
帝国循環 48-49, 55, 61, 77
デフレ経済 11

な 行

南北問題 258

は 行

ハーニー, アレクサンドラ 175
パクス・アメリカーナ 76-77, 80, 193, 202, 209, 246
バグワティ, ジャグディシュ 58, 70-71, 208
バブル経済 67
ハーヴェイ, デヴィッド 161, 184-185
橋本健二 137
ビリオネアー 79, 97, 114, 116, 210
貧困
　（世界） 79, 162, 252-253, 255
　（先進国） 79, 91-96, 126, 137, 146-149
　（途上国） 79, 86-91, 252-253, 255
　（中国） 87, 162, 173-174
フーゲワーク, ルパート 171
双子の赤字 78, 231
富裕層
　（世界） 24, 79, 97-100, 105, 114, 116, 256
　（アメリカ） 98-99, 140-142, 143-145
　（日本） 98-99, 132-136
　（中国） 98-99, 166-172
ブレトンウッズ体制 75

ま 行

マルクス, カール 263
三國陽夫 51-52, 61
水野和夫 42, 50, 56
毛利良一 56, 61, 73
森永卓郎 129

や 行

ユダヤ人 156-157
ユダヤ系資本 157

ら 行

ライシュ, ロバート・B 139
累積債務 261
ロスコフ, デヴィッド 100

わ 行

ワシントン・コンセンサス 53, 57, 80

■著者紹介

なか の　　ようい ち
中野　洋一

1953年	北海道生まれ
1976年	北星学園大学経済学部卒業
1993年	明治大学大学院商学研究科　博士（商学）学位取得修了
1996年	九州国際大学国際商学部助教授
現　在	九州国際大学国際関係学部教授、国際経済学、開発経済論担当
	九州国際大学大学院企業政策研究科教授、国際経済研究担当
著　書	『新しい国際協力論』（共著）明石書店、2010年
	『新版　軍拡と貧困の世界経済論』（単著）梓出版社、2001年
	『環境問題と経済発展』（共著）九州国際大学社会文化研究所、2001年
	『開発とグローバリゼーション』（共著）柏書房、2000年
	『軍拡と貧困の世界経済論』（単著）梓出版社、1997年
	『世界経済論に関する一考察』（単著）明治大学博士論文、1993年
	『21世紀の第三世界』（共著）大月書店、1991年
	『今日の国際経済』（共著）青木書店、1989年

Horitsu Bunka Sha

2010年9月20日　初版第1刷発行

軍拡と貧困のグローバル資本主義

著　者　中野洋一
発行者　秋山　泰

発行所　株式会社　法律文化社
〒603-8053　京都市北区上賀茂岩ヶ垣内町71
電話 075(791)7131　FAX 075(721)8400
URL : http://www.hou-bun.co.jp/

© 2010 Yoichi Nakano Printed in Japan
印刷：㈱太洋社／製本：㈱藤沢製本
装幀　クリエイティブ・コンセプト
ISBN 978-4-589-03285-0

郭 洋春著
開 発 経 済 学
―平和のための経済学―
Ａ５判・216頁・2415円

開発経済学の展開と発展、およびその功罪を戦後各期の動向をふまえ整理し、概説。開発経済学が格差問題だけでなく、紛争・環境破壊等の地球規模の諸問題の克服へ向け、平和経済学として再生すべきことを提言する。

岡本三夫・横山正樹編
新・平和学の現在
Ａ５判・290頁・2730円

平和学の起源・構想・対象など、その全体像を鳥瞰し、今日の理論と方法論の到達点を概説。21世紀初頭の世界の激動とグローバル化の深化をふまえ全体的に補訂。真の平和を探究するための必読書。

遠藤比呂通著
不 平 等 の 謎
―憲法のテオリアとプラクシス―
四六判・242頁・2835円

パウル・ティリッヒが問うた「不平等」という最大の謎への解き明かしの試み。研究者から弁護士へと転身した著者の理論変遷を展開。憲法訴訟における通説的な理解に根底から疑問を呈し、実務に沿った考え方を提示する。

戸田 清著
環 境 正 義 と 平 和
―「アメリカ問題」を考える―
四六判・288頁・2520円

環境正義について整理し、環境学と平和学の視点から現代世界の構造的矛盾を批判的に考察。近代世界システムの矛盾と限界により複合的な危機の時代を迎えた今、オルタナティブな道標を提示する。

水本和実著
核は廃絶できるか
―核拡散10年の動向と論調―
Ａ５判・260頁・2415円

核廃絶への機運が高まった2009年。しかしそれまでの10年は、核が拡散した「失われた10年」であった。核問題についての動向と論調を各年ごとに整理し、核を取り巻くダイナミズムを概観するとともに、今後の核軍縮の展開への視座を提示する。

―法律文化社―

表示価格は定価（税込価格）です